杨胜群精选集

杨胜群 ◎ 著

人民日报出版社
北京

图书在版编目（CIP）数据

杨胜群精选集 / 杨胜群著 . — 北京： 人民日报出版社， 2023.8
ISBN 978-7-5115-7971-3

Ⅰ . ①杨… Ⅱ . ①杨… Ⅲ . ①中国共产党—党的建设—文集 Ⅳ . ① D26-53

中国国家版本馆 CIP 数据核字（2023）第 171788 号

书　　名：	杨胜群精选集 YANG SHENGQUN JINGXUAN JI
作　　者：	杨胜群
出 版 人：	刘华新
策 划 人：	欧阳辉
责任编辑：	万方正
装帧设计：	新成博创

出版发行：人民日报出版社
社　　址：北京金台西路 2 号
邮政编码：100733
发行热线：（010）65369509　65369527　65369846　65363528
邮购热线：（010）65369530　65363527
编辑热线：（010）65369521
网　　址：www.peopledailypress.com
经　　销：新华书店
印　　刷：北京盛通印刷股份有限公司
法律顾问：北京科宇律师事务所　（010）83622312

开　　本：710mm × 1000mm　　1/16
字　　数：210 千字
印　　张：20.5
版次印次：2024 年 5 月第 1 版　2024 年 5 月第 1 次印刷

书　　号：ISBN 978-7-5115-7971-3
定　　价：78.00 元

前　言

毛泽东在延安时期曾经把党的文献称作"党书"。我长期从事党的文献研究工作，常自诩为"党书"研究工作者。在当代，党的文献研究工作，包括编辑研究老一辈革命家和党的主要领导人的著作、党的重要历史文献和当代文献，研究党的主要领导人的思想生平，等等。党的文献是党的历史的原真记录，是党的基本理论的基础文本，党的文献研究实质上是党的历史研究和党的基本理论研究的重要领域。这项工作将我带进党史研究和党的理论研究的门。我在从事老一辈革命家和党的主要领导人的著作编辑及思想生平研究工作中，引发了对党的历史和党的理论的一些重要问题的思考，形成一些认识，并陆陆续续写下一些文章在报刊上发表。

人民日报出版社策划编辑出版一套"人民文选"系列图书，约我选编自己的一本精选集纳入其中。我在初稿编出后，同出版社的有关负责人和编辑同志有过一次面对面的交流。他们说，策划编辑出版这套系列图书的目的，是想对改革开放四十多年来党史党建学术领域的研究成果，作一次较全面的检视和记录，让今天的读者和将来的读者了解到在一个伟大时代，曾经有一群学人在这方面做了许多有益的工作。我为他们的初衷而感动，也感到作为一名"党书"研究工作者为这个伟大时代添砖加瓦的责任，因而增强了选编自己这本集子的信心。

收入这本集子的文章主要是两类：一类是阐释、研究毛泽东、邓小平的思想业绩和新时代党的理论创新成果的文章，一类是总结研究党的历史经验的文章。其中有一些成文时间较早，肯定有局限性和不足，我只做了少许文字上的改动，基本保持了原貌。选编的文章所探讨的问题，多是许多人曾经关注和仍在关注的问题，并有一些文献解读特色，希望能够给读者朋友们一点启发。当然，更希望得到读者朋友们的指正。

杨胜群

2024 年 4 月 24 日

前　言

正确评价毛泽东及其深远意义……………………………001

党的基本路线的形成、确立及其思想内涵……………016

马克思主义中国化的几条基本经验………………………030

邓小平理论历史地位和科学价值的几个基本论断……038

中国共产党人对五四精神的继承和发扬………………049

毛泽东为什么能成为毛泽东………………………………056

是革命家诗人还是诗人革命家……………………………064

毛泽东与中华民族伟大复兴………………………………069

邓小平与中华民族伟大复兴……………………079

了结过去向前看……………………………………090

中国共产党是重视学习和善于学习的政党…………097

只有中国特色社会主义才能发展中国………………107

毛泽东新民主主义理论与中国现代化………………115

坚持和运用好毛泽东思想活的灵魂…………………132

邓小平前70年的人生轨迹和心路历程………………140

小康社会设计与中华民族伟大复兴…………………151

邓小平对中国社会主义建设道路的探索……………160

如何看中国特色社会主义的历史必然性……………175

全面从严治党之本……………………………………181

谱写中国特色社会主义新篇章………………………191

新思想的科学价值和本质意义………………………198

依靠人民创造历史伟业………………………………206

改革开放是中国共产党的一次伟大觉醒……………214

经济特区建设实践与改革开放决策思想的发展……230

邓小平对中国特色社会主义开创性贡献……………244

从小康社会目标提出到全面建成小康社会…………260

中国道路是党在百年奋斗中探索形成的…………271

中国精神的时代精华……………………………281

伟大建党精神的孕育形成………………………291

深化新中国史研究　激励人们坚定历史自信………298

编"党书"的学问……………………………308

正确评价毛泽东及其深远意义

党的十一届三中全会后,在开创我国社会主义事业发展新时期的历史过程中,我们党所做的一项重要工作,就是实事求是、客观公正地总结党的历史经验和评价毛泽东,确立毛泽东的历史地位。随着国内局势的发展和国际局势的变化,越来越显示出这一工作的深远意义。

在纪念毛泽东逝世20周年和《关于建国以来党的若干历史问题的决议》(以下简称《决议》)作出15周年的时候,回顾这一历史性的工作,会有一些新的认识和启示。

一

20世纪50年代后期以后,党的指导思想逐渐陷入"左"的错误,至"文化大革命"发展到极端,使我国社会主义事业的发展经历很大的曲折,甚至出现了严重的危机。毛泽东逝世以后,是继续沿着过去的错误路线走下去，还是认真总结经验教训，纠正错误，重新回到马克思主义的正确路线上来，成为党和人民需要认真解决的历史课题。

"四人帮"被粉碎，为矫正中国社会发展的方向提供了契机。但是，"左"的思想障碍仍横亘在人们面前。在这个关系党和社会主义事业前途命运的时候，邓小平以无产阶级革命家的政治胆识和勇气，提出要用准确的完整的毛泽东思想指导党和国家的工作，提出要恢复和发扬毛泽东倡导的实事求是的思想路线的问题。在当时，重新确立实事求是的思想路线，彻底否定"文化大革命"，没有全党的思想解放是不可能的。而思想解放的突破口，自然是以什么样的态度对待毛泽东的言论和毛泽东思想，用什么作标准检验毛泽东的言论和毛泽东思想的问题。党领导和支持开展的关于真理标准问题的大讨论，打破了过去盛行的个人崇拜和教条主义的精神枷锁，为恢复党的实事求是的思想路线并继而开展各方面的拨乱反正打下了思想基础。

在党的指导思想的拨乱反正的过程中，一个不可回避的问题是怎样认识和对待毛泽东晚年的错误。毛泽东在新中国成立后一直是党和国家的主要领导人，他晚年在理论与实践上的错误，是我们党50年代后期以后逐渐发展的"左"的错误的主要根源之一。如果不实事求是地批评毛泽东晚年的错误，就不可能彻底纠正党的指导思想上的"左"的错误，实现认真的拨乱反正，党和国家的工作就只可能继续陷在错误的轨道上。如果不实事求是地批评毛泽东晚年的错误，就不可能把毛泽东思想同毛泽东晚年的错误区分开来，恢复毛泽东思想本来的面目。

实事求是地批评毛泽东晚年的错误，是一个坚持唯物主义的基本立场、观点的问题。邓小平在肯定毛泽东的功绩"是第一位"的同时，指出因为他的功绩而讳言他的错误，这不是唯物主义的态度。① 根据这一思想，党的十一届六中全会通过的由邓小平主持起草的《决议》，在充分肯定毛泽东的伟大功绩的前提下，对他关于社会主义社会主要矛盾仍然是无产阶级与资产阶级的矛盾的错误观点，尤其是他发动和领导"文化大革命"的错误及其提出的所谓"无产阶级专政下继续革命"的错误理论等，进行了实事求是的批评。正是由于这样做了，全党才能够正确地总结新中国成立以来党和国家工作的经验教训，对长期以来党的指导思想上的"左"的错误有了清醒的认识和反思，从而较快地完成了各方面拨乱反正的任务，把思想统一到十一届三中全会提出的路线方针上来。

道理很清楚，毛泽东晚年的错误同作为党的科学指导思想的毛泽东思想是不相容的。正如邓小平指出的："我们坚持的和要当作行动指南的是马列主义、毛泽东思想的基本原理，或者说是由这些基本原理构成的科学体系。至于个别的论断，那末，无论马克思、列宁和毛泽东同志，都不免有这样那样的失误。但是这些都不属于马列主义、毛泽东思想的基本原理所构成的科学体系。"② 《决议》对毛泽东思想重新加以科学的界定，确定只有

---

① 《邓小平文选》第二卷，人民出版社1994年版，第334页。
② 同①，第171页。

毛泽东的正确思想才属于毛泽东思想，他晚年的错误违背了他自己正确的思想，不属于毛泽东思想。经过这样的区分和界定，就奠定了毛泽东思想科学价值的基础，并且从根本上回击了一些人借口毛泽东晚年的错误对毛泽东思想的诋毁。

实践已证明，实事求是地批评毛泽东晚年的错误，并没有损害毛泽东的形象和毛泽东思想的权威性，而是有利于人们打破对毛泽东的言论和毛泽东思想的教条主义的束缚，正确地全面地认识毛泽东在中国革命和社会主义建设事业中的伟大作用，更好地认识和掌握毛泽东思想的科学价值，坚持和发展毛泽东思想。

中国共产党正确地对待自己的错误包括自己领袖人物的错误，表现了无产阶级政党的胸怀与品格。恩格斯曾经指出："伟大的阶级，正如伟大的民族一样，无论从哪方面学习都不如从自己所犯错误的后果中学习来得快。"[①] 正是通过对过去的经验的总结，对过去的错误和挫折的反思，并借鉴其他社会主义国家的经验教训，我们党才重新认识了科学社会主义，并成功地开辟了一条中国特色社会主义道路。可以设想，如果当时讳言自己的错误，讳言毛泽东晚年的错误，我们的党和国家就可能在错误的轨道上继续走下去，就不可能有今天我们党的这种生气勃勃的面貌，就不可能有今天改革开放和现代化建设蓬勃发展的局面。

---

① 《马克思恩格斯选集》第一卷，人民出版社2012年版，第79页。

二

在解放思想，拨乱反正，纠正"左"的错误的时候，社会上又出现了右的错误思潮。极少数人打着解放思想和纠"左"的旗子，全盘否定毛泽东的历史地位和毛泽东思想的科学价值。如果听任这种思潮泛滥，就可能动摇党和人民事业的根基。

邓小平洞察了这种思潮。党的十一届三中全会召开以前，他在批评"两个凡是"时，就对可能出现的右的错误倾向有了警觉，明确指出："马克思列宁主义、毛泽东思想，是我们党的指导思想。""马列主义、毛泽东思想的基本原则，我们任何时候都不能违背，这是毫无疑义的。"[①] 十一届三中全会召开以后，他提出要公正地、科学地评价党的历史和毛泽东，维护"毛泽东同志作为一个伟大革命家在中国革命史和世界革命史上应当享有的崇高地位"[②]。

毛泽东的历史地位不是自封的，也不是神授的，而是历史形成的，是由毛泽东为中国共产党和中国人民的事业所建立的伟大功绩所决定的。因此，要确立毛泽东的历史地位，就必须充分肯定其伟大功绩。

用马克思主义的辩证唯物主义和历史唯物主义的科学方法评价历史人物，一个最基本的要求，就是不能只看人物的一时一事，而是要看人物的一生，人物的全部活动历史，看其最本质的

---

① 《邓小平文选》第二卷，人民出版社1994年版，第114页。
② 同①，第165页。

方面。针对有的人只看到毛泽东晚年错误时期，而忽视、抹杀毛泽东一生中占更重要的地位的正确时期；只看到毛泽东做过的一些错事，而看不到毛泽东为党和人民所做的大量的好事，从而否定毛泽东的全部历史和他的历史地位的倾向，《决议》对毛泽东在中国革命和建设的各个历史时期的活动，都作了概要的回顾与分析，全面地反映了毛泽东各个时期在理论和实践上的贡献。有力地说明了毛泽东被公认为中国共产党和中国各族人民的伟大领袖，在党和人民集体奋斗中产生的毛泽东思想被公认为党的指导思想，这是历史发展的必然结果。

如何在新民主主义社会的基础上建立社会主义制度，在贫穷落后的国家逐步实现工业化，曾经是摆在中国共产党人面前的一项十分艰巨的任务。对我国的所有制社会主义改造不以为然，特别是把党的十一届三中全会以后经济体制的改革看作"走回头路"，从而怀疑甚至否定我国的社会主义改造，这实际上是要否定中国人民对社会主义道路的历史性选择，否定党和毛泽东领导人民在中国大地上建立社会主义制度的历史贡献。对评价毛泽东来说，这不啻是一种"釜底抽薪"。《决议》充分肯定，在这个历史阶段中，党确定的指导方针和基本政策是正确的，毛泽东提出的"一化三改"的过渡时期的总路线是完全正确的；党和毛泽东创造性地开辟了一条适合中国实际情况的社会主义改造道路，尽管在具体实施过程中存在着这样那样的缺点和不完善的地方，但在一个拥有几亿人口的大国中比较顺利地实现了十分复杂、困难和深刻的社会变革，促进了工农业和整个国民经济的发展，这是一个伟大的历史性胜利。

1956年党的八大前后至"文化大革命"前夕，是我国社会主义建设在探索中曲折发展的时期。这段时间中，党的指导思想呈现出两个发展趋向。一个是正确的和比较正确的趋向，其标志是党在探索中国自己的建设社会主义道路的过程中，形成了一些正确的和比较正确的理论观点和方针政策，积累了一些正确的或比较正确的经验。另一个趋向是错误的倾向，党在探索中国自己的建设社会主义道路的过程中，形成了一些错误的甚至是严重错误的理论观点、政策思想等。这两个发展趋向比较集中地反映在毛泽东的理论和实践活动上。

能否正确评价毛泽东这一时期的功过是非，客观地、更多地看到毛泽东正确的一面，实际上是一个承认不承认毛泽东在社会主义建设时期的功绩，承认不承认毛泽东思想也包括他关于社会主义建设的正确的理论原则和经验总结，对于社会主义建设具有指导作用的问题。

邓小平明确指出："转入社会主义建设以后，毛泽东同志也有好文章、好思想。"[1] 社会主义制度建立以后，对于如何建设社会主义，全党是缺乏足够的思想和理论准备的。从1956年年初至这年9月召开的党的八大前后，党中央和毛泽东同志根据马克思主义的基本原理同中国具体实际相结合的原则，总结中国自己的经验，借鉴别国的经验，在实践中进行了深入探索。其成果主要体

---

[1]《邓小平文选》第二卷，人民出版社1994年版，第296页。

现在八大提出的路线、方针和毛泽东《论十大关系》等著作提出的重要思想，以及党中央其他领导人提出的一些正确的思想主张上。邓小平曾经多次肯定党的八大提出的路线是正确的，毛泽东《论十大关系》的思想是好的，并指出党的十一届三中全会的路线也就是恢复党的八大的正确路线。

自1957年下半年反右派斗争严重扩大化至"文化大革命"前夕，日益严重的"左"的错误无疑造成了我国社会主义建设事业的许多曲折和损失。实事求是地指出这一时期毛泽东同志的错误和他对党和国家的工作失误应负有的责任，是完全应该和必要的。但是，有的人却借此对这一时期党和国家的工作，对毛泽东这一时期的思想和实践基本上予以全盘否定。针对这种倾向，邓小平指出："'文化大革命'前的十年，应当肯定，总的是好的，基本上是在健康的道路上发展的。这中间有过曲折，犯过错误，但成绩是主要的。"①《决议》特别指出，这一时期中取得的一切成就，是在以毛泽东同志为首的党中央集体领导下取得的；并且在全面分析毛泽东这一时期的理论与实践活动的基础上，明确地肯定了他提出的一系列正确的思想主张和政策策略。

历史本身就是这样辩证地发展的。毛泽东无疑应对反右派斗争扩大化的错误负责，但是他在反右派斗争前夕又提出了必须正确区分和处理社会主义社会两类不同性质的社会矛盾的思想。反右派斗争以后，毛泽东重提阶级斗争是社会的主要矛盾，但

---

① 《邓小平文选》第二卷，人民出版社1994年版，第302页。

在 1958 年，他又提出了要把党和国家的工作重点转到技术革命和社会主义建设上来的主张。这之后，毛泽东一方面轻率地发动了"大跃进"和农村人民公社化运动；另一方面又较早地觉察到"大跃进"、人民公社化运动中的错误并领导全党努力加以纠正（当然不是彻底纠正），提出了不能剥夺农民，不能超越阶段，反对平均主义，发展商品生产、重视价值规律和做好综合平衡，以农轻重为序安排国民经济计划等正确观点，并且在 1962 年"七千人大会"及这之后领导全党总结经验教训，决定对国民经济实行调整，努力实现这个历史阶段中的重要转变。《决议》对这些正确与错误交织的历史现象进行了科学的分析，避免了因毛泽东的错误而否定、抹杀他的功绩的倾向。

"文化大革命"是严重的、全局性的错误，是毛泽东的理论与实践陷入严重错误的时期。对这一时期实行的极左的路线和方针政策，无疑应当予以彻底否定。但是，不能认为这一时期党和毛泽东一无是处。"这十年中间，也还有健康的方面。"[①]《决议》在从根本上否定"文化大革命"及其错误理论的前提下，对这一时期党和人民利用毛泽东所提供的一些条件为扭转局面所作的斗争和努力，对毛泽东个人制止和纠正过一些具体错误和他所做的一些正确的事情作了肯定。这样，既坚持了实事求是、尊重历史的态度，又在对毛泽东的评价上坚持了毛泽东作为党和人民的领袖、伟大的马克思主义者的本质。

---

① 《邓小平文选》第二卷，人民出版社 1994 年版，第 303 页。

针对有的人将毛泽东晚年的错误与林彪、江青反革命集团的倒行逆施混为一谈的倾向，《决议》对毛泽东晚年的错误产生的根源进行了具体的分析。主要坚持了这样两点：一是不把党和国家工作中的错误归结到毛泽东一个人身上，更不归结到毛泽东的个人品质上，而是重在总结全党的历史经验教训；二是紧密联系中国社会历史条件，联系中国革命和社会主义建设发展中的每一个特定的历史环境，分析毛泽东的错误产生的根源，说明毛泽东的科学思想是正确地反映了中国革命的实践，吸收了人民群众的创造，而他的错误则是因为受到客观历史条件和他本人的主观条件的限制所致。这就说明了毛泽东犯错误，是一个伟大的无产阶级革命家犯错误，是一个伟大的马克思主义者犯错误，从而划清了毛泽东与林彪、"四人帮"的本质区别。

三

毛泽东思想作为党的指导思想的地位，是由其科学内容与价值所决定的。对毛泽东思想的主要内容与科学价值，党的七大曾从当时的认识高度给予了较全面的阐释。七大以后，随着中国革命和社会主义建设实践的发展，毛泽东思想继续丰富、发展。虽然党的一些领导人和理论界对毛泽东思想的科学内容与价值，从一些方面或角度作过研究和阐释，但像七大那样在党的代表大会上或中央的重要决议中进行全面的概括、阐释而使全党获得共识，还没有过。由于20世纪50年代末期以后，我们党的指导思想和实际工作日益陷入"左"的错误,对毛泽东思想的阐释宣传也日益陷入僵化。到"文化大革命"时期,林彪、江青两个反革命集团歪曲、割裂毛泽东思想,对毛泽东思想的阐释宣传陷入极大混乱和错误,把本不属于毛泽东思想科学体系的错误的东西附加到毛泽东思想的体系内,而把经过实践证明是正确的东西当作错误来批判。

由于毛泽东思想的本来面目被严重歪曲,人们对毛泽东思想的理解与认识产生了迷误,在党的十一届三中全会后的拨乱反正过程中,有的人从一种错误倾向走向另一种错误倾向,即从反对把毛泽东思想教条化,走向怀疑甚至否定毛泽东思想的科学价值和指导地位。在这种情况下,要坚持和发展毛泽东思想,迫切需要对毛泽东思想的科学内容与价值进行全面的、系统的概括和阐释,帮助人们理解和把握毛泽东思想的科学内涵,全面地准确地完整地掌握和运用毛泽东思想。

毛泽东思想的科学价值表现在它各个组成部分的具体的理论观点上,更表现在贯穿其中的各个组成部分及具体理论观点中的基本立场、观点和方法上。这些具有中国共产党人风格的基本立场、观点和方法,主要内容是实事求是、群众路线、独立自主。《决议》将其概括为毛泽东思想的三个"活的灵魂",并进行了科学的阐释。这种概括和阐释,具有这样几点重要意义。

一是揭示了毛泽东思想作为科学世界观和方法论的价值。对于毛泽东思想与马克思列宁主义哲学关系的认识,出现过两种偏向。一种是把毛泽东对马克思列宁主义哲学的发展夸大到不适当的程度,另一种则是忽视甚至否认毛泽东对发展马克思列宁主义哲学的贡献。这两种偏向,都是妨碍人们正确认识毛泽东思想作为科学世界观和方法论的价值的。《决议》提炼、概括出毛泽东思想三个"活的灵魂",既反映了毛泽东思想在各个领域的具体的理论观点是建立在科学世界观和方法论基础上的,又揭示了毛泽东思想对马克思列宁主义的辩证唯物主义与历史唯物主义的丰富和发展。

二是有利于反对和克服对待毛泽东思想的教条主义的错误倾向。毛泽东思想的具体的理论观点与贯穿其中的基本立场、观点与方法是相辅相成的。用毛泽东思想指导工作,要运用其具体的理论观点,更要掌握和运用其基本立场、观点和方法去分析、解决问题。"文化大革命"时期割裂、歪曲毛泽东思想,要害就是丢掉了毛泽东思想的基本立场、观点和方法,亦即抽掉了毛泽东思想的活的灵魂。《决议》阐明了实事求是、群众路线、独立自主在毛泽东思想科学体系中作为活的灵魂的地位及其与各个组成部分具体理论观点的关系,有利于人们全面完整地掌握毛泽东思想的科学体系,避免照抄照搬的教条主义错误。

三是有利于坚持和发展毛泽东思想。实事求是、群众路线和独立自主作为科学的世界观和方法论,具有更加普遍的实践指导意义。不仅过去对我们党的工作产生了巨大的指导作用,而且对我们现在和将来的工作也具有长远的指导作用。它们的深刻、强大的实践性,使其成为毛泽东思想不断发展的主要的"生长点"。抛开了这些"生长点",毛泽东思想就丧失了发展的生机。邓小平理论是对毛泽东思想的继承和发展，首要的就表现在这三个活的灵魂上一脉相承。邓小平深得毛泽东思想的真谛，在党内一向以创造性地运用毛泽东思想著称。这种创造性主要表现在他对毛泽东思想活的灵魂的掌握与发挥。在新的历史时期，他把实事求是、群众路线和独立自主的思想贯穿在自己的实践活动和理论创造中，充分运用毛泽东思想活的灵魂，发展了毛泽东思想，也使毛泽东思想的活的灵魂在新的历史条件下获得了新的时代内容，焕发出新的活力。

毛泽东思想的科学性，也是由其深刻的理论与实践来源及其形成发展的历史背景所决定的。在对毛泽东思想的来源的解释上，出现过两种错误看法。一种看法是认为毛泽东思想的理论原则等基本上是从马克思、恩格斯、列宁的经典著作里搬来的，另一种看法则认为毛泽东思想基本上是中国传统文化的产物。这两种看法都是片面的，实际上都否认了以毛泽东同志为主要代表的中国共产党人将马克思列宁主义基本原理同中国革命具体实践的成功结合，从产生的根源上对毛泽东思想的科学性提出了怀疑。《决议》在对毛泽东思想的来源的阐释中，坚持了毛泽东思想是马克思列宁主义普遍原理与中国革命具体实践相结合的产物的科学结论。有人提出，这一提法有缺陷，主要认为这一提法排除了中国优秀传统文化对毛泽东思想形成的积极影响。这可能是对这一提法的内涵缺乏深入分析的缘故。"中国革命的具体实践"是主、客观的结合，既包括中国革命主体的主观实践活动，又包括中国革命所处的客观的社会历史条件，而社会历史条件就包含着中国传统文化的组成部分。

在中国革命的过程中,"左"的教条主义是最主要的危害最深的错误倾向。在毛泽东思想的形成、发展过程中,始终贯穿着同"左"的教条主义错误倾向的斗争。《决议》指出,毛泽东思想是在同党内盛行的把马克思主义教条化和把别国经验神圣化的错误倾向的斗争中形成和发展起来的,从而揭示了其反教条主义的科学性,说明毛泽东思想的科学体系与教条主义是不相容的,对待毛泽东思想的任何教条主义的态度都是违背毛泽东思想本身的特性的。

毛泽东思想是以毛泽东同志为主要代表的中国共产党人的集体智慧的结晶的观点,在党的七大以前就已经基本形成了,七大给予了进一步肯定。可是,"文化大革命"中,许多人对毛泽东思想的概念有一个误解,即把毛泽东思想看作毛泽东一个人的思想。这种误解,主要导致了这样两点不好的影响。一是,把全党特别是党的其他卓越领导人在实践中探索积累的宝贵的思想成果排除在外,人为地缩小了毛泽东思想的内涵,从而也就削弱了毛泽东思想作为全党的指导思想的基础。因为一个人即使是最杰出的个人,他的视野总是有限的,他的思想即便是正确的思想,如果不能吸收、反映尽可能多的人的正确实践经验,就可能缺乏广泛的代表性和群众基础。二是,导致一些人把毛泽东思想同毛泽东晚年的错误混淆起来或者产生"正确的毛泽东思想"与"错误的毛泽东思想"之分的怪论,造成毛泽东思想概念的混乱。《决议》重申毛泽东思想是中国共产党集体智慧结晶的论断,从

党的基本路线的形成与确立

早在党的十一届三中全会召开前,面对在"左"的指导思想影响下经济社会发展缓慢的局面和经济、政治体制上存在的严重弊端,邓小平、陈云等老一辈革命家提出,要把四个现代化建设作为全党的大局,把国民经济搞上去,要改革生产关系和上层建筑。1978年10月,邓小平在工会第九次全国代表大会上的祝词中指出,实现四个现代化是一场伟大革命,经济战线要进行全面的重大改革,同时要多方面地改变生产关系,改变上层建筑。他还提出了吸收国外先进技术和经营管理经验,吸收外国资金的问题。这年12月,在为十一届三中全会作准备的中央工作会议上,邓小平发表《解放思想,实事求是,团结一致向前看》的讲话,尖锐地指出"如果现在再不实行改革,我们的现代化事业和社会主义事业就会被葬送"[1]。随即召开的十一届三中全会,决定废除以阶级斗争为纲的口号,"把党的工作重点和全国人民的注意力转移到经济建设上来",同时确定"多方面地改变同生产力发展不适应的生产关系和上层建筑,改变一切不适应的管理方式、活动方式和思想方式","对经济管理体制和经营管理方法着手认真的改革","在自力更生的基础上积极发展同世界各国平等互利的经济合作,努力采用世界先进技术和先进设备"[2]。

---

[1]《邓小平文选》第二卷,人民出版社1994年版,第150页。
[2]《中国共产党第十一届中央委员会第三次全体会议公报》,人民出版社1978年版,第5—6页。

党的十一届三中全会决定将党的工作重点转移到社会主义现代化建设上来之后,邓小平随即指出"要有一条坚定不移的、贯彻始终的政治路线",并将这条政治路线初步概括为"一心一意地搞四个现代化"①。1979年,叶剑英在庆祝中华人民共和国成立30周年大会上的讲话中,依照50年代提出的社会主义建设总路线的表述将这条政治路线扩充表述为"团结全国各族人民,调动一切积极因素,同心同德,鼓足干劲,力争上游,多快好省地建设现代化的社会主义强国"②。随着全面拨乱反正的开展和改革开放实践的发展,邓小平同志逐步形成了"一个中心,两个基本点"的思想,进一步丰富、充实了这条政治路线的基本内涵。

1979年,叶剑英提出在经济体制改革的同时要进行政治体制改革,指出"我们要在改革和完善社会主义经济制度的同时,改革和完善社会主义政治制度,发展高度的社会主义民主和完备的社会主义法制"③。1980年8月,邓小平在中央政治局扩大会议上所作的《党和国家领导制度的改革》讲话,对我国政治体制改革的目的、意义和主要内容作了全面而深刻的论述,成为政治体制改革的指导性文献。

1981年6月,党的十一届六中全会作出的由邓小平主持起草的《关于建国以来党的若干历史问题的决议》,对党在新的历史时期的总任务、总目标作了概括,指出:"我们党在新的历史时

---

① 《邓小平文选》第二卷,人民出版社1994年版,第248、276页。
② 《叶剑英选集》,人民出版社1996年版,第538—539页。
③ 同②,第540页。

期的奋斗目标，就是要把我们的国家，逐步建设成为具有现代农业、现代工业、现代国防和现代科学技术的，具有高度民主和高度文明的社会主义强国。"从十一届三中全会到六中全会这段时期内，邓小平在指出当前以及今后相当长一个历史时期，我们的主要任务是搞现代化建设，"要把经济建设当作中心"时，一方面提出要对生产关系、上层建筑、工农业企业的管理方式和国家对工农业企业的管理方式进行全面的改革；另一方面针对拨乱反正、纠正"文化大革命"中出现的否定党的领导和社会主义制度的错误思潮，多次强调在中国实现四个现代化，必须坚持社会主义道路，坚持人民民主专政，坚持共产党的领导，坚持马克思列宁主义、毛泽东思想。

到1982年党的十二大，邓小平提出"建设有中国特色的社会主义"的重大命题，会议提出了开创社会主义现代化建设新局面的战略任务。十二大在强调继续坚定不移地贯彻执行改革的方针的同时，进一步确立了对外开放的方针，指出："实行对外开放，按照平等互利的原则扩大对外经济技术交流，是我国坚定不移的方针。"十二大以后，在农村改革进一步发展的基础上，开始了以城市为中心的全面的经济体制改革；在对外开放方面，引进国外资金、技术及管理经验和经济特区建设等都较快地发展起来。实践的发展推动了理论的发展。1984年10月，党的十二届三中全会作出的《中共中央关于经济体制改革的决定》指出，我国经济体制改革的目标和任务是发展社会主义商品经济，建立起具有中国特色的、充满生机和活力的社会主义经济体制，促进社会生产力发展；我国经济体制和政治体制改革的性质是"社会主义制度的自我完善和发展"。这表明，党对改革开放的理论认识达到了一个新的水平。

实践的发展和党的理论认识的提高，为党的基本路线的正式确立创造了条件。1986年9月，党的十二届六中全会通过的《关于社会主义精神文明建设指导方针的决议》，提出我国社会主义建设的总体布局是："以经济建设为中心，坚定不移地进行经济体制改革，坚定不移地进行政治体制改革，坚定不移地加强精神文明建设，并且使这几方面互相配合，互相促进。"这里，不仅有了"以经济建设为中心"的概括，而且其三个"坚定不移"也基本上接近了后来概括的"两个基本点"的含义。1987年1月29日，中共中央在春节团拜会上提出：三中全会以来的路线，就是从中国的实际出发，建设具有中国特色的社会主义。这条路线的基本点是两条：一条是坚持四项基本原则，一条是坚持改革开放搞活的方针，两者互相联系，缺一不可。邓小平肯定了"两个基本点"的提法。

这样，在党的十三大召开前，"一个中心"与"两个基本点"的提法都已正式提出。十三大在确立社会主义初级阶段论断的基础上，正式提出党在社会主义初级阶段的基本路线便水到渠成了。

随着改革开放和社会主义现代化建设事业的深入发展，在总结党的十一届三中全会以来的路线、方针、政策及其实践经验的基础上，制定一条明确的总的政治路线，以更好地统一全党和全国人民的思想认识和行动，已成为一种战略需要。这条基本路线是对党的具体工作路线和方针、政策的统摄，是它们的"总纲"。它的确立，不仅为制定新的具体的工作路线和方针政策提供了指导原则，而且有利于全面完整地贯彻已确定的具体的工作路线和方针政策。

实践证明，这条基本路线是符合我国社会主义初级阶段的实际，使经济得到发展，使人民生活得到提高，使社会主义社会全面进步的唯一正确的路线，是我们党和国家事业发展的"生命线"。1992年2月，邓小平同志在南方谈话中指出："基本路线要管一百年，动摇不得。""只有坚持这条路线，人民才会相信你，拥护你。"谁要改变这条路线，"老百姓不答应，谁就会被打倒"。[1]

社会主义初级阶段——科学的立足点

党的十一届三中全会以来，我们党坚持实事求是的思想路线，解放思想，一个最重要的成果就是通过对社会主义发展阶段和我国基本国情的再认识，确认经济文化落后的中国建设社会主义不可避免地要经历一个特定的较长的初级阶段，这个初级阶段至少上百年，而我国目前正处于这个阶段。十三大在正式提出党的基本路线时，明确界定它是"党在社会主义初级阶段的基本路线"。这里，不只是明确了一个时间概念，而且确定了党的基本路线的一个科学的立足点。

---

[1]《邓小平文选》第三卷，人民出版社1993年版，第371页。

社会主义初级阶段的论断包括两层含义：一是我国社会已经是社会主义社会，必须坚持而不能离开社会主义；二是我国的社会主义社会还处在初级阶段，必须依据这个实际来制定工作目标和工作方针。党的基本路线规定的建设富强、民主、文明的社会主义现代化国家的总目标和"一个中心""两个基本点"的总方针、总政策，正是以社会主义初级阶段的实际为客观依据的，也正是基于社会主义初级阶段这一论断的完整意义的。

社会主义的根本任务是发展生产力，而在以生产力落后为主要特征的社会主义初级阶段，更要求把发展生产力作为首要的任务、最重要的任务。社会主义社会是在改革中前进的社会。在社会主义初级阶段，社会主义基本生产关系还存在许多不适应生产力发展的方面和环节，特别是长期以来形成的高度集中的计刻经济体制，严重地束缚生产力的发展，改革成为迫切的历史要求。建设社会主义，无疑必须坚持社会主义的基本政治原则。在社会主义初级阶段，还存在着破坏社会主义事业的敌对势力和各种违法犯罪，还存在着封建主义思想残余和腐朽的资产阶级思想及旧的传统与习惯势力的影响，国际上还面临着西方资本主义国家的挑战和威胁。因此，更要求坚持四项基本原则，更好地利用社会主义根本的政治条件，更好地发挥社会主义的政治优势，以保证改革开放和社会主义现代化建设事业健康、顺利发展。

社会主义初级阶段的理论认识的形成，经历了一个逐步深化的过程。20世纪60年代初，毛泽东总结"大跃进"和人民公社化运动的教训时提出："社会主义这个阶段，又可能分为两个阶段，第一个阶段是不发达的社会主义，第二个阶段是比较发达的社会主义。"①他实际上已经指出我国在完成社会主义改造以后，只是进入了不完全、不发达的社会主义阶段。毛泽东在这个问题上的正确思想认识，无疑对新时期我们党确立社会主义初级阶段论断提供了重要的启示。1981年6月，党的十一届六中全会作出的《关于建国以来党的若干历史问题的决议》首次提出，"我们的社会主义制度还处在初级阶段"，"我们的社会主义制度由比较不完善到比较完善，必然要经历一个长久的过程"。1982年9月，党的十二大确定"我国的社会主义社会还处在初级发展阶段"，并且指出这个阶段的根本特征是物质文明不发达。1984年10月，党的十二届三中全会作出的《中共中央关于经济体制改革的决定》提出，商品经济的充分发展，是社会主义发展的不可逾越的阶段，实际上已经初步揭示了我国社会主义初级阶段不可逾越的理由。之后，在筹备召开党的十三大的过程中，党中央集中集体的智慧，提出以社会主义初级阶段作为十三大立论根据的构想，得到了邓小平的高度肯定，他说"这个设计好"。十三大报告对社会主义初级阶段问题从理论与实践上作了比较全面、系统的论述，并提出社会主义初级阶段"必须集中力量进行现代化建设""必须坚持全面改革""必须坚持对外开放""必须以公有制为主体，大力发展有计划的商品经济""必须以安定团结为基础，努力建设民主政治""必须以马克思主义为指导，努力建设精神

---

① 《毛泽东文集》第八卷，人民出版社1999年版，第116页。

文明"六条指导方针。这六条指导方针,实际上就是党的基本路线的主要内容。

1992年10月党的十四大,把我国还处在社会主义初级阶段的科学论断作为邓小平建设有中国特色社会主义理论的主要内容之一,作了阐释。1997年9月党的十五大,再次强调社会主义初级阶段是我国社会主义发展的"不可逾越的历史阶段",对它的基本特征和基本任务,作了新的全面系统的概括。

在我国社会主义发展的几十年历史中,常犯的是超越社会发展阶段的"左"的错误。党在社会主义初级阶段的基本路线把社会主义初级阶段作为立足点,不仅使社会主义初级阶段的认识通过这条路线的贯彻成为全党的共识,而且把这一科学认识充分体现在党的工作的总方针、总政策、总目标和整体的战略部署上。这对于从理论和实践上防止和避免超越社会发展阶段的"左"的错误,具有重要的意义。同时,这条基本路线以社会主义初级阶段为立足点,鲜明地坚持了我国当代社会的社会主义性质和社会主义的发展方向,在总方针、总政策上坚持了社会主义的基本政治原则,这对于反对否定社会主义道路的错误思潮,也具有重要的意义。

"一个中心"——坚持社会主义的根本任务是发展生产力的思想

党的基本路线贯穿了社会主义的根本任务是发展生产力的思

想。"以经济建设为中心",是社会主义的根本任务是发展生产力的思想的集中体现。它不仅规定了经济建设在党和国家全部工作中的中心地位,而且规定和要求其他各项工作必须服从和服务于经济建设这个中心,这就保证了发展社会生产力这一根本任务的落实。"坚持改革开放"和"坚持四项基本原则"这两个基本点,是紧紧围绕经济建设这个中心的,也就是围绕发展生产力这个根本任务的。如果说改革开放是我国发展社会生产力和实现社会主义现代化的必由之路,那么,四项基本原则就是发展社会生产力和实现社会主义现代化的根本保证。

社会主义的根本任务是发展社会生产力,这首先是社会主义的本质要求。马克思、恩格斯创立的科学社会主义,已设想到在社会主义社会先进的生产关系下生产力将以前所未有的高速度发展。毛泽东在新民主主义革命时期就讲过,社会发展"最根本的问题是生产力向上发展的问题"[1],并把这一思想正确地贯彻于中国新民主主义革命和社会主义革命的全过程。可以说,这两次相互贯通的革命,归根到底,都是为生产力的发展扫清道路。社会主义制度确立后,毛泽东又指出,我们的根本任务已经由解放生产力变为在新的生产关系下保护和发展生产力。在新的历史时期,邓小平全面而深刻地概括了社会主义的本质,其中首要的是解放生产力,发展生产力。他还明确指出:"不发展生产力,不提高人民的生活水平,不能说是符合社会主义要求的。"[2]科学社会

---

[1]《毛泽东文集》第三卷,人民出版社1996年版,第109页。
[2]《邓小平文选》第三卷,人民出版社1993年版,第116页。

主义还揭示，社会主义应该建立在高度工业化、生产的社会化与现代化和商品经济充分发展的基础之上。而我国社会主义初级阶段生产的社会化、现代化和商品化程度很低。这就决定了我们必须在这个历史阶段，坚持把发展社会生产力作为根本任务，以经济建设为中心，充分运用社会主义的条件去完成高度工业化和生产的社会化、现代化和商品化的任务，建立起社会主义赖以建成的发达的生产力基础。

社会主义的根本任务是发展生产力，也是由社会主义社会的主要矛盾决定的。社会主义制度确立以后，我国社会的主要矛盾是人民日益增长的物质文化需要同落后的社会生产之间的矛盾。要解决这个主要矛盾，无疑就必须把发展生产力作为根本任务，把经济建设摆在中心地位，努力改变社会生产落后的状况。1956年党的八大就已及时指出，由于社会主要矛盾的变化，全党和全国人民的中心任务要转移到发展社会生产力上来。然而，由于后来党中央对国内阶级关系和阶级斗争的形势作了错误的判断与估计，重提阶级斗争是社会的主要矛盾，而始终未能实现党的中心任务的真正转移。党的十一届三中全会召开不久，邓小平在党的理论工作务虚会上指出："我们的生产力发展水平很低，远远不能满足人民和国家的需要，这就是我们目前时期的主要矛盾，解决这个主要矛盾就是我们的中心任务。"[①]

[①]《邓小平文选》第二卷，人民出版社1994年版，第182页。

"两个基本点"——坚持社会主义方向与社会主义制度自我完善和发展的统一

在社会主义发展过程中，既有一个始终坚持社会主义方向的问题，又有一个社会主义制度不断自我完善和发展的问题。如何既坚持社会主义方向，又找到一条社会主义制度自我完善和发展的正确途径，并把它们科学地统一起来，是世界社会主义运动长期以来没有解决好的问题。要么，是在取得一定的成绩后，不承认社会主义社会仍然存在各类社会矛盾，看不到社会主义制度自身还需要不断完善和发展或者找不到其正确途径，忽视和放弃社会主义自我完善、发展的内在机制、动力及有利的外部条件，从而使社会主义陷入僵化的模式而造成困境；要么，是在各种因素的影响下，离开或抛开社会主义自身根本的政治条件、政治优势，盲目照搬西方国家的发展模式，其结果当然只能是脱离社会主义。党的基本路线确立"坚持四项基本原则"和"坚持改革开放"两个基本点，把坚持社会主义方向与社会主义制度自我完善和发展统一起来，从理论与实践上解决了巩固和发展社会主义的根本问题。

四项基本原则是社会主义的基本政治原则，坚持四项基本原则即是坚持社会主义政治方向。党的十一届三中全会后党内外曾出现"左"的和右的两种错误思想倾向。"左"的倾向即是教条化地对待毛泽东的言论，怀疑党解放思想、拨乱反正、改革开放背离了毛泽东思想，背离了社会主义。右的错误倾向则是在解放思想、拨乱反正的口号下，全盘否定共产党的领导和社会主义制度。邓小平认为，"这两种思潮都是违背马列主义、毛泽东思想的，都是妨碍我们的社会主义现代化建设事业的前进的"①。在这种背景下，他鲜明地提出要坚持四项基本原则，坚决地抵制和批评了右的错误倾向。他是把坚持四项基本原则与坚持十一届三中全会以来的路线、方针、政策统一起来了的。他在提出必须坚持四项基本原则的同时，强调粉碎"四人帮"以至十一届三中全会以来，"党中央实行的一系列方针、政策，一直是坚持这四项基本原则的"②。这样，党的基本路线把坚持四项基本原则确立为两个基本点之一，就明确回答了：当代中国要始终坚持社会主义方向；坚持社会主义方向，就要坚持四项基本原则，就要坚持贯彻十一届三中全会以来的路线、方针、政策。

　　说改革是社会主义制度自我完善和发展的正确途径，是基于改革具有解放生产力的意义。早在 20 世纪 80 年代初期，我国经济体制改革还只是在农村推行的时候，邓小平就指出，这"是一种带革命意义的改革"。后来，他又多次谈到"改革是中国的第二次革命"。1992 年 2 月，他在南方谈话中提出了"革命是解放生产力，改革也是解放生产力"③ 的论断。革命对生产力的解放作用，是通过推翻剥削制度、确立社会主义制度实现的。改革对生产力的解放作用，则是指通过改革已经建立起来的生产关系中阻

---

① 《邓小平文选》第二卷，人民出版社 1994 年版，第 166 页。

② 同①，第 165 页。

③ 《邓小平文选》第三卷，人民出版社 1993 年版，第 370 页。

碍、束缚生产力发展的部分和上层建筑中不适应经济基础的部分，达到促进生产力发展的目的。我国在1956年社会主义改造完成以后所建立的新型的生产关系，开辟了社会主义建设发展的广阔前景。但是，其中在特殊历史阶段形成的高度集中的计划经济体制，越到后来越脱离实际、陷入僵化、弊端丛生，从而越来越束缚生产力的发展。这种情况已经到了不通过革命性变革不能解决的程度。正如邓小平在党的十一届三中全会前夕所指出的，如果"再不实行改革，我们的现代化事业和社会主义事业就会被葬送"①。江泽民后来则指出，我国20年来所进行的经济体制改革就是对原有那种"束缚生产力的发展"的"高度集中的计划经济体制进行根本性的改革"；而"改革原有的经济体制，是为了清除不利于生产力发展的障碍，使生产力进一步得到解放，从这个意义上说改革也是一次革命，改革也是解放生产力"。②

　　有了思想观念的突破，才可能有理论和实践的飞跃。正是在这种思想认识的指导下，我们才可能在党的十一届三中全会作出改革的决策，逐步展开全面的经济体制改革，最后确立了建立社会主义市场经济体制改革的目标。也正是由于我们的改革是一场具有"第二次革命"意义的改革，党的这条坚持改革开放的基本路线才与我们党在新民主主义革命时期的总路线一样，具有重要的划时代意义；以改革开放为核心内容的建设有中国特色社会主义的理论，才具有马克思主义与中国实际相结合的第二次飞跃的伟大意义。

---

① 《邓小平文选》第二卷，人民出版社1994年版，第150页。
② 《十三大以来重要文献选编》下册，人民出版社1993年版，第2065页。

马克思主义中国化的几条基本经验

马克思主义中国化,就是要把主要根据欧洲国家情况创立的马克思主义,变为适合中国情况的马克思主义——使它在中国具体化,形成指导中国革命、建设、改革的正确的路线、方针、政策;使它在中国民族化,赋予其中华民族的风格和特点;使它在中国新鲜化,在中国土壤上永葆生机与活力。中国共产党的历史,可以说是马克思主义与中国实际相结合,不断实现马克思主义中国化的历史。历史证明,马克思主义中国化关系到马克思主义在中国的命运,关系到党的事业的兴衰和前途命运,关系到党的兴衰和前途命运,什么时候做得好,党就能保持先进性,富有活力,党的事业就兴旺发达,走向胜利;反之,党和党的事业就遭受挫折甚至失败。

马克思主义中国化的基本经验,最主要的有这样几条。

始终坚持以发展的观点而不是静止的观点看待马克思主义

以发展的观点看待马克思主义，是解放思想，实事求是，不断推进马克思主义中国化的前提条件。马克思主义本来就是发展的科学体系，只有坚持用发展的观点看待马克思主义，在实践当中丰富、发展它，才能保持科学性和生命力。马克思主义如果不发展，就会停滞，就会僵化。

毛泽东和邓小平都是坚持和发展马克思主义的光辉典范。他们不把马克思主义看作一成不变的理论。毛泽东早在《实践论》中就指出，马克思列宁主义并没有结束真理，而是在实践中不断地开辟认识真理的道路。在20世纪50年代末60年代初，中国社会主义建设经历曲折的时候，毛泽东感到中国共产党领导建设事业的理论准备不足，多次谈到马克思这些老祖宗的书，必须读，他们的基本原理必须遵守。要根据新的形势和新的实践，写出新的著作，创造新的理论。① 遗憾的是，毛泽东晚年在理论和实践上陷入了错误。创造新的科学理论的任务，历史地落到了邓小平的肩上。

从粉碎"四人帮"到党的十一届三中全会召开之前，党内思想斗争的焦点，实际上就是怎样看待毛泽东的言论和毛泽东思想的问题。"两个凡是"实际上就是用静止、僵化的观点看待毛泽东

---

① 《毛泽东文集》第八卷，人民出版社1999年版，第109页。

的言论和毛泽东思想。邓小平则针对"两个凡是",首先提出要完整地准确地理解毛泽东思想的科学体系,并强调解放思想的问题。他明确地指出:"我们要恢复毛泽东思想,坚持毛泽东思想,以至还要发展毛泽东思想。"① 他在后来的实践当中,正是因为坚持了这样一个科学态度,才能不断总结新的经验,创立新的理论体系。

党的十五大对邓小平理论的历史地位、指导意义、科学体系和时代精神进行了新的阐述,作出高度评价,同样用发展的眼光看待邓小平理论,指出:邓小平理论是贯通各个领域涵盖各个方面的比较完备的科学体系,又是需要从各方面进一步丰富发展的科学体系。

始终坚持从实际出发,而不是从本本出发

本本主义历来是马克思主义中国化的大敌。在新民主主义革命时期,面对错综复杂的历史环境和艰苦卓绝的斗争任务,毛泽东在坚持反对教条主义的斗争过程中,在倡导马克思主义中国化的同时,鲜明地提出反对本本主义的问题。他写作《反对本本主义》和《实践论》等著作,提出"中国革命斗争的胜利要靠中国同志了解中国情况"②的论断和实践第一的观点,指出了纠正脱离实际的本本主义和坚持从实际出发的方法。"文化大革命"

---

① 《邓小平文选》第二卷,人民出版社1994年版,第297页。
② 《毛泽东选集》第一卷,人民出版社1991年版,第115页。

结束后，党和国家的指导思想回到马克思主义正确轨道上来的最大思想障碍就是"两个凡是"，而"两个凡是"实质上还是本本主义。这个时候，邓小平尖锐地指出如果一切从本本出发，思想僵化，就要亡党亡国。这已经把坚持从实际出发，反对本本主义提到了一个前所未有的高度。

从实际出发、实事求是，是马克思主义世界观的基础，是毛泽东思想的活的灵魂，是邓小平理论的精髓，也是马克思主义中国化最根本的原则和要求，是马克思主义中国化唯一的根本途径。

进入改革开放和社会主义建设新时期，邓小平指出："我们现在所干的事业是一项新的事业，马克思没有讲过，我们的前人没有做过，其他社会主义国家也没有干过，所以，没有现成的经验可学。我们只能在干中学，在实践中摸索。"① 在实践中摸索，就是从实际出发，在实践中寻找马克思主义经典作家没有讲过的一些具体问题的答案。例如，我国社会主义改造完成以后，最大最本质的实际就是中国处于并将长期处于社会主义初级阶段。这个历史阶段最大的实践主题，就是发展社会生产力，提高人民生活水平，增强综合国力。这个具体问题，从马克思到毛泽东都没有做过具体设计。邓小平领导党和人民在实践中摸索，不断总结经验，进行理论概括，提出了关于社会主义本质的论断，判断改革成败得失的"三个有利于"的标准和中国社会主义现代化建设

---

① 《邓小平思想年编：1975—1997》，中央文献出版社 2011 年版，第 639 页。

"三步走"的发展战略,等等。这样,也就把马克思主义关于社会主义发展阶段的理论、关于发展社会生产力的理论中国化了、具体化了、新鲜化了。

既要继承前人,又要不断探索、创新

马克思主义中国化是一项承前启后的事业。毛泽东把马克思主义中国化,是很好地继承了马克思列宁主义;邓小平把马克思主义中国化,是很好地继承了马克思列宁主义、毛泽东思想。继承不是固守,也不能固守。积极的继承就是要通过不断探索、创新,具体地实际地去发展它。

毛泽东和邓小平是把继承和发展有机结合,不断探索、创新的典范。毛泽东一生都在不断探索。新中国成立后,面对新的历史任务,他孜孜不倦地探索,不仅从理论和实践上解决了建立社会主义根本制度的问题,而且在开创适合中国情况的社会主义道路过程中,提出了很多宝贵的思想,成为毛泽东思想科学体系的重要内容。邓小平继承和发展了毛泽东和我们党的探索、创新的优良传统,并在新的历史条件下,表现出非凡的探索、创新的胆略和勇气。他在开始进行新的探索的时候,面临的是更为复杂、更为严峻的情况,国际上社会主义运动处于低谷,国内社会主义发展陷入"文化大革命"造成的困境。他尊重实践,既继承前人又突破陈规,既借鉴世界经验又不照搬别国模式,从中国的实际和当代世界发展的历史条件出发,总结新经验,创造新办法,开辟了一条中国特色社会主义道路，使中国的社会主义事业重新获得蓬勃生机与活力。

继承和发展前人的成果，一个非常重要的前提，就是要对前人的成果进行认真的科学的系统的总结。邓小平正是在领导拨乱反正的过程中，主持起草了《关于建国以来党的若干历史问题的决议》，对毛泽东同志的历史地位和毛泽东思想进行了全面正确的评价，特别是把作为科学体系的毛泽东思想同毛泽东晚年的错误区分开来，对毛泽东思想的内容作了新的全面的概括，从而恢复了毛泽东思想的本来面目，使全党懂得了什么是应该继承和坚持的，为什么还要发展和创新，又应该怎样发展和创新。正是在对毛泽东思想科学体系的全面概括中，在对党的历史经验的科学总结中，邓小平理论产生了。

把马克思主义中国化，特别要用马克思主义的宽广眼界观察世界，把握时代的脉搏和特征

毛泽东和邓小平都是站在时代前列，把握时代脉搏和时代特征，创造新的科学理论的典范。毛泽东在确立中国革命道路和创立毛泽东思想的时候，是把中国革命作为世界革命的一部分，放在当时世界和时代的大视野里来考察的。他的新民主主义理论就是在认真分析中国的实际和第一次世界大战与俄国十月革命以后的世界变化、时代特征的基础上提出来的。新中国成立后，他在1956年提出调动国内外一切积极因素为社会主义事业服务的

思想，不仅是建立在他通过对国内情况的调查得出的正确认识上的，而且是建立在他对世界形势的正确判断和对国际社会主义运动的经验教训的正确总结的基础上的。他分析帝国主义新的侵华战争和世界大战短时期内打不起来，可能有10年或者更长一点的和平时期，从而提出了全面建设社会主义的目标和任务；他看到当时的苏联由于一些社会矛盾和政治经济关系处理得不好，暴露出很多弊端，从而提出要以苏联经验为鉴戒，探索适合中国情况的社会主义建设道路。

当代世界矛盾错综复杂，情况瞬息万变。邓小平从千头万绪中理出了当代世界的主题，即和平与发展。这就为制定改革开放的路线、方针、政策和发展战略提供了国际环境依据。当代世界科学技术突飞猛进，在人类社会生活中发挥着越来越重要的作用，成为各个国家各个民族发展的制高点。邓小平紧紧地把握住这个特点，在马克思主义发展史上，第一次提出了"科学技术是第一生产力"的重要论断。邓小平理论有一个非常重要的思想，就是广泛吸收和借鉴世界各国包括资本主义发达国家的一切先进文明成果。这一思想，也正是邓小平通过对当代资本主义的深刻分析，把握当今世界社会主义与资本主义相互联系的特点提出来的。

毛泽东是马克思主义中国化的开拓者和奠基者，从大革命时期起，他就开始了马克思主义中国化的伟大探索，率先提出"马克思主义中国化"这一历史性命题和历史任务。他创立党的实事求是的思想路线，为马克思主义中国化指明了根本的方向和途径。他注重马克思主义理论的运用和对实际问题的理论思考，不断总结实践经验，并把它上升到理论的高度，集中全党的智慧，创立了毛泽东思想，实现了马克思主义中国化的第一次历史性飞跃。毛泽东思想在党的七大被确立为党的指导思想。刘少奇说："毛泽东思想，就是马克思列宁主义的理论与中国革命的实践之统一的思想，就是中国的共产主义，中国的马克思主义。"毛泽东思想"把我国民族的思想水平提到了从来未有的合理的高度"。[①]

邓小平的主要贡献在于：在马克思主义中国化进程经历严重挫折之后，继承马克思主义中国化的历史成果，在新的历史条件下，创立邓小平理论，把马克思主义在中国的发展推到一个新阶段，实现了马克思主义中国化新的历史性飞跃。他紧紧围绕什么是社会主义、怎样建设社会主义这个根本性问题，坚持一切从国情出发，尊重实践，尊重群众，总结我国社会主义建设正反两方面的经验，总结党和人民新的实践经验，开辟了中国特色社会主义道路。他使中国的社会主义事业展示出新的形象和新的前景，也使马克思主义中国化进入新的境界和新的阶段。

---

① 《刘少奇选集》上卷，人民出版社 1981 年版，第 333、319 页。

邓小平理论历史地位和科学价值的几个基本论断

党的十一届三中全会以来，在创立邓小平理论的过程中，一直伴随着怎样看待它与马克思列宁主义、毛泽东思想的关系的问题。对这个问题作出科学的回答，既是确认邓小平理论的科学价值、确立其党的指导思想地位的需要，也是推动这个理论继续发展的需要。我们党努力探求、解答这个问题，不断形成新的认识，经过党的十二大、十三大特别是十四大，到十五大作出了全面的、完整的科学论断。

对党的十五大关于这个问题的几个基本论断进行考察与分析，我们会看到：（一）这些论断都有一个发展过程，是与邓小平理论的创立过程及其历史地位的确立过程紧密联系的，大都是在对邓小平理论的基本思想观点进行概括时提出的。（二）这些论断同时反映着我们党对邓小平理论的认识水平。随着对邓小平理论的认识的深化和提高，对它与马克思列宁主义、毛泽东思想的关系的认识也不断深化和提高。（三）这些论断之间既具有内在的联系，相互交叉涵盖，又具有各自不同的内涵，即从不同的角度揭示了邓小平理论与马克思列宁主义、毛泽东思想的关系。

基本论断之一：邓小平理论是马克思列宁主义基本原理与当代中国实际和时代特征相结合的产物，是毛泽东思想在新的历史条件下的继承和发展。

这既是对邓小平理论的定义，又是关于邓小平理论与马克思列宁主义、毛泽东思想关系的论断。它与我们党创立邓小平理论的基本思路相衔接，随着邓小平理论的形成而形成并完善起来。

1980年，在《关于建国以来党的若干历史问题的决议》刚刚开始起草时，邓小平就提出："我们要恢复毛泽东思想，坚持毛泽东思想，以至还要发展毛泽东思想。"[1]恢复、坚持、发展毛泽东思想，这是邓小平对待毛泽东思想的态度，也是他创立新的理论的基本思路。该决议在初步概括党的十一届三中全会以来的路线、方针、政策的基础上，提出"坚持毛泽东思想"，要在新的实践中丰富和发展我们党的理论，"保证我们的事业沿着马克思列宁主义、毛泽东思想的科学轨道前进"。

1982年9月召开的党的十二大，总结改革开放的实践经验，概括出了许多新的思想。例如，坚持国营经济的主导地位和发展多种经济形式，实行计划经济为主、市场调节为辅，实行民主制度化、法律化，等等。这些思想，大大发展了十一届三中全会以

---

[1] 《邓小平年谱（1975—1997）》上卷，中央文献出版社2004年版，第649页。

来的路线、方针、政策。因此，十二大报告第一次确认："我们恢复了毛泽东思想的本来面目，在新的历史条件下坚持和发展了毛泽东思想。"并提出，"要在新的伟大实践中，积累新的经验，创造新的理论，把马克思列宁主义、毛泽东思想推向前进"。

这个新的理论是个什么理论呢？邓小平在党的十二大开幕词中提出"建设有中国特色的社会主义"的重大命题，这实际上就是要创造的"新的理论"的主题。十二大报告和邓小平提出的这个命题结合起来，进一步明确了理论创新的思路。

1987年7月，党的十三大第一次提出"建设有中国特色的社会主义理论"的概念，初步概括了这个理论十二个基本思想观点，并指出这些思想观点构成了建设有中国特色的社会主义理论的轮廓，提出这一理论实现了马克思主义与中国实践相结合"第二次飞跃"的论断。

党的十三大以后，国际局势发生了巨大的变化，特别是苏联和东欧一些国家政治剧变。在国内，出现了1989年春夏之交的政治风波，再加上由于改革的深化逐渐触及一些深层的问题，一些人对建设有中国特色社会主义的理论与实践的认识出现了混乱，"左"的和右的错误倾向都有。在这种情况下，确认建设有中国特色社会主义理论的科学价值，确立这一理论的指导地位，这一历史责任落到了以江泽民同志为核心的第三代中央领导集体身上。

我们党从七大以来一直是以马克思列宁主义、毛泽东思想作为指导思想的。要确认建设有中国特色社会主义理论的马克思主义的科学价值，确立这一理论的指导地位，必须科学地认识和判断它与马克思列宁主义、毛泽东思想的关系。1991年7月，江泽民在庆祝中国共产党成立七十周年大会上，系统地论述了建设有中国特色社会主义经济、政治和文化三个方面的内容，特别指出：邓小平"提出的关于建设有中国特色社会主义的理论、路线、方针和原则"，"是在新的历史条件下对马克思列宁主义、毛泽东思想的一个最重大的贡献"，"在新的历史条件下，对马克思列宁主义、毛泽东思想的丰富和发展"。[①] 这样，不仅初步明确了邓小平作为建设有中国特色社会主义理论创立者的地位，而且揭示了建设有中国特色社会主义理论与马克思列宁主义、毛泽东思想的关系。

1992年春，邓小平视察南方发表重要谈话，提出关于社会主义的本质等重要的思想观点，基本完成了他的理论创造活动。6月9日，江泽民在中央党校省部级干部进修班上的讲话中说：我通过学习小平同志一系列重要讲话和文章，"对于他在新的历史条件下对马克思列宁主义、毛泽东思想的新发展和对科学社会主义理论的新贡献，有了更深切的认识"，"小平同志所提出的各种重要的理论观点和实际决策，都体现了马克思主义的基本原理同中国现代化建设具体实际的结合和统一"。[②] 这一讲话内容，反映了全党在邓小平南方谈话以后对邓小平建设有中国特色社会

[①] 江泽民：《在庆祝中国共产党成立七十周年大会上的讲话》，人民出版社1991年版，第11页。

[②] 《十三大以来重要文献选编》下册，人民出版社1993年版，第2056、2059页。

主义理论认识的深化，反映了全党对邓小平建设有中国特色社会主义理论与马克思列宁主义、毛泽东思想关系的认识，达到了新的高度。

江泽民上述两次讲话，不仅为党的十四大正式明确邓小平作为建设有中国特色社会主义理论创立者的地位打下了基础，而且为十四大在对建设有中国特色社会主义理论的定义中，明确它与马克思列宁主义、毛泽东思想的关系打下了基础。十四大报告指出：建设有中国特色社会主义的理论，"是马克思列宁主义基本原理与当代中国实际和时代特征相结合的产物，是毛泽东思想的继承和发展"[①]。

五年之后，党的十五大基本上沿用了十四大的这一论断，只是将其中"是毛泽东思想的继承和发展"这句话作了一点扩充，变成"是毛泽东思想在新的历史条件下的继承和发展"。

这一论断中，"马克思列宁主义基本原理与当代中国实际和时代特征相结合的产物"与"毛泽东思想在新的历史条件下的继承和发展"，这两个层次是统一的，相互补充、相互涵盖的。说邓小平理论是马克思列宁主义基本原理与当代中国实际和时代特征相结合的产物，突出了它的马克思列宁主义的渊源，但是并没有跳过毛泽东思想，因为在当代中国，马克思列宁主义的基本原理是已经深入贯穿在毛泽东思想中的基本原理，邓小平理论是直接继承和发展了毛泽东思想。

---

① 《十四大以来重要文献选编》上册，人民出版社1996年版，第13页。

基本论断之二：马克思主义同中国实际相结合产生了两次历史性飞跃，形成了毛泽东思想和邓小平理论两大理论成果。

这一论断是从党的十三大的论述发展而来的。1987年召开的十三大指出：马克思主义与我国实践结合过程中"有两次历史性飞跃"，"第二次飞跃，发生在十一届三中全会以后，中国共产党人在总结建国三十多年来正反两方面经验的基础上，在研究国际经验和世界形势的基础上，开始找到一条建设有中国特色的社会主义的道路，开辟了社会主义建设的新阶段。"[①] 这一论述同后来党的十四大关于"两次飞跃"的论断的差异在于：这一论述突出的是"第二次飞跃"的实践成果，还没有能够明确地概括它的理论成果。十三大的论述是在当时的历史情况下形成的。十三大召开时的情况是：从"以阶级斗争为纲"向以经济建设为中心的转变已经完成；从封闭半封闭到改革开放的转变，还处在邓小平南方谈话前的程度；经济体制改革的目标，还停留在建立社会主义有计划的商品经济上。因此，十三大虽然对建设有中国特色社会主义理论的主要观点作出了概括，但同时指出这一理论还只是构成了一个轮廓。也就是说，"第二次飞跃"在理论上的成果还未最后完整形成。但是当时改革开放和社会主义现代化建设已经积累了丰富的经验，在实践上已经找到并已经走上了一条建设有中国特色社会主义道路。所以，十三大对"第二次飞跃"的概括，突出的是它的实践意义。

---

① 《十三大以来重要文献选编》上册，人民出版社1991年版，第56页。

到五年后党的十四大召开时，建设有中国特色社会主义从理论到实践获得了巨大的发展，特别是十四大确立了建立社会主义市场经济体制的目标，三个历史性转变从而全面实现。在这种背景下，十四大对建设有中国特色社会主义理论作了全面的、系统的概括，并且明确了邓小平作为理论创立者的地位。

至此，马克思主义与中国实际相结合的"第二次飞跃"，从实践到理论全面实现。1993年11月，江泽民在学习《邓小平文选》报告会上提出："在马克思主义基本原理与中国实际相结合的第二次历史性飞跃中，创立了建设有中国特色社会主义的理论。"① 1997年2月，江泽民在邓小平同志追悼大会上所致悼词中，完整地提出了马克思主义与中国实际相结合的"两次历史性飞跃"和"两大理论成果"的论断。他说："在这两次伟大革命的进程中，实现了马克思主义同中国实际相结合的两次历史性飞跃，形成了两大理论成果，这就是毛泽东思想和邓小平建设有中国特色社会主义理论。"②

这一论断不仅划分了马克思主义中国化的历史阶段，高度概括了马克思主义中国化的历史过程，而且揭示了邓小平理论与毛泽东思想在马克思主义中国化这一统一过程中的相互关系。第一，邓小平理论和毛泽东思想都是马克思主义中国化这一统一过程中的产物，紧密衔接。第二，邓小平理论与毛泽东思想又是相对独立、自成体系的理论成果，它们是在不同的历史条件下和马

---

① 《江泽民思想年编（1989—2008）》，中央文献出版社2010版，第133—134页。
② 《江泽民文选》第一卷，人民出版社2006年版，第628页。

克思主义中国化不同的阶段里产生的，具有各自不同的历史特点和历史地位。第三，它表明，邓小平理论是以马克思主义中国化的第一次飞跃的理论成果（毛泽东思想）作为理论起点的。在马克思主义哲学里，"飞跃"的含义是螺旋式上升，而不是平行地延伸。这就能启发人们更好地认识邓小平理论是对毛泽东思想的继承，又是对毛泽东思想的发展，是马克思主义中国化的最新成果。

基本论断之三：在当代中国，马克思列宁主义、毛泽东思想和邓小平理论是一脉相承的统一的科学体系。

这一论断的提出，是与把邓小平理论和马克思列宁主义、毛泽东思想并提为党的指导思想相呼应的。这一论断，是党的十五大作出的我们党以马克思列宁主义、毛泽东思想、邓小平理论作为自己的行动指南的规定的理论依据。

这一论断最早见于1996年10月10日江泽民在党的十四届六中全会上的讲话。十四届六中全会作出的《关于加强社会主义精神文明建设若干重要问题的决议》指出，"我国社会主义精神文明的建设，必须以马克思列宁主义、毛泽东思想和邓小平建设有中国特色社会主义理论为指导"。这是第一次把马克思列宁主义、毛泽东思想和邓小平理论并提为党的指导思想。正是在这次会议上的讲话中，江泽民明确地说："马克思列宁主义、毛泽东思想、邓小平建设有中国特色社会主义理论一脉相承，是统一的科学体系。"[①] 一年之后，党的十五大沿用了这一论断。

---

① 《江泽民文选》第一卷，人民出版社2006年版，第578页。

"统一"，可以讲邓小平理论与马克思列宁主义、毛泽东思想是统一在马克思主义的共同渊源上，也可以讲是统一在马克思主义中国化的过程中；可以讲是统一在马克思主义的基本立场、观点和基本原理上，也可以说是统一在一些具体的重要的思想观点上，还可以说是统一在基本词汇语言上。在社会主义观上，邓小平理论与毛泽东思想有没有统一性，有人存在疑问。江泽民在毛泽东同志诞辰一百周年纪念大会上讲过这样一段话："只有社会主义才能救中国和发展中国；只有改革开放才能建设有中国特色的社会主义；只有走有中国特色社会主义的道路才能独立自主地建设富强民主文明的社会主义现代化国家。这是当代中国最重要的历史真理。""这个历史真理，历史地体现在毛泽东思想之中，体现在邓小平同志建设有中国特色社会主义理论之中。"[①] 这是对存疑者的一个最好的回答。

"一脉相承"同"统一"有同义的一面，这"一脉"就是马克思主义之脉，但它又有其独特的内涵，它强调的是邓小平理论与马克思列宁主义、毛泽东思想内在灵魂、精髓的统一，也就是在马克思主义的基本立场、观点和方法上的统一。实事求是、群众路线、独立自主是马克思主义基本立场、观点和方法在毛泽东思想中的高度凝聚和具有中国共产党人特色的创造性体现，它们是毛泽东思想的活的灵魂，也是马克思列宁主义活的灵魂。邓小平理论与马克思列宁主义、毛泽东思想一脉相承表现在各个方面，但更突出地表现在这一活的灵魂的继承和发展上。在新的

---

① 《江泽民文选》第一卷，人民出版社 2006 年版，第 360 页。

历史时期，邓小平把实事求是、群众路线和独立自主始终贯通在自己的实践活动和理论创造中，发展了毛泽东思想，也使毛泽东思想活的灵魂在新的历史条件下获得了新的时代内涵。

基本论断之四：在当代中国，坚持邓小平理论，就是真正坚持马克思列宁主义、毛泽东思想。

这一论断具有深刻的实践性，它要求人们把邓小平理论与马克思列宁主义、毛泽东思想的关系的认识付诸实践，同时从实践的范畴和意义上强化了邓小平理论与马克思列宁主义、毛泽东思想的关系。

这一论断形成于党的十四大以后。1992年10月，党的十四大提出了用邓小平理论武装全党的战略任务。1993年11月2日在学习《邓小平文选》第三卷报告会上，江泽民进一步强调了学习邓小平建设有中国特色社会主义理论的重要意义，并指出："坚持邓小平同志建设有中国特色社会主义理论，就是真正坚持和发展马克思列宁主义、毛泽东思想。"[1] 道理很明白，我们不能离开实际和时代发展空谈坚持马克思列宁主义、毛泽东思想，不能无视马克思主义的新发展，静止地、孤立地看待马克思列宁主义、毛泽东思想，还是要以发展的眼光来看待马克思主义，坚持用马克思主义的最新成果，用发展了的马克思列宁主义、毛泽东思想指导实践。

从新的历史时期的实践经验来看，如果我们不树立坚持

---

[1] 江泽民：《论党的建设》，中央文献出版社2001年版，第111页。

邓小平理论就是真正坚持马克思列宁主义、毛泽东思想的观点，就不可能真正做到解放思想、实事求是，就有可能固守马克思主义经典作家在当时的历史条件下提出的某些已不符合当代世界实际的具体结论，思想上就会出现停滞、僵化。

既然坚持邓小平理论就是真正坚持马克思列宁主义、毛泽东思想，那么，为什么马克思列宁主义、毛泽东思想还不能丢，为什么还要坚持把马克思列宁主义、毛泽东思想作为党的指导思想呢？这是因为邓小平理论作为马克思主义中国化的新阶段、新成果，是与马克思列宁主义、毛泽东思想紧密联系的，它的科学性或科学价值，理论上源于它与马克思列宁主义、毛泽东思想相统一的马克思主义科学体系。如果丢掉了马克思列宁主义、毛泽东思想，就切断了它的马克思主义的渊源，割断了它与马克思列宁主义、毛泽东思想内在的联系。也可以这样说，只有始终不丢掉马克思列宁主义、毛泽东思想，才能够真正坚持邓小平理论，并不断丰富和发展邓小平理论。

中国共产党人对五四精神的继承和发扬

五四是永远年轻、常言常新的。纪念五四运动，还应该从理性上去思考它与20世纪中国历史发展主题的关系，认识继承光大五四精神对实现中华民族伟大复兴的意义；尤其应该认识以毛泽东同志和邓小平同志为主要代表的几代中国共产党人，在推进中国社会主义现代化建设的历史过程中对五四精神的继承和发扬。

五四运动是一次历史转折，标志着中国先进知识分子现代化思想发展的新阶段和探索现代化道路的新起点。中国现代化思想的启蒙者梁启超曾经指出：鸦片战争后"先从器物上感觉不足"，于是成立了船政学堂、制造局等等机构；再从甲午起到民国六七年间是从制度上感觉不足，但政治运动归于失败；第三期则是从文化根本上感觉不足，辛亥革命"成功将近十年，所希望的件件都落空，渐渐有点废然思返，觉得社会文化是整套的，要拿旧心理运用新制度，决计不可能，渐渐要求全人格的觉悟"。① 这一叙述，梳理了从自强应变的洋务运动到变法保国的维新运动和推翻帝制的辛亥革命，再到呼唤以民主、科学的精神改造中国的新文化运动的中国现代化思潮发展的清晰脉络。

洋务运动的破产，说明在封建制度下以追求物质现代化抵御外侮的有限性；戊戌变法的失败，则显示了封建政治之根深蒂固，社会制度现代化没有实现的可能；而辛亥革命以后民国变质、军阀专制的现实，启发知识分子从整个中国社会的政治力量对比当中去认识批判旧传统、传播新思想的根本性和重要性。因此，新文化运动的领袖们提出整个中国文化的现代化以"再造文明"的问题。中国现代学术重要开创者胡适称，新思潮的意义在于"重新估定一切价值"的"评判态度"；中国共产党的主要创始人之一陈独秀认定，只有科学与民主"可以救治中国政治上、道德上、学术上、思想上一切的黑暗"②；等等。他们对中国传统与现实的批判勇气，倡导以开放和科学的态度对待西方文明的胸襟，呼吁人格独立以共同创造新文化的责任意识，极大地鼓舞了已成众势的新青年。所以，当巴黎和会中国政府外交失败的消息传来，他们发起了"外争主权，内除国贼"的群众性抗议运动，得到了工商业者和工人阶级的强有力支持，最终迫使政府拒签了和约。从新文化传统形成的意义上来说，这是爱国、进步、民主、科学的理性精神和批判、探索的行动精神的胜利。从中国现

---

① 《梁启超传》（修订版），人民出版社2010年版，第433页。
② 《陈独秀选集》，天津人民出版社1990年版，第73页。

代化进程来看，这是思想启蒙引发民主运动的成果，标志着以文化的现代化改造推动民众觉醒和政治革命的初步功效，显示了经过民主运动实行民主制度的现代化道路的可能性。

把中国的民主运动推进到新民主主义革命阶段，并在革命斗争中始终坚持为中国现代化而奋斗的是中国共产党。五四运动促进了马克思主义的传播，锻炼了青年知识分子和工人群众，这些思想、政治条件与十月革命的影响，以及共产国际支持东方革命等国际政治条件结合在一起，产生了中国共产党这一新生的政治力量。这是继辛亥革命之后经过新文化启蒙的一代知识分子发动新兴无产阶级和最广大的农民阶级进行新民主主义革命的开端，中国的现代化运动由此走上了以武装斗争取得民主革命胜利进而转入非资本主义发展模式的道路。

中国共产党成立初期力量弱小，在共产国际的帮助下确定了联合国民党共同完成反帝反封建的民族民主革命的策略。而中国民主革命的先行者孙中山在五四运动后，也认识到进步青年学生和知识分子的思想优势与行动力量，热情地吸收他们参加国民党；同时在苏联和新生的中国共产党的影响下，实行"联俄、联共、扶助农工"的政策，重新解释了三民主义。中国共产党积极拥护反映中华民族现代化追求和工农群众基本利益的新三民主义，国共两党携手掀起了声势浩大的国民革命。然而，孙中山逝世后掌握了国民党实权的蒋介石，背叛两党联合战线和国民革命，屠杀积极发动工农运动的共产党人，建立起全国性的专制政权；中国共产党被迫开始了武装反抗国民党的军事斗争。

但对中国共产党来说，实行武装斗争、进行政治革命本身并不是目的，诚如毛泽东在1956年同工商业者的一次谈话中指出的：革命的"目的不在于建立一个新的政府、一个新的生产关系，而在于发展生产"①。这就是说，革命的目的在于解放和发展生产力，在于实现国家的现代化。无论是土地革命战争还是抗日战争时期，以毛泽东同志为主要代表的中国共产党人一直在总结根据地政权建设和经济建设的经验，从理论上思考革命建国和现代化道路的问题。20世纪40年代初，毛泽东提出的新民主主义思想，是中国共产党对于中国现代化向非资本主义发展模式转换的科学理论，是为现代化建设的启动创造政治、经济和文化条件的纲领性构想。在推进抗日民族统一战线条件下反对国民党专制的民主化运动中，毛泽东在系统阐述建立民主联合政府主张时明确指出："中国工人阶级的任务，不但是为着建立新民主主义的国家而斗争，而且是为着中国的工业化和农业近代化而斗争。"②随着第二次世界大战后中国革命的实际进程和国际共产主义运动的新发展，毛泽东在新中国建立前夕又提出了人民民主专政的理论和向社会主义过渡的设想，并强调人民民主专政的国家"必须有步骤地解决国家工业化的问题"，引导个体经济"向着现代化和集体化的方向发展"，"使中国稳步地由农业国转变为工业国，把中国建设成一个伟大的社会主义国家"③。这些，集中反映了当时

---

① 《毛泽东文集》第七卷，人民出版社1999年版，第182页。
② 《毛泽东选集》第三卷，人民出版社1991年版，第1081页。
③ 《毛泽东选集》第四卷，人民出版社1991年版，第1432、1437页。

中国共产党关于中国现代化发展的整体战略。在中国共产党的领导下，新中国在经济恢复以后展开了以社会主义改造与计划经济体制下的工业化相结合的大规模现代化建设。

从五四运动促进马克思主义在中国的广泛传播到中国共产党的成立，从新民主主义理论的提出到毛泽东思想确立为中国共产党的指导思想，从中华民族的独立和国家统一到社会主义改造和社会主义建设的展开，中国人民实现了近代以来民族精神由被动向主动、由因循守旧之黯淡向追求进步之光明的彻底转变。中华民族精神和中华民族命运的彻底转变，在以毛泽东为代表的当年的五四"新青年"手上实现了！

在改革开放和社会主义现代化建设新时期，邓小平领导党和人民重新恢复和确立解放思想、实事求是的思想路线，总结新中国成立后近三十年社会主义建设的经验教训，把握时代特征，开辟了一条中国式的社会主义现代化建设道路。中国共产党和中国人民实现了新的思想解放和精神觉醒。在长时间中，人们没有认识到社会主义不是一个一成不变的模式，社会主义制度的建立不是一劳永逸的，还要有一个不断完善和发展的过程。邓小平指出，社会主义制度的完善和发展的根本途径是改革，而且是革命性改革，并称之为"第二次革命"。改革，打开了新的思想闸门，使中国社会主义现代化获得了无尽的源头活水。在长时间中，人们也没有认识到，在社会主义条件下搞现代化建设，还要对外开放。在中国近代史上，洋务运动把中国对外的大门推开了一条缝，想向西方学一点技术来解决中国的问题；维新变法运动，把这条门缝又挤开了一些,想从政治上向西方学一点东西来解决中国的问题,但这些都失败了。社会主义制度建立后,人们认为社会主义已经是世界上最好的制度了,自己可以关起门来把事情做好。虽然也曾想到要发展与世界的交流,但又害怕资本主义的渗透,所以中国对外开放的大门始终是欲开还闭。中国一百多年来没有解决好的向西方学习的问题,在以邓小平同志为主要代表的中国共产党人手里解决了!

从反对"两个凡是"、纠正毛泽东晚年错误和批判僵化的社会主义模式所显示的坚持独立见解的思想力量和勇气,从"改革是中国的第二次革命"论断的强烈诉求,人们在邓小平这位当年在五四运动的感召下寻求救国真理的老"新青年"身上,看到了五四运动所开启的现代民族精神。

我们应该充分肯定"文化大革命"结束以后,思想文化界对五四运动的研究和对五四精神的重新倡导所起的作用。早在党的十一届三中全会之前,就有人勇敢地提出马克思主义哲学仍然要同各种蒙昧主义的残余和变种进行不调和的斗争,呼吁"一个新的启蒙运动"。到1979年纪念五四运动60周年时,更有人明确地在现代化的意义上,评价新时期的思想解放运动是继五四运动和延安整风后的第三次思想解放运动。由此,对五四精神的研究在20世纪80年代形成持续的潮流。这一潮流,是对于在邓小平的倡导和支持下自真理标准讨论开始的思想解放运动的响应,并积极地把思想解放运动的影响扩大到广泛的社会层面。思想解放运动的展开和深入,在整体上有力地推进了现代化建设从以阶级斗争为纲到以经济建设为中心,从僵化封闭向改革开放,从计划经济向社会主义市场经济的转变。经过新的思想解放运动和五四新文化传统精神价值的再研究和再肯定,民主、科学、理性和改革、开放、发展成为现代化的不可移易的取向。可以说,在建设有中国特色的社会主义现代化的实践和理论探索中,以爱国、进步、民主、科学的理性精神和批判、探索的行动精神为主要内涵的五四新文化传统得到了空前的发扬光大。

必须注意到,对于五四新文化传统的认识存在着不同观点。有人提出要摆脱五四"激进反传统主义""超越五四",以促进"传统向现代转化",进而"重建文明","再造"中国文化和实现"文化复兴"的问题,等等。按照这种主张,五四时期的先进知识分子曾经否定了的旧文化传统,将要重新给予肯定,而从五四开始积累了80年的新文化传统则将被否定掉,这无疑是制造了一个新的历史虚无主义的泥坑。

在世纪之交,中国共产党高举起的邓小平理论旗帜是改革开放和建设社会主义现代化的旗帜,对20世纪历史的回顾和总结,是对五四以来新文化传统的充分肯定和大力弘扬。中国共产党提出的跨世纪发展规划和在21世纪实现中华民族伟大复兴的号召,为中华民族的百年现代化梦想变为现实又一次提供了历史性契机。科教兴国战略和建设社会主义高度民主目标的提出,不仅包括生产力发展的物质方面和体制改革的制度建设方面,而且包括科学思想的民主精神的弘扬等精神方面,可以说是五四爱国、进步、民主、科学理性精神在新的历史条件下的新发展。

毛泽东为什么能成为毛泽东

一部好的个人著作集,既是作者思想发展历程的记录,又是作者人生事业发展历程的记录。《毛泽东文集》作为《毛泽东选集》的重要补充和延伸,与《毛泽东选集》相辉映,充分反映了毛泽东的思想形成发展过程,也充分展示了毛泽东人生事业走向成功的过程与因素,给人以深刻的启迪。

《毛泽东文集》的选稿,起自1921年,比《毛泽东选集》早了四年。1921年是中国共产党诞生的年头,也是毛泽东完成向马克思主义转变的时候。文集第一卷收入的《在新民学会长沙会员大会上的发言》《给蔡和森的信》《更宜注意的问题》等文稿,清晰地反映了毛泽东在成为一个马克思主义者前后的人生和思想轨迹。

毛泽东17岁才走出乡关,与早期一些著名的马克思主义者比较起来,他接触外部世界和马克思主义要晚一些,但是他具有一种比许多人更执着的探索精神和在探索中勇敢地否定自我的精神。他一旦立志救国救民,便勇敢地独立自主地去探索道路和方法。错了，就自我否定，重新选择；对了，也不停留在原地，而是树立起新的目标，继续探索，使自己的思想不断前进。1921年1月1日、2日，青年毛泽东在新民学会长沙会员大会上提出了"改造中国与世界"的目标和用"俄国式"的"激烈方法的共产主义"①实现这一目标的主张。这一目标确立之后，他便抛弃了他产生过兴趣的无政府主义和罗素的所谓自由共产主义思想。他告诫新民学会会员说：无政府主义和罗素的主张，都是"永世做不到的"。②在这之后不久给蔡和森的信中，他明确表示了赞同建党和在哲学上选择唯物史观。建党主张和唯物史观的确立，使他彻底摆脱了无政府主义思潮和其他社会改良主义思潮的影响，迅速朝马克思主义转变。

毛泽东最大的成功在于，把马克思列宁主义的基本原理与中国具体实际相结合，解决了中国革命和建设的许许多多实际问题，并且用新的实践和理论发展了马克思列宁主义。

中国共产党成立后的一个时期内，中国共产党人对于怎样把马克思列宁主义运用到中国的实际中，总体认识上还处于混沌不清的阶段。这在当时最直接地反映在如何把握马克思主义的基本原理，根据中国的具体国情，找到一条中国革命的正确道路的问题上。毛泽东就是从解决这一问题走向成功的。收入《毛泽东选集》的《湖南农民运动考察报告》《中国红色政权为什么能够存在？》《井冈山的斗争》《星星之火，可以燎原》等文章，集中反

---

① 《毛泽东文集》第一卷，人民出版社1993年版，第2页。
② 同①。

映了毛泽东探索中国革命正确道路的思想成果和过程。而收入《毛泽东文集》第一卷的《国民革命与农民运动》（1926年9月1日）、《在土地委员会第一次扩大会议上的发言》（1927年4月19日）、《在中央紧急会议上的发言》（1927年8月7日）等文，则作了重要的补充。特别是，这些文章较清晰地反映了毛泽东在发动秋收起义、率部队上井冈山以前，对农民问题和土地革命、武装斗争问题的思考。

在这些文章中，毛泽东明确地提出："农民问题乃国民革命的中心问题，农民不起来参加并拥护国民革命，国民革命不会成功。""土地问题不解决，经济落后的国家不能增加生产力。"只有把全国三万万农民组织起来，引导他们参加国民革命运动，帝国主义、军阀的基础才能确实动摇，国民革命才能得到确实的胜利。[①]"政权是由枪杆子中取得的。"正是在这种思想的支配下，在大革命遭到失败，一些人纷纷去中心城市寻找新的出路，有的则躲进"亭子间"的时候，毛泽东明确表示他"不愿意去上海住高楼大厦"。他回到自己熟悉的农村，在湘赣边界发动秋收起义，随后率部队上了井冈山。可以设想，如果毛泽东在这之前，没有上述对农民问题、土地问题及武装斗争问题的深切认识，是不会走上山的路的。

在创建农村革命根据地的斗争中，在指挥红军反对国民党重兵"围剿"的斗争中，毛泽东取得了一次又一次的成功；但在

---

① 《毛泽东文集》第一卷，人民出版社1993年版，第37、39页。

同党内"左"倾错误的斗争中,他却遭受到一再的打击和挫折。毛泽东之所以成为毛泽东,一个很重要的因素是,在逆境中不消极,更没有沉沦,而是积极地利用逆境做有价值的工作,并努力充实和加强自己,从而能够在逆境中重新崛起。

1932年10月,毛泽东被迫解除在红军中的领导职务,到后方工作。这一时期,毛泽东不仅卓有成效地领导了临时中央政府的工作,而且利用不在前线的条件,就根据地建设的一些具体问题,作了扎扎实实的调查研究工作。《毛泽东文集》第一卷收入了毛泽东1933年10月写的《长冈乡调查》和《才溪乡调查》两篇调查报告。这两个调查,都是为了回答和解决乡级苏维埃政权怎样进行工作的问题,调查的内容细至农民一个月吃几两盐、吃几次肉。正是在深入细致的调查研究的基础上,毛泽东这一时期写作了《我们的经济政策》《关心群众生活,注意工作方法》等重要著作(见《毛泽东选集》),发展了党的群众路线,提出了要通过切实地为群众谋利益和对群众深入的宣传教育,把群众发动、组织起来,使他们团结在党的周围,建成一道任何反动势力也打不破的铜墙铁壁的重要思想。在上山之前,毛泽东已做过不少农村调查,但那时他调查的农村是旧政权统治的农村,而这时他调查的农村已经是建立苏维埃政权的农村。以前的农村调查,使他获得更多的是对广大农民潜在的革命性的认识;而这时的农村调查,则使他对广大农民已经爆发出来的革命性和创造力,有了更深切的了解和认识。这种了解和认识,无疑使他更加坚定了中国革命走农村包围城市、武装夺取政权道路的决心和信心。

在那一代人中，毫无疑问，毛泽东是马克思列宁主义学得最好的，但这并不在于他读的马列著作、记住的马列词句比别人多，而在于他掌握了马克思主义的精髓，注重实践，坚持把马克思主义的科学原理同中国的具体实际相结合，从实际出发考虑和处理问题。

毛泽东关于中国革命各种问题的许许多多认识、见解和主张，都不是从本本上抄来的，也不是关在屋子里冥思苦想出来的，而是从调查研究和斗争实践中得来的。例如，进行革命军事斗争，毛泽东就说过："像我这样一个人，从前并不会打仗，而且连想也没有想到过要打仗。"① 但是，他最终成为人民军队的主要缔造者和统帅，指挥人民军队消灭了强大的内外敌人，创造了世界军事史上的奇迹。他走向成功的每一步都离不开实践。秋收起义后，他看到部队反映出来的农民的弱点和旧军队的习气，认识到要切实加强党对部队的领导和教育，便在向井冈山进军途中主持"三湾改编"，确定把党的支部建在连上，实行官兵平等，等等。在红军攻下一些县城后，他看到这支队伍如果只采取攻城略地的军事行动是不能取得更大的胜利的，便提出人民军队要做群众工作。到部队打的胜仗多了，占的地盘多了，发生了一些损害群众利益的现象时，他又及时提出"三大纪律，八项注意"，对部队实行严格的纪律约束。

《毛泽东文集》收入了毛泽东 1929 年 6 月 14 日给林彪的信，并且全文收入了毛泽东 1929 年 12 月起草的古田会议的决议

---

① 毛泽东同叙利亚访华友好代表团谈话记录，1965 年 3 月 23 日。

(《毛泽东选集》只收入了决议的一部分《关于纠正党内错误思想》)。这两篇著作，充分反映了人民军队初创时期毛泽东关于军队建设和根据地建设思想的形成和发展。从1929年6月给林彪的信中，我们可以看到，毛泽东已经形成他后来在古田会议的决议中提出的一些重要观点。例如，关于反对单纯军事观点，反对流寇主义，反对个人凌驾于党的组织之上，反对极端民主化，等等。从古田会议决议全文，我们看到了毛泽东在当时的历史条件下，对如何将这支主要由农民和旧军人组成的革命军队，建设成为一支无产阶级领导的新型人民军队的全面思考。

坚持实践的观点，使毛泽东不仅能够以从实践中获得的正确认识去指导革命，而且能够以实践作为检验事物的标准，敏锐地识别那些脱离实际的"左"的或右的错误倾向。例如，从苏区到后来解放区的土地改革中，反反复复出现的某些"左"的错误，大都是毛泽东首先发现并从全局上提出加以纠正的。毛泽东在1933年10月写的《怎样分析农村阶级》一文，直到解放战争时期还被作为土地改革工作的指导文件印发。这篇文章明晰地提出了如何分析地主、富农、中农、贫农、工人的原则和划分农村阶级成分的标准，其中特别是对地主和富农作了区分，对于纠正土地改革中"左"的错误倾向具有重要的指导作用。这篇文章的正确思想来自哪里呢？《毛泽东文集》第一卷收入的毛泽东1933年6月作的《查田运动的群众工作》的讲话表明，他靠的还是对中国革命这一中心问题的深入的调查研究和思考。1933年年初开始，中央苏区进行了一次查田运动，目的是检查土地改革工作，但是，在运动中出现了"地主不分田""富农分坏田"的"左"的做法。在这种情况下，毛泽东在亲自作了查田运动的试点和调查研究后，在八县查田运动大会上作了这篇讲话。讲话中指出，在划分阶级上，要严格区分中农和富农、富农和地主；"对富农则取削弱的政策"，"消灭富农的倾向是错误的"；"侵犯中农利益的绝对不许可的"。[1]毛泽东正是在这一认识的基础上，进而写作了《怎样分析农村阶级》一文，全面提出了划分农村阶级的标准，为正确进行土地改革提供了政策依据。

  毛泽东在学生时代就注意探求历史的"大本大源"，从历史的本源中总结经验，发现规律。成为一个马克思主义者以后，他的这一思想特质更加充分发挥。毛泽东理论创造的主要源泉就是历史的经验。历史从很多人脑子里流过，也许不会留下很多东西；而从毛泽东的脑子里流过，就沉淀结晶出思想、理论。红军长征到达陕北后的头几年，是毛泽东理论著述成果比较多的时期之一。这时，中国革命已经走过十多年的历程，正由国内革命战争转变为抗日民族斗争。新的斗争对理论指导的需要更加突出，而长期革命实践中积累起来的丰富而深刻的经验为新的理论创造提供了条件。这一时期，在相对安定的环境下，毛泽东对中国革命的历史经验进行了系统、深入的总结和理论概括，写出了《中国革命战争的战略问题》《实践论》《矛盾论》等重要著作，形成了他的军事思想体系和哲学思想体系。

---

[1]《毛泽东文集》第一卷，人民出版社1993年版，第269—270页。

没有中国革命十几年历史的经验，没有对这些经验的深入思考和总结，毛泽东同志的上述理论成果是不可能有的。《毛泽东文集》第一卷收入的毛泽东同志1937年6月5日在中共中央政治局会议上的发言的一部分《关于十五年来党的路线和传统问题》，是一个很好的印证。这篇发言形成于"两论"（《实践论》和《矛盾论》）写作前的一个月。"两论"是为着用马克思主义的认识论、辩证法观点揭露党内的教条主义和经验主义错误（特别是教条主义的"左"的错误）而写的。那么，是什么引发毛泽东从哲学上来剖析"左"的错误呢？这篇发言告诉我们，是历史的经验。这篇发言在肯定党的好的传统的同时，深刻揭露了党的历史上"左"的错误传统，并对造成"左"的错误传统的原因进行了分析。其中，特别指出："党还只有十五年历史，马克思主义的理论与实际的传统还不十分深厚，解决问题还不能样样带马克思主义原则性，还没有很早及人人都学好唯物辩证法。"[①] 这里，毛泽东已经在从哲学上揭露"左"的错误的根源了，接下来他写作"两论"就是很自然的事情。

丰富的历史经验，理论认识上的先导，使毛泽东对大的形势的变化发展，能够作出科学的预见。往往在一个新的局面特别是一个新的历史转折正在到来或将要到来，而很多人还没有意识到时，他就能够敏锐地看到，并且迅速地作出应该提出什么应对措施的抉择。

---

① 《毛泽东文集》第一卷，人民出版社1993年版，第508页。

是革命家诗人还是诗人革命家

一

毛泽东一生中写下的数十首诗词作品,同他的数百万字理论著述一样,是留给中华民族的宝贵精神遗产。毛泽东的诗词立意高远、思想深邃、意境崇高、辞章伟美,描绘了中国革命和社会主义建设壮丽的历史画卷,聚焦了中华民族的伟岸形象和豪迈气概,凸现了一代伟人的高尚情怀。毛泽东诗词以其思想的、文学的、历史的、美学的多重价值,成为中国文化的瑰宝。它影响熏陶了中国几代人,还传播到国外,走向了世界。

毛泽东诗词自问世以来,就受到进步知识分子和广大人民群众的喜爱。过去,毛泽东诗词的传播和宣传,曾出现过群众性的热潮。但是,对毛泽东诗词整体的系统性的学术研究,是在党的十一届三中全会以后才开始的。1994年年底中国毛泽东诗词研究会的成立,是这一学术领域研究发展到一个新阶段的标志。中国毛泽东诗词研究会和已成立的部分省、市毛泽东诗词研究会，做了大量的工作，有力地推动了毛泽东诗词研究事业的发展。一些有较深造诣的学者潜心研究，撰写了一批很有分量或者具有开创性的学术专著。这些优秀的研究成果，使毛泽东诗词研究从过去单纯的赏析、解读，转变为较深层次的学术研究，由过去单篇诗词作品的评论发展到对毛泽东诗词的思想性、艺术性和创作思想及审美追求的整体性、系统性研究。

毛泽东诗词研究是毛泽东研究的一个重要部分，要全面、深入地研究毛泽东，不可不研究毛泽东的诗词。

毛泽东是革命家、政治家，又是诗人。作为诗人，他与一般的诗人不同的是，他是革命家诗人、政治家诗人。而有人称毛泽东是诗人革命家、诗人政治家，词序颠倒了一下，含义已大不一样了。革命家诗人、政治家诗人，是说他首先是革命家、政治家，然后才是诗人。

诗词创作伴随了毛泽东一生，更准确地说，应该是诗词创作伴随了他作为革命家、政治家的一生。他的基本思维或者说主导性思维，是革命家、政治家的理性思维，这决定了他精神世界和人生的基本面。显然，革命家诗人、政治家诗人的定位，既能使人从革命家、政治家的基本面去认识他、评价他，又能从诗人的侧面更丰富地去认识他、评价他。古今中外历史上，成功的革命家诗人、政治家诗人不乏其人，而成功的诗人革命家、诗人政治家却是少有的。原因很简单，因为如果基本思维或者主导性思维不是革命家、政治家所必需的理性思维，是难以成为革命家、政治家的。

在毛泽东身上，革命家、政治家，还有军事家，是同诗人统一在一起的。毛泽东之所以成为毛泽东，这种革命家诗人、政治家诗人、军事家诗人的特殊气质和素养，是一个重要因素。从毛泽东的诗词这扇敞亮的窗扉，我们看到了他那种悲天悯民进而以天下为己任的襟怀，看到了他那种革命理想高于天的激越情感，看到了他那种压倒一切敌人而从不为敌人所压倒的英雄气概。而这些，正是他作为人民领袖和伟大民族英雄的深层底蕴。因此，不了解作为诗人的毛泽东，我们就不可能完整地了解作为革命家、政治家、军事家的毛泽东。也正因为毛泽东是一位革命家诗人、政治家诗人、军事家诗人，所以，他的诗词作品反映了他对人生、对社会、对世界、对历史的思考和作出的结论，这些都是他的思想的组成部分，而且是很生动的组成部分。

有的人说毛泽东是诗人革命家、诗人政治家，是想用诗人的局限性解释毛泽东20世纪50年代后期及之后在治国理政上出现的错误，比如，说毛泽东发动"大跃进"和人民公社化运动是他诗人的性格特点使然。这看似有些道理，实则不然。如果可以把毛泽东的错误归结为他作为诗人的性格特点，那么是不是也可以把他的成功归结为他是诗人的原因呢？显然不能。

二

今天的时代是创新的时代。毛泽东诗词研究也要创新。毛泽东诗词博大精深，是一座富矿、一片沃土，要站在历史和时代的高度，拓展新的视野，不断推出新的研究成果，使毛泽东诗词这笔宝贵的精神财富，在实现中华民族伟大复兴的事业中发挥更大的作用。

一是，要拓宽我们的视野，比较全面地了解毛泽东的生平和思想发展脉络。要真正理解一个人的诗，必须全面了解这个人。特别是像毛泽东这样的诗人，不比较全面地了解他的生平和思想发展脉络，就难以把握他的作品。我们不能只看到他诗人的这个侧面，还要看到他革命家、政治家、军事家的基本面。研究毛泽东的诗词，不能单就诗词论诗词，而是要联系到他作为革命家、政治家、军事家的活动和思想来考察，联系他的情感经历来考察。比如，《咏梅》这首词，如果我们仅把它看作一般文人、诗人的作品，是很难体会到它的"反修"这个题外之意的。要比较全面地掌握毛泽东的生平和思想脉络，还必须对中国革命史和社会主义建设史有比较全面的了解。比如，我们研究《长征》诗，几乎就要了解长征的全过程。如果我们对毛泽东的生平和思想脉络，对中国革命和建设的历史有了比较全面的了解，不仅能够比较准确地把握毛泽东各首诗词作品的主题，认识它的价值，而且能够拓宽视野，从中发掘出一些新的东西。这样，还可以避免单纯地用毛泽东个人的生平史实去诠释毛泽东的诗句，或者简单地用毛泽东的个别诗句的意象来诠释毛泽东这个人。

二是，要联系毛泽东的文化思想和五四运动以来中国社会先进文化思潮发展的历史及特点考察毛泽东的诗词。毛泽东是五四运动以来中国社会先进文化的杰出代表。他的文化思想对中国社会先进文化思潮的发展产生了深刻影响，而他的诗词则完美地体现了他的文化思想。比如，第二次国内革命战争时期，他倡导苏维埃文化，点燃了苏区革命文化的星星之火。而他这一时期创作的《西江月·秋收起义》《西江月·井冈山》《清平乐·蒋桂战争》等诗词作品，正是苏区革命文化的耀眼火炬。抗日战争时期，他高举"民族的科学的大众的文化"的旗帜，而他的《沁园春·雪》这首词，可以说是这一先进文化思潮的代表之作。因此，我们要研究毛泽东的文化思想，要注意把毛泽东诗词放在毛泽东的文化思想和中国社会先进文化思潮发展的历史进程中加以考察。

五四运动以来中国社会的先进文化的特点或者说它的先进性，集中表现在它与人民的关系和与时代的关系上。毛泽东诗词的思想性，也正突出地表现在这两个关系上。毛泽东的诗词，始终坚持"人民群众创造历史"的唯物史观；始终以人民群众作为主人公，歌颂他们的优秀品格，表达他们的理想和情感；始终给人民群众以鼓舞、陶冶和精神力量。毛泽东的诗词，始终把握时代脉搏，传达时代精神，引领时代潮流，推动时代前进。我们如果能够联系毛泽东文化思想和中国社会先进文化思潮发展的历史来考察毛泽东的诗词，可以更好地认识和把握毛泽东诗词的这些特点，也能更好地认识毛泽东诗词在中国社会先进文化思潮发展中的地位和作用。

毛泽东与中华民族伟大复兴

马克思曾经引用一位哲学家的话说:"每一个社会时代都需要有自己的大人物,如果没有这样的人物,它就要把他们创造出来。"① 毛泽东,便是20世纪中国的历史所需要的这样的人物,他本身也是被历史创造和选择出来的。历史为什么创造和选择了毛泽东,根本原因是他顺应了历史的要求,并且和与他同时代的优秀人物一起领导人民群众创造了新的历史。

在近代中国,历史的需要也好,创造新的历史也好,主线是一条,这就是实现中华民族的伟大复兴。

民族复兴自然是相对民族衰落而言。中华民族在19世纪中叶开始的在世界民族之林中的尴尬处境和被动挨打的局面,激发了一代又一代仁人志士的不息奋斗,产生出一个又一个民族复兴的思路和梦想。最后,只有以毛泽东同志为主要代表的中国共产

---

① 《马克思恩格斯选集》第一卷,人民出版社2012年版,第502页。

党人的奋斗，才真正使中华民族在复兴道路上实现了质的飞跃。这就是毛泽东与20世纪中国历史最本质的联系。正是在这个意义上，我们说毛泽东是近代以来中国伟大的爱国者和民族英雄。

1948年，毛泽东在《将革命进行到底》一文中曾说过这样一段话：中国革命是要"使中华民族来一个大翻身，由半殖民地变为真正的独立国，使中国人民来一个大翻身，将自己头上的封建的压迫和官僚资本（即中国的垄断资本）的压迫一起掀掉，并由此造成统一的民主的和平局面，造成由农业国变为工业国的先决条件，造成由人剥削人的社会向着社会主义社会发展的可能性"①。这段话，揭示了近代中国历史发展的根本要求，体现了中国共产党人包括毛泽东自己当时对民族复兴内容的深刻认识，也反映了以毛泽东同志为主要代表的中国共产党人在长期的革命斗争中为民族复兴奋斗的基本事实及其所创造的超越前人的伟大成就。

实现国家的完全独立和民族的彻底解放，创造了中华民族走向伟大复兴的根本前提

近代以后，中国遭受列强欺侮，沦为半殖民地半封建国家。从这样一个起点和基础上实现民族复兴，最重要的前提就是民族的独立和解放。1840年中英鸦片战争以后，帝国主义列强把一个个不平等的条约强加在中国人民头上，一直到新中国成立前，一些国家在中国境内还享有驻军、领土租借、内河航行、自由经

---

① 《毛泽东选集》第四卷，人民出版社1991年版，第1375页。

营和领事裁判等各种特权。甚至连中国的海关，自1859年建立到1949年90年的时间里，行政管理权和关税收支权，都一直掌握在外国人的手里。为此，中华民族在近代以后所要完成的一个严峻的历史任务，就是争得国家的完全独立和民族的彻底解放。人们无法设想，一个受制于别的民族的民族，会有自己的国际地位，会有自己的民族自信，会有经济文化的全面振兴。所以毛泽东谈到这个问题时，用了一个非常形象的说法——"使中华民族来一个大翻身"。

为了这个"大翻身"，中国共产党从成立那天起，就把反对帝国主义的压迫写进了自己的纲领。新中国成立后，彻底结束了帝国主义列强在中国土地上的特权。周恩来说，"这是一百多年来旧中国的政府所没有做到的"[①]，"在做了这些以后，中国人民就在帝国主义面前站立起来了"[②]。毫无疑问，做到了这些，即使中华民族的复兴从此有了前所未有、不可或缺的政治前提，其本身也是中华民族走向复兴的一个标志。

民族复兴，还包括民族自尊心和自信心的空前提高。毛泽东喜欢用"站立起来了"比喻新中国成立后人民精神世界的极大改变，主要就是指中国人民民族自尊心和自信心的空前提高。近代以后，面对帝国主义的入侵和压迫，中国人民的反抗与斗争从来没有停止过，但是，反动统治集团惧外、崇外，甚至在政治、经济上投靠和依附帝国主义，极大地压抑了人民的民族自尊心和自

---

① 《周恩来选集》下卷，人民出版社1984年版，第85—86页。
② 《毛泽东选集》第四卷，人民出版社1991年版，第1434页。

信心。毛泽东领导党和人民创建新中国,一扫过去的精神积弊,使中国人真正感受到国家真正成为自己的国家,自己真正成为国家的主人。中华民族在世界民族之林中挺立起来了,中国人民不仅从政治上、经济上摆脱了帝国主义的奴役,而且从精神上摆脱了帝国主义的奴役。毛泽东曾在开国前夕以诗意的语言描述,"中国的命运一经操在人民自己的手里,中国就将如太阳升起在东方那样,以自己的辉煌的光焰普照大地"①。

新中国成立不久爆发的朝鲜战争,是对民族自尊心和自信心的一个极大考验。美帝国主义把战火烧到鸭绿江边,对我国形成严重的威胁。毛泽东在新中国百废待兴的时刻,以非凡的胆识和罕见的战略气魄毅然决策出兵抗美援朝,向世界表明:新中国的政府已绝不再是割地求和的政府了,新中国的人民已绝不再是忍辱负重的人民,中华民族任人欺凌的历史一去不复返了。可以说,抗美援朝之战,是新中国确立大国地位和中华民族屹立于世界民族之林的奠基之战,是中华民族重新崛起的里程碑。

中国人民的民族自尊心和自信心,还表现在中苏关系上面。新中国成立之初采取"一边倒"的政策,即站在以苏联为首的社会主义阵营一边。这一方针,是毛泽东根据中国革命的历史经验,从当时的整个国际战略格局,主要是美国等帝国主义对新中国采取敌视态度并实行包围封锁这个现实情况出发提出的。但"一边倒"绝不意味着依附别国,更不是去做附庸国。相反,

---

① 《毛泽东选集》第四卷,人民出版社 1991 年版,第 1467 页。

毛泽东始终高度关注和维护国家的主权和民族的尊严，容不得任何有损国家主权和民族尊严的事情。1958年，苏联先后提出要在中国建立特种长波收发报无线电台和中苏联合核潜艇部队，毛泽东毫不犹豫断然拒绝。在中国社会主义革命和建设问题上，毛泽东也绝不去嚼别人啃过的馍，跟在别人的后面亦步亦趋，而是始终坚持独立自主，走自己的路。这种高扬的民族自尊心和自信心，是中国人民勇于开拓光明未来的最大的精神力量。

实现国家的统一和民族的团结，使中华民族的伟大复兴具有了坚实的政治基础

新中国的成立，结束了长期以来为人民极端痛心的国家分裂和混战局面，在短短的时间里，便成功地医治了战争创伤，荡涤了旧社会遗留下来的污泥浊水，创造了一个和平稳定的社会局面。伟大的革命先行者孙中山毕生为之奋斗而没有实现的国家统一和社会稳定的愿望，终于实现了。

在中国几千年的历史上统一和分裂交替出现，分裂常常伴随着连绵不断的战争创伤和社会各项事业的巨大破坏，甚至伴随着外部势力的入侵和压迫。传统的中国一方面有大一统的习惯，另一方面却又是一盘散沙。尤其是近代以后，由于战乱和积贫积弱，由于统治者不能代表最广大人民的根本利益，使民族向心力和凝聚力明显地缺失。即使1928年国民党在全国范围内建立起政权以后，事实上也没有真正实现全国的统一，各地方实力派系

依然在自己的势力范围内我行我素。这种现实，无疑是建设一个现代文明国家的重要障碍。一个分裂的国家，是不可能强大起来的；一个分裂的国家，是最容易给外部势力可乘之机的；一个分裂的国家，在经济和社会发展上总是要受到这样或那样的干扰和阻碍。亦正如孙中山所说："统一是中国全体国民的希望。能够统一，全国人民便享福；不能统一，便要受害。"[①]

以毛泽东同志为主要代表的中国共产党人领导的人民革命，推翻了帝国主义、封建主义、官僚资本主义的反动统治，实现了中国大陆地区的完全统一，创造了实现中华民族伟大复兴的新的历史起点。国家的统一，有利于凝聚全民族的精神和力量实现整体的发展，有利于促进经济社会各项事业的全面进步，有利于各民族之间的亲密合作与交流，有利于国家地大物博优势的充分利用和发挥。

在中国共产党领导下的统一，同历史上任何一个封建朝代的统一，都有着本质的区别。它是人民当家做主人的统一，是由广泛人民民主统一战线作为政治保障的统一，是建立在各民族之间平等、团结基础上的统一。中国的统一，有着可靠的制度保证，这就是毛泽东和中国共产党在新中国成立之初确立的人民代表大会制度、中国共产党领导的多党合作和政治协商制度及民族区域自治制度。这三个基本的政治制度，是毛泽东和中国共产党从近代以来中国的历史经验和革命根据地政权建设的经验中总结出来的，是根据

[①]《孙中山全集》第十一卷，中华书局1981年版，第373页。

中华民族是一个拥有不同文化习俗和经济社会发展水平的多民族的大家庭的历史条件制定出来的，因而是适合中国国情的。

探索中国现代化建设道路，为中华民族伟大复兴开辟了正确途径

现代化是任何一个国家发展过程中不可逾越的历史阶段，对中国这个从1840年以后陷入落后挨打被动局面的国家来说，更是先进的人群孜孜以求的目标，实现中华民族伟大复兴的唯一正确途径。

鸦片战争以后，特别是中日甲午战争以后，中国的先进分子看到了国家的落后，看到了世界现代化发展的潮流，提出了国家近代化（现代化）的问题，并对于现代化建设的道路进行了各种探索。但是，他们对现代化的认识无疑具有极大的局限性，而且都是想在不对社会制度进行根本变革的条件下搞现代化，当然只能以失败而告终。洋务派从军事失败看到国家工业技术落后而挨打，尝试"师夷长技以制夷"，兴办军事工业和相关的民用工业，开创了中国的近代工业。以康有为、梁启超为代表的资产阶级维新派，认识到"世界已进入工业之世界"，在推动政治改良的同时，提出"兴实业""尚工"，甚至提出了"以工立国"的主张。他们的思想主张可以说是中国工业化、现代化思想的开端；但是，他们的思想从根本上没有跳出农本思想的藩篱。

资产阶级民主派孙中山是中国提出现代化思想的第一人。他

高举起反帝反封建和振兴中华的旗帜，主张大规模发展工商业，认为这是"兴国之要图"，"存亡之急务"。但是，孙中山的现代化思想同样具有严重的局限性：一是，他试图在封建军阀专制下进行现代化建设，陷入了实业救国的空想；二是，他主张的现代化是资本主义现代化，他想通过发展资本主义工商业和国家资本主义，实现国家现代化，这肯定是行不通的；三是，他没有提出政治、经济、文化全面现代化的纲领和目标，没有提出解决农业国家实现现代化问题的根本方案。

毛泽东创立新民主主义理论，成功地指导中国新民主主义革命取得胜利，并且正确回答、解决了中国这样一个经济、文化落后的农业国家民主革命胜利后进行现代化建设的一系列问题，使中国现代化由空想变为现实。他第一次提出了中国现代化建设的全面纲领和根本途径，即建立新民主主义的政治、经济、文化，变农业国为工业国；他根据中国国情提出了一条非资本主义发展前途的现代化道路，既与蒋介石封建法西斯主义划清了界线，又与欧美资本主义划清了界线；他摒除民粹主义思想障碍，作出了中国社会主义现代化建设过程中利用和发展资本主义的设计；他反对在革命胜利之后仿效苏联直接进入社会主义，主张走自己的路，通过新民主主义过渡到社会主义。

解放生产力，将中国从落后的农业国建设成为一个先进的工业国，是毛泽东领导新民主主义革命的基本出发点，也是他领导社会主义革命的基本出发点。他强调说"社会主义革命的目的是为了解放生产力"①。中国走出了一条适合中国国情的社会主义改造道路，尽管在变革生产资料所有制的过程中，形式单一了些，工作中也有过急过粗的做法，但社会主义基本制度的确立，无疑为中国的工业化提供了前提条件。

从向社会主义过渡的时期开始，毛泽东即领导党和人民开启社会主义工业化建设，努力探索适合中国情况的社会主义现代化道路。他和党中央提出了包括工业现代化、农业现代化、国防现代化和科学技术现代化的"四个现代化"目标，还提出了实现这一目标的大概时间和步骤，即第一步建立一个独立的比较完整的工业体系和国民经济体系，第二步全面实现"四个现代化"。他指出，只能从大农业国这个基本国情出发，走自己的路，并提出"以农业为基础，以工业为主导"，以农、轻、重的秩序来安排国民经济，以此实现由农业国向工业国的过渡。他发表《论十大关系》的讲话，初步总结我国社会主义建设的经验，就确立经济建设的基本方针和处理社会政治经济生活的若干重大关系，提出了一系列具有长远指导意义的思想和原则。在此基础上，他主持召开党的八大，作出将党和国家工作重心转移到社会主义建设上来的战略决策。这些，都对中国社会主义现代化建设产生了积极而深远的影响。在没有成功经验可循的情况下，虽然有过失误甚至严重的错误，但是，党在社会主义现代化建设中仍然取得了巨大的成就，取得了独创性的理论成果。这些，为党在新的历史时期

---

① 《毛泽东著作选读》下册，人民出版社1986年版，第717页。

开创中国特色社会主义提供了宝贵经验、理论准备和物质基础。

从以上梳理中,我们不难得出这样的结论:毛泽东为推进中华民族的伟大复兴事业,做了那个时代他可能做到的事情,他开启了让中国走上文明、富强和民主这出辉煌史剧的序幕。

邓小平与中华民族伟大复兴

20世纪是中华民族从贫弱、屈辱中奋起，走向伟大复兴的世纪。从1900年八国联军占领北京，中国进一步沦为半殖民地半封建社会，到2000年我国人民生活总体上达到小康水平，大步走向繁荣富强，100年间中国发生了翻天覆地的变化。中华民族在实现伟大复兴的前进道路上，经历了三次历史性巨变，产生了孙中山、毛泽东、邓小平三位伟大人物。毛泽东曾经评价孙中山领导中国人民反帝反封建的资产阶级民主革命，是"处在半殖民地国家的大革命家对于中华民族最伟大的贡献"。① 邓小平曾经评价毛泽东说："没有毛主席，至少我们中国人民还要在黑暗中摸索更长的时间。"② 对于邓小平为中华民族作出的历史性贡献，江泽民评价说："如果没有邓小平同志，中国人民就不可能有今天的新生活，中国就不可能有今天改革开放的新局面和社会主义现

---

① 《毛泽东文集》第二卷，人民出版社1993年版，第111页。
② 《邓小平文选》第二卷，人民出版社1994年版，第345页。

代化的光明前景。"①

开创中国特色社会主义，成为实现中华民族伟大复兴的必由之路

实现民族复兴，使中华民族屹立于世界民族之林，是孙中山、毛泽东、邓小平的共同心愿。孙中山、毛泽东在有生之年，做了在他们所处的时代可能做到的事情，完成了他们的历史使命。中华民族的伟大复兴需要一代又一代人的不懈努力，既要继承前人，又要突破前人，不断创造新方法、开辟新道路。历史选择了邓小平。邓小平继承毛泽东，在新的历史条件下，以巨大的理论勇气和卓越的政治智慧，领导党和人民开创中国特色社会主义，走出了一条坚持和发展社会主义的新道路。几十年来的实践证明，这条道路是建设富强、民主、文明的社会主义现代化国家的正确道路，是实现中华民族伟大复兴的必由之路。

只有社会主义才能救中国。当20世纪70年代末邓小平复出工作之时，世界社会主义运动进入低潮，中国的社会主义建设也出现了严重曲折和困难局面。邓小平旗帜鲜明地指出："只有社会主义才能救中国，这是中国人民从五四运动到现在六十年来的切身体验中得出的不可动摇的历史结论。"②在后来的整个改革开放过程中，邓小平一再指出，中国的发展始终要讲两条：一条是坚持

---

① 《江泽民思想年编（1989—2008）》，中央文献出版社2010年版，第272页。
② 《邓小平文选》第三卷，人民出版社1994年版，第166页。

社会主义，一条是坚持改革开放。20世纪80年代初期，他主持起草《关于建国以来党的若干历史问题的决议》，科学地评价毛泽东的历史地位和毛泽东思想的科学价值，正确地总结新中国成立后的前30年历史，维护了社会主义的根本制度和新中国确立的各项基本政治制度，从而也就维护了实现中华民族伟大复兴的政治前提和政治基础。如果离开这个前提和基础，实现中华民族伟大复兴就是一句空话，这已经被中国近代以来的历史所证明。

实现中华民族的伟大复兴，最根本的途径是解放和发展生产力。不发展生产力，没有经济的振兴，民族复兴是根本无法实现的。孙中山曾经说过，为什么近代以来世界列强有瓜分中国的念头，是因为中国是一个"顶弱、顶贫"的国家。毛泽东曾经多次指出过近代中国落后挨打的血的教训。他还说，革命只是"造成由农业国变为工业国的先决条件"，革命的"目的是为着解放生产力"，"为新的生产力的发展开辟道路"。[1] 进入社会主义时期以后，我们党曾经保持这一正确的思想认识，筹划大规模进行经济建设，以迅速改变我国经济落后的面貌。但是，由于种种原因，人们对社会主义的认识逐渐陷入僵化和错误，党和国家工作的重心长期没有能够转到经济建设上来。邓小平振聋发聩地指出："什么叫社会主义这个问题也要解放思想。经济长期处于停滞状态总不能叫社会主义，人民生活长期停止在很低的水平总不能叫社会

---

[1]《毛泽东文集》第三卷，人民出版社1996年版，第109页。

主义。"① "贫穷不是社会主义,社会主义要消灭贫穷。"② 进而,他又深刻地指出社会主义的根本任务是发展生产力。正是在这些思想的指导下,我们党确立了"一个中心,两个基本点"的基本路线,确立了把发展作为第一要务的执政兴国目标。这是党和国家工作的历史性转折,也是中华民族伟大复兴事业的历史性转折。数十年来,不管国际风云如何变幻,国内局势出现怎样复杂的情况,我们都始终坚持以经济建设为中心不动摇,一心一意抓建设、谋发展,使国民经济快速增长,综合国力日益提高,人民生活不断改善,为中华民族的伟大复兴一步一步地奠定坚实的物质基础。

中华民族的伟大复兴是同中国特色社会主义的历史命运紧紧联系在一起的。正是从这个角度,邓小平提出了"改革是第二次革命"的论断。他告诉人们:改革不是细枝末节的变革,不是对原有体制的修修补补,而是对束缚生产力发展的原有体制带根本性的变革。毛泽东曾经说过,要"使中华民族来一个大翻身"。如果说,中国共产党领导的第一次革命,是使中华民族和中国人民彻底摆脱了被奴役、被压迫和被剥削的命运,在政治上实现了"大翻身";那么,今天的"第二次革命",是要使中华民族和中国人民摆脱旧的僵化的体制的束缚,在经济、文化上来一个全面的"大翻身"。实践已经充分证明,这场革命性的变革正在深刻地改变着中华民族的前途和命运。

---

① 《邓小平年谱(1975—1997)》上卷,中央文献出版社 2004 年版,第 620 页。
② 《邓小平文选》第三卷,人民出版社 1993 年版,第 116 页。

从根本上改变束缚生产力发展的经济体制，建立起中国特色的、符合生产力发展的新的经济体制，是这场改革的重点。早在改革开放之初，邓小平就提出了"社会主义也可以搞市场经济"的设想。经过10多年的实践、探索，1992年他在南方谈话中明确阐明了社会主义市场经济的思想，同年召开的党的十四大明确我国经济体制改革的目标是建立社会主义市场经济体制。这一目标的确立，把中国的改革开放和社会主义现代化建设推进到了一个新的发展阶段。建立社会主义市场经济体制，是一项前无古人的创举，开辟了在社会主义条件下进一步解放和发展生产力的新道路，为建设中国特色社会主义和实现中华民族的伟大复兴带来了巨大的生机和活力。

邓小平指出，开放是中国的希望。古往今来，世界上各种不同的国家和民族长期共存，相互交流、融汇，促进了共同发展。任何一个国家和民族要发展自己，都必须主动地融入世界发展的潮流中去。近代以后，中国为什么长期落后挨打，世界上几乎一切大大小小的帝国主义国家都欺侮过我们，主要是由于中国在鸦片战争以前两三百年间实行闭关锁国的政策，落后于世界发展的潮流。孙中山曾经感慨地说过："中国近百年来，我们的国民睡着了。我们睡了,不知道世界他国进步的地方。"[①] 半个多世纪以后，邓小平仍然用这一历史教训来告诫人们："不要脱离世界，否则就会信息不灵，睡大觉，而世界技术革命却在蓬勃发展。"[②] 他敏锐

---

① 《孙中山全集》第十卷，中华书局1986年版，第236—237页。
② 《邓小平文选》第三卷，人民出版社1993年版，第290页。

地把握世界潮流和国际局势的变化，把对外开放确立为一项基本国策，并提出大胆吸收和借鉴人类社会创造的一切文明成果。几十年来，我国的对外开放不断扩大和推进，为现代化建设和改革提供了十分必要的借鉴和巨大的助力。

提出"三步走"的发展战略，使中华民族的复兴大业第一次有了清晰而切实的战略目标和步骤

实现现代化，是中华民族100多年来的理想，是中华民族伟大复兴的历史任务。许多先进人物为之进行了各种各样的尝试和奋斗，但真正把它提到历史进程的是中国共产党。1954年，在第一届全国人民代表大会上，毛泽东、周恩来第一次提出"四个现代化"的目标。1964年，第三届全国人民代表大会提出：要在不太长的历史时期内，把我国建设成具有现代农业、现代工业、现代国防和现代科学技术的强国。"四个现代化"目标的提出，表达了党和人民改变我国落后面貌、建设强大国家的愿望和追求，对于振奋民族精神、推进我国现代化建设，具有重要的意义。但后来由于各种原因，党从经济建设上急于求成，发展到指导思想陷入"左"的错误，使这一目标的实施受到严重挫折。邓小平在对改革开放和社会主义现代化建设进行设计的过程中，对中国现代化建设的目标和步骤进行了深入的思考，从实际出发，提出了"三步走"的发展战略目标，即通过国民经济翻番地增长，第一步，到1990年，解决温饱问题；第二步，到20世纪末实现小康；

第三步，到21世纪中叶，达到中等发达国家水平。

"三步走"的发展战略目标，向人们展示了中国社会主义现代化建设新的历史进程表，使中华民族伟大复兴第一次有了清晰而切实的战略目标和步骤。

"三步走"的发展战略目标，是一个实事求是、切实可行的发展战略目标。它立足于中国社会主义初级阶段的基本国情，找准了中华民族伟大复兴的历史起点和现实基础。它把解决人民温饱问题作为第一步目标，既反映了我国国情最大最普遍的实际，又充分体现了中国共产党全心全意为人民谋利益的根本宗旨。世界上还没有一个国家的现代化是从解决人民温饱问题开始的。然而，中国就是中国，中国只能从这里开始。回想起来，如果当时确定现代化的发展目标和步骤不是考虑从解决人民的温饱问题开始，我们就有可能重复过去急躁冒进的错误，重现欲速而不达的局面。

"三步走"的发展战略，是一个体现和激发中华民族追赶先进的雄心壮志的发展战略。中华民族是一个敢于争先、不甘落后、自强不息的民族。这是实现民族复兴必不可少的精神条件。"三步走"的发展战略，具有鲜明的追赶先进的意识。它向人们宣告，中国大约要用100年的时间，实现一些西方发达国家用了两百多年的时间才实现的目标。早在党的十一届三中全会召开前夕，邓小平就提出了追赶"亚洲四小龙"和西方发达国家的设想。1992年，他在南方谈话中又明确地提出：要抓住有利时机，加快我国经济的发展，"力争隔几年上一个台阶"，一些发达地区要力争用 20 年的时间赶上"亚洲四小龙"。这个既体现雄心壮志又脚踏实地的战略目标，极大地凝聚了全民族的精神和力量。经过 20 多年的奋斗，在 20 世纪末，我们成功地实现了前两步战略目标，开始向第三步战略目标迈进。进入新世纪，党中央作出全面建设小康社会、加快推进社会主义现代化的战略部署，并实现了良好的开局。可以预见，到 21 世纪中叶，第三步战略目标一定能够胜利实现。

民族的复兴不仅仅是经济的繁荣，还包括政治、文化、科技、教育等的全面振兴。"三步走"的发展战略，最终的目标是要建立一个富强、民主、文明的社会主义现代化国家。邓小平提出，"要在建设高度物质文明的同时，提高全民族的科学文化水平，发展高尚的丰富多彩的文化生活，建设高度的社会主义精神文明"①。他关于科学技术是第一生产力的论断，为科教兴国战略提供了坚实的理论依据。一位哲人说过：给我一个支点，我可以把地球撬起来。邓小平为中华民族的崛起找到了这样一个支点。他还对改革党和国家领导体制、健全社会主义民主和法制等，提出了许多宝贵的思想和主张，为新时期社会主义物质文明、政治文明、精神文明的协调发展提供了科学的指导。

---

① 《中国共产党一百年大事记（1921 年 7 月—2021 年 6 月）》，人民出版社 2021 年版，第 112 页。

提出"一国两制"统一祖国的构想,顺利收回对香港、澳门的主权,在中华民族伟大复兴的历史上写下浓墨重彩的一笔

民族复兴是相对民族衰落而言的。在鸦片战争以后的100多年里,中华民族走向衰落,主要的表现就是面对西方列强的侵略欺凌,被迫一次又一次地割地求和,从而一次又一次地损害了国家主权、独立和领土完整,一次又一次地挫伤了中华民族的民族尊严和民族自信心。到20世纪80年代,香港、澳门还被控制在西方国家手中。顺利收回对香港、澳门的主权,是新时期中国共产党的历史使命,对中华民族的伟大复兴具有特别的意义。在中英关于香港问题的谈判中,英方坚持认为过去签订的不平等条约是有效的,甚至提出用主权换治权,企图继续控制香港。对于这种无理要求,邓小平掷地有声地回答:主权问题是不容谈判的,1997年中国收回香港问题也是不能谈判的,不管以什么方式。他还说:到1997年中国如果不把香港收回,"就意味着中国政府是晚清政府,中国领导人是李鸿章!"① 正是在中英谈判前不久,在1982年9月召开的党的十二大上,邓小平庄严宣告:"中国人民珍惜同其他国家和人民的友谊和合作,更加珍惜自己经过长期奋斗而得来的独立自主权利。任何外国不要指望中国做他们的附庸,不要指望中国会吞下损害我国利益的苦果。"② 经过艰难的斗

---

① 《邓小平文选》第三卷,人民出版社1993年版,第12页。
② 《中国共产党第十二次全国代表大会文件汇编》,人民出版社1982年版,第4页。

争，中国政府根据邓小平提出的"一国两制"的伟大构想，分别在1997年和1999年成功地收回了对香港、澳门的主权，最终截掉了19世纪西方殖民主义留在中国领土上的尾巴，在中华民族伟大复兴的历史上书写了浓墨重彩的一笔。

国家的完全统一是民族复兴大业的重要组成部分。如何解决历史遗留下来的台湾问题，是邓小平最为关切的问题之一。在他看来，祖国统一"这首先是个民族问题，民族的感情问题。凡是中华民族子孙，都希望中国能统一，分裂状况是违背民族意志的"。① 早在1979年，他就把实现祖国的完全统一作为中国共产党在新时期的三大历史任务之一提了出来。为此，他不仅提出了"一国两制"统一祖国的基本方针，还针对"台独"势力分裂祖国的阴谋，从战略高度表达了解决台湾问题、维护祖国统一的坚定信心。他表示，我们坚持谋求以和平方式解决台湾问题，但是始终不能承诺放弃非和平方式，无论什么情况下都不能放弃国家的统一。这一思想，对于我们党确立对台工作的方针，开创对台工作新局面，促进祖国完全统一，具有重要的意义。

实现民族的伟大复兴，不仅要坚定地维护国家的主权和独立，捍卫民族的尊严，还要为民族的生存发展创造和平的外部环境和有利条件。在改革开放和社会主义现代化建设新时期，邓小平正确把握和平与发展的时代主题，进一步确立和完善了独立自主的和平外交政策，在国际舞台上树立了中国改革开放和和平发展

---

① 《邓小平论侨务》，中央文献出版社2000年版，第28页。

的新形象。20世纪80年代末90年代初，随着苏联解体、东欧剧变，世界局势发生了巨大变化，邓小平明确提出了"冷静观察""稳住阵脚""沉着应付""韬光养晦""绝不当头""有所作为"的应对策略。在这个策略思想的指导下，不论国际形势如何变化，一方面，我们始终坚持一心一意地发展自己，把自己的事情办好，使综合国力不断增强；另一方面，在国际事务中发挥越来越重要的作用，成为一个负责任、有作为的大国，在国际舞台上展示了一个走向复兴的伟大民族的气魄和风貌。

了结过去向前看

四十多年前,"文化大革命"刚结束的一段时间里,百乱待治,人们的思想也处于混乱状态。特别是在对待"文化大革命"的问题上,存在着两种有代表性的错误思潮。一种是坚持"两个凡是"的"左"的错误,继续肯定"文化大革命"的错误理论和实践;另一种是借口否定"文化大革命"而否定党的历史,否定党的领导地位,否定社会主义制度,否定毛泽东同志和毛泽东思想。毫无疑问,党和国家要从"文化大革命"的困境中走出来,首要的是要对"文化大革命"作出正确的评价,彻底纠正"文化大革命"的错误理论和路线,实现在思想、政治、组织等各个领域的全面拨乱反正。由于评价"文化大革命"与评价毛泽东同志紧紧地交织在一起,问题就更加错综复杂。有没有能力、有没有智慧处理好既彻底否定"文化大革命"又科学评价毛泽东同志和毛泽东思想这两个看起来似乎矛盾的问题,是对党的重大考验,也是决定中国前途与命运的关键一步。

兹事体大，举世瞩目。邓小平提出了解决这一历史难题的总的指导方针，这就是：把过去的问题了结一下，使全国人民团结一致向前看。他还明确指出："总结过去是为了引导大家团结一致向前看。"①总结历史与引导人民团结一致向前看是相辅相成的。团结一致向前看既是总结历史的目的，又是解决历史问题的科学的思想方法。总结历史不是要让人纠缠历史，而主要是要认真地总结历史的经验教训，开辟前进的正确道路。1979年10月，党中央决定由邓小平主持起草《关于建国以来党的若干历史问题的决议》（以下简称《决议》）。在《决议》起草过程中，邓小平等又有过许多重要的论述，提出了一系列正确认识和处理历史问题的原则性观点和方法，及时澄清了党内和社会上一些错误思潮和模糊认识，使《决议》真正达到了总结历史、统一思想、引导人民团结一致向前看的目的。

邓小平等老一辈革命家的论述和《决议》，对"文化大革命"的错误理论和实践进行了彻底的否定，从而为引导全党全国人民解放思想、实事求是、团结一致向前看清除了严重的思想障碍。不彻底否定"文化大革命"，就不能彻底打破"两个凡是"的思想禁锢，就谈不上了结过去、拨乱反正，就谈不上解放思想，实事求是，团结一致向前看。邓小平明确指出："'文化大革命'同以前十七年中的错误相比，是严重的、全局性的错误。它的后果极其严重，直到现在还在发生影响。"②《决议》指出："文化大革

---

① 《邓小平年谱（1975—1997）》上卷，中央文献出版社2004年版，第610页。
② 《邓小平文选》第二卷，人民出版社1994年版，第302—303页。

命"的历史，证明毛泽东同志发动的"文化大革命"的主要论点，即"无产阶级专政下继续革命的理论"，既不符合马克思列宁主义，也不符合中国实际。这些论点对当时我国阶级形势以及党和国家政治状况的估计，是完全错误的。"文化大革命"被说成同修正主义路线或资本主义道路的斗争，这个说法根本没有事实根据，并且在一系列重大理论和政策问题上混淆了是非；"文化大革命"所打倒的"走资派"，是党和国家各级组织中的领导干部，即社会主义事业的骨干力量，"文化大革命"名义上是直接依靠群众，实际上既脱离了党的组织，又脱离了广大群众。"文化大革命"不是也不可能是任何意义上的革命或社会进步。历史已经证明，"文化大革命"是一场由领导者错误发动，被反革命集团利用，给党、国家和各族人民带来严重灾难的内乱。

邓小平等老一辈革命家和《决议》对"文化大革命"的否定是彻底的，但又不是简单化的。一是除对"文化大革命"的错误理论与实践进行严肃批评外，还对"文化大革命"产生的复杂的社会历史原因进行了深刻分析，这就有助于人们深入地思考和汲取历史的经验教训。二是实事求是地指出："文化大革命"中，党和人民同"左"的错误和林彪、江青反革命集团进行了艰苦卓绝的斗争。我国社会主义制度的根基仍然保存着，社会主义经济建设还在进行，我们的国家仍然保持着统一并在国际上发挥重要作用。党、人民政权、人民军队和整个社会的性质都没有改变。这就把党和人民同林彪、江青反革命集团区别开来，有力地回击了借否定"文化大革命"而否定党的历史、党的领导和社会主义制度的错误思潮。

邓小平等老一辈革命家和《决议》对"文化大革命"的定性和具体分析，对于抵制和反对在"文化大革命"评价问题上"左"的和右的错误思潮，统一全党和全国人民的思想认识，进一步确立实事求是的思想路线，促进思想解放起到了非常重要的作用。马克思主义政党也难免犯错误，特别是党领导中国的社会主义建设没有现成经验可循，只能在实践中不断地摸索，更难免犯错误。犯错误不要紧，要紧的是正确认识错误和正确对待错误。彻底否定"文化大革命"再次证明，党有勇气面对自己所犯的错误，有能力纠正自己所犯的错误；党虽然犯了"文化大革命"这样的严重错误，但仍不失为一个伟大、光荣、正确的党。

邓小平等老一辈革命家的论述和《决议》，对毛泽东同志的历史地位和毛泽东思想的指导地位作出了科学的评价，从而为引导党和人民总结历史、团结一致向前看打下了思想基础。中国革命的胜利和社会主义事业取得的成就证明，马克思列宁主义和以毛泽东同志为主要代表的中国共产党人创立的毛泽东思想，是中国共产党正确的指导思想。拨乱反正就是要使我们党的指导思想回到马克思列宁主义和毛泽东思想的正确轨道上来。面对当时社会上右的思潮，邓小平等老一辈革命家清醒地认识到，科学地评价毛泽东同志的功过和毛泽东思想的指导作用，不仅关系到党的历史，更关系到党的未来。邓小平对《决议》如何评价毛泽东提出两条原则：一是将毛泽东的晚年错误与毛泽东的思想和毛泽东一生的实践区别开来，从毛泽东一生的活动来评价他的功过；二是评价毛泽东要尊重人民群众的意愿，考虑广大人民群众的感情。他指出："对毛泽东同志的功过评价不恰当，老工人通不过，土改时候的贫下中农通不过，同他们相联系的一大批干部也通不过。"① 在邓小平等老一辈革命家的主持和指导下，《决议》对毛泽东同志的历史地位和毛泽东思想的指导作用作出了科学结论。指出：毛泽东虽然在"文化大革命"中犯了严重错误，但是就他的一生来看，他对中国革命的功绩远远大于他的过失。他的功绩是第一位的，错误是第二位的。因为他的功绩而讳言他的错误，这不是唯物主义的态度；因为他的错误而否定他的功绩，同样不是唯物主义的态度。毛泽东思想是我们党宝贵的精神财富，它将长期指导我们的行动。因为毛泽东晚年犯的错误，就企图否定毛泽东思想的科学价值，否认毛泽东思想对我国革命和建设的指导作用，这种态度是完全错误的。

实践证明，邓小平等老一辈革命家和《决议》关于毛泽东同志历史地位和毛泽东思想指导地位的论断，既是符合历史事实的，又是经得起实践检验的。随着时间的推移，毛泽东同志在党的历史上的地位不仅没有降低，而且他在20世纪中国社会伟大变革中发挥的巨大作用更加突出地显现出来。毛泽东思想作为中国革命和社会主义建设实践经验的科学结晶，今天仍然是党领导人民建设中国特色社会主义的指导思想。因此，对于当年邓小平等老一辈革命家主持和指导起草《决议》，彻底否定"文化大革

---

① 《邓小平文选》第二卷，人民出版社1994年版，第298页。

命"、正确评价毛泽东同志和毛泽东思想的重要意义，今天我们给予怎么高的评价也不过分。正如江泽民所指出的："十一届六中全会专门作出关于建国以来党的若干历史问题的决议，根本否定了'文化大革命'和'无产阶级专政下继续革命'的理论，同时坚决顶住否定毛泽东同志和毛泽东思想的错误思潮，维护了毛泽东同志的历史地位，肯定了毛泽东思想的指导作用。随着国内局势的发展和国际局势的变化，越来越显示出党作出这个重大决策的勇气和远见。"① 也正如胡锦涛所指出的："邓小平同志同中央领导集体一起，顺应时代要求和人民愿望，指导我们党系统总结建国以来的历史经验，解决了科学评价毛泽东同志的历史地位和毛泽东思想的科学体系、根据新的实际和发展要求确立中国社会主义现代化建设的正确道路这样两个相互联系的重大历史课题，根本否定了'文化大革命'的错误实践和理论，为我们党和国家的发展确定了正确方向。"

总结历史、团结一致向前看，最终是要通过认真总结历史经验特别是总结犯错误的教训，形成新的正确认识，开辟正确的前进道路。到了20世纪80年代末期，在回顾起草《决议》的时候，邓小平还深刻地指出：总结历史是为了开辟未来，"过去的成功是我们的财富，过去的错误也是我们的财富"，"没有'文化大革命'的教训，就不可能制定十一届三中全会以来的思想、政治、组织路线和一系列政策。"② 这段话集中地反映了邓小平处理

---

① 《江泽民文选》第一卷，人民出版社2006年版，第214页。
② 《邓小平文选》第三卷，人民出版社1993年版，第272页。

历史问题的辩证法思想，也客观地反映了确立建设中国特色社会主义道路的实际过程。正是在"文化大革命"结束后，党在总结"文化大革命"经验教训的过程中，对长期以来指导思想和实际工作中存在的错误进行了深刻的反思，重新确立了解放思想、实事求是的思想路线，毅然将工作重心从阶级斗争转到经济建设上来，并逐步地确立了改革开放的一系列方针政策。坏事可以变好事。"文化大革命"是坏事，但由于党坚持向前看，对待这段历史采取了积极的正确的态度，把坏事变成了好事。实践证明，总结历史一定要着眼于开辟未来，如果就历史总结历史，会始终跳不出历史的泥淖。

"文化大革命"已经过去四十多年了。党对建国以来若干历史问题特别是对"文化大革命"问题作出的基本结论经受住了历史和实践的检验。今天，要十分珍惜党总结历史、开辟未来的思想和实践成果，坚持邓小平提出的团结一致向前看的对待历史的正确态度，做到既深刻记取历史的经验教训又不纠缠历史细节，既毋忘历史更着眼未来。

中国共产党是重视学习和善于学习的政党

重视学习、善于学习是中国共产党一贯的优秀传统和宝贵的历史经验。党的十七届四中全会通过的《中共中央关于加强和改进新形势下党的建设若干重大问题的决定》,明确提出了建设马克思主义学习型政党的战略任务。这是在新的历史条件下对我们党的优秀传统和建党经验的继承和发展,对于进一步提高我们党的执政能力和执政水平具有重要的战略意义。

以学习立党

中国共产党是在中国的先进分子学习马克思主义过程中诞生的。19世纪末20世纪初,旧中国加速走向半殖民地半封建社会,许多志士仁人奋起探索救国救民的道路。十月革命一声炮响,给中国送来了马克思列宁主义。陈独秀、李大钊等先进知识分子最早意识到,只有马克思主义才能救中国。他们通过各种途径和形式如饥似渴地学习、研究马克思主义，并在中国将马克思主义迅速传播开来。正是在学习、传播马克思主义的过程中，他们提出并且建立了中国共产党。

党成立以后非常重视学习。党的一大专门提出了宣传学习的任务，要求党员努力宣传马克思主义，使更多的人学习接受马克思主义，投入革命当中。1923年，党的第三届第一次中央执行委员会专门通过《教育宣传问题议决案》，强调要采取多种形式，加强党员对马克思主义基本原理和党纲党章的学习、讨论。为了加强学习，党的早期领导人在湖南、上海分别创办了湖南自修大学、上海平民女校等干部教育学校。在大革命的三年中，党采取多种形式和措施加强对党员的党性教育和共产主义信念教育，使党在同国民党合作中保持了独立的地位和品格，并不断发展壮大。

以学习立党，不仅要重视学习，还要善于学习。善于学习，最根本的是要把理论与实际结合起来。大革命失败后，中国共产党肩负起了独立领导中国革命的历史任务。如何找到一条适合中国情况的正确的革命道路，成为党必须解决的一个历史课题。是把马克思主义当成教条，还是把它作为行动指南？解决中国的问题，是从马克思主义的本本出发，还是从中国的实际出发？毛泽东等根据中国反动统治力量集中在大城市、中国革命主力军是农民的特点，积极探索出一条以农村包围城市、武装夺取政权的正确道路。"马克思主义的'本本'是要学习的，但是必须同我国的实际情况相结合"①,"中国革命斗争的胜利要靠中国同志了解中国情况"②。毛泽东的这一论断,明确地回答了如何学习和运用马克思主义的问题。

  抗日战争时期,党的任务和所处的环境发生了很大变化,需要进一步解决正确地学习和运用马克思主义的问题。1938年11月,毛泽东在党的六届六中全会上提出了"马克思主义中国化"的战略任务。这一任务的提出,使中国共产党学习马克思主义进入一个全新的时期。从六届六中全会到1942年延安整风学习,再到1945年党的七大召开,在全党持续开展了一场真正"以研究中国革命实际问题为中心"的深入学习马克思主义运动。经过这次学习,全党的马克思主义理论水平得到空前提高,确立了党的从实际出发、实事求是的思想路线,形成了党的理论联系实际、密切联系群众、批评和自我批评的三大作风。党的七大把建党以来马克思主义中国化的成果概括为毛泽东思想,并确立为党的指导思想。至此,党在思想上、作风上、组织上完全成熟了,成为一个坚强的马克思主义政党。

从战争中学习战争

  中国共产党领导战争的本领来自革命实践,正如毛泽东所说,是"从战争中学习战争"。第一,学习和形成了一整套人民

---

① 《毛泽东选集》第一卷,人民出版社1991年版,第111—112页。
② 同①,第115页。

军队的建军原则和办法。土地革命战争时期,初创的革命军队的来源很复杂。毛泽东等党和红军的领导人从一开始就注意对部队进行以人民军队性质、宗旨和任务为主要内容的政治教育,建立以学习教育为主的政治工作制度,克服部队中存在的各种非无产阶级思想意识,确立党对军队的绝对领导,为抗日战争和解放战争时期人民军队的建设打下了坚实基础。到抗日战争后期和解放战争时期,完整地形成了人民军队坚定正确的政治方向、艰苦朴素的工作作风和灵活机动的战略战术三大作风。

第二,学习和形成了一整套适合中国革命战争特点的战略战术。中国革命走的是一条农村包围城市、武装夺取政权的道路,在世界上没有现成经验可搬。土地革命战争时期,党领导红军在实践中学习、摸索,创造了一套以游击战为主的农村武装斗争的战略战术,使革命力量不但在农村站住了脚,而且得到了很大发展。革命的星星之火呈现出燎原之势。抗日战争时期,我们党不仅从全局提出了适合中国抗战的持久战的战略方针,而且发展游击战的战略战术,领导人民武装胜利地进行了敌后抗日游击战争。解放战争时期,我们党创造性地总结出人民解放军十大军事原则,大大提高了军事指挥艺术,领导人民解放战争迅速取得彻底胜利。

第三,适应革命战争需要,学习文化和各方面知识。在长期的革命战争中,我们党始终没有放松文化学习和各方面知识的学习。抗日战争时期,为了适应抗日军事斗争和抗日根据地建设需要,中共中央提出了"干部教育第一""在职干部教育第一"的方针。1938年11月，中央专门成立干部教育部，负责抓干部的教育学习。1940年1月，中央书记处专门发出关于干部学习的指示，建立在职干部平均每天学习两小时的制度。后来，还把5月5日马克思的生日定为"学习节"。干部学习的内容不仅包括政治学习、理论学习，还包括业务学习和科学文化知识学习。这一时期，为了加强干部教育，在延安先后开办了中国人民抗日军政大学、陕北公学、鲁迅艺术学院、马列学院、中共中央党校、中国女子大学等干部学校。这些学校的条件都很简陋，正如毛泽东所说，"过着石器时代的生活，学习当代最先进的科学"。

延安的学习蔚然成风，在全国产生了很大影响。1940年，著名的南洋侨领陈嘉庚先生到延安访问，参观了抗日军政大学、中国女子大学等学校。他把在延安看到的情形同在重庆看到的国民党结党营私、灯红酒绿的情形作对比，感叹"中国的希望在延安"。

学会建设新中国

新中国成立前夕，中共中央从西柏坡移驻北平。毛泽东深有寓意地将其比喻为赶考。赶什么考呢？总的来说，是赶建立和建设新中国之考。毛泽东等党的领导人深知，要考试合格就只有老老实实地学习。他要求，"必须用极大的努力去学会管理城市和建设城市"，"去学习生产的技术和管理生产的方法"，"学会我们原来不懂的东西"。①

新中国成立初期,党除了十分重视利用高等院校和各种专业技术学校,培养大批各类专业技术人才之外,还从提高党的治国理政能力考虑,进一步加强了干部教育。广大党员干部迅速掀起了一个学文化、学知识、学业务的热潮,较快地提高了文化素质,相当多的人掌握了管理经济、文化、教育等各方面事业的本领。短短三年,党就领导人民使国民经济得到恢复和发展,迅速把一个旧中国变成了一个新中国。国民经济恢复时期过去之后,党提出了社会主义工业化和社会主义改造即"一化三改"的战略任务。在此过程中,毛泽东提出了"向外国学习"的口号。他指出:一切民族、一切国家的长处都要学。必须善于学习,要把学习与独创结合起来。②在新中国成立初期的几年中,中国共产党和中国人民向国外学习,主要是向苏联学习。应该说,在当时情况下学习苏联,对于促进我国的建设起到了非常重要的作用。但随着自己实践经验的积累,我们党对于苏联经验中的一些弊端和错误,逐步有所认识。1956年4月,毛泽东发表《论十大关系》,明确提出要以苏联经验为戒鉴,总结我们自己的经验,探索一条适合中国情况的建设道路。这一探索,贯穿于1956年至1966年全面建设的10年中。这10年是中国社会主义事业曲折发展的10年,也是我们党对什么是社会主义、如何建设社会主义这个问题学习和

---

① 《在中国共产党第七届中央委员会第二次全体会议上的报告》,人民出版社2004年版,第5、7、24页。

② 《毛泽东文集》第七卷,人民出版社1999年版,第41、366页。

认识的 10 年。其间，我们取得了很大成就，但也犯了错误。

纠正错误，仍然离不开学习。1958 年，在"大跃进"和人民公社化运动中，出现了急于过渡到共产主义、取消商品生产、忽视价值规律的"共产风"错误。毛泽东和党中央领导全党纠错，办法之一就是号召和组织广大干部读书学习。1958 年 11 月，他给从中央到地方的各级干部写了一封题为《关于读书的建议》的信，要求大家读斯大林《苏联社会主义经济问题》和《马恩列斯论共产主义》两本书。通过读这两本书，广大干部对划清社会主义与共产主义界限，对社会主义社会商品生产和运用价值规律等问题有了比较清醒的认识。当时，毛泽东感慨地说，价值法则"是一个伟大的学校"。

毛泽东号召全党读两本书后不久，鉴于"大跃进"和人民公社化运动中出现的问题，深感各级干部缺乏政治经济学知识，他自己也觉得需要加强这方面的学习和思考，于是又建议领导干部读《政治经济学教科书》。他带头读，先后用两个月时间读完该书。在他的带动下，党的领导干部特别是高级干部，都认真地读了这本书，较系统地学习了马克思主义政治经济学基本原理。这次读书学习活动，还使我们党对社会主义时期的理论创新、推进马克思主义中国化的问题有了新的认识。毛泽东在读书过程中说："任何国家的共产党，任何国家的思想界，都要创造新的理论，写出新的著作，产生自己的理论家"。[1] 事实证明，这次读书学习

---

[1] 《毛泽东思想年编：1921—1975》，中央文献出版社 2011 年，第 890 页。

活动对党的思想理论建设产生了长远的重要影响。

重新学习建设中国特色社会主义

改革开放以来,党肩负起领导全国人民建设中国特色社会主义的历史使命。邓小平郑重提出:"全党同志一定要善于学习,善于重新学习。"①

为什么要重新学习呢？一是因为长期以来我们在什么是社会主义、怎样建设社会主义的问题上,对马克思主义经典作家的有关结论作了教条式的理解,甚至把不是马克思主义的东西也当作了马克思主义,需要通过重新学习,使思想认识回到马克思主义的正确轨道上来。二是因为改革开放、建设中国特色社会主义同样没有现成的经验可搬,社会主义现代化建设的许多领域的知识过去没有接触过,需要通过重新学习去获得经验和新的知识。

从党的十一届三中全会召开前开始,这次重新学习从各方面展开。从1978年5月开展真理标准大讨论,到1982年召开党的十二大,通过全党的学习讨论,恢复确立了党的实事求是的思想路线,完成了党的指导思想的拨乱反正,开辟了建设中国特色社会主义道路。同时,整个中国社会形成了尊重知识、尊重人才、学习科学文化和专业技术知识的浓厚氛围。

20世纪80年代末到90年代,国内外形势发生了深刻变化。国际上,苏联解体、东欧剧变,对世界社会主义事业造成严重冲

---

① 《邓小平文选》第二卷,人民出版社1994年版,第153页。

击；国内，由于改革进一步触及深层次矛盾，改革、发展、稳定的任务加大。这些都对党的领导水平提出了更高要求。江泽民强调，全党同志要"学习，学习，再学习！"①1993年9月，《邓小平文选》第三卷出版，全党迅速兴起了学习热潮。1994年9月，党的十四届四中全会提出推进党的建设新的伟大工程的战略任务。这项工程首先要做的就是，用邓小平建设有中国特色社会主义理论武装全党。1997年9月，党的十五大正式将邓小平理论确立为党的指导思想。1999年3月至2002年9月，党中央部署在县级以上领导干部中组织开展了一次以"讲学习、讲政治、讲正气"为主要内容的集中的党性、党风教育活动。"三讲"活动，首先是"讲学习"，是把马克思主义理论教育同党性、党风教育结合起来的一次深入学习。在推进中国特色社会主义事业和党的建设新的伟大工程中，以江泽民同志为主要代表的中国共产党人，加深了什么是社会主义、怎样建设社会主义和建设什么样的党、怎样建设党的认识，形成"三个代表"重要思想，丰富发展了中国特色社会主义理论。

党的十六大以后，我国改革和发展进入一个新的阶段。以胡锦涛同志为总书记的党中央努力探索新形势下新的发展思路，提出以协调发展、全面发展、可持续发展和构建社会主义和谐社会为主要内容的科学发展观，为推进中国特色社会主义和党的建设新的伟大工程，提供了新的指导思想。针对党在自身建设方面

---

① 《江泽民思想年编（1989—2008）》，中央文献出版社2010年版，第120页。

存在的突出问题，2004年9月，党的十六届四中全会作出《中共中央关于加强党的执政能力建设的决定》，对学习贯彻"三个代表"重要思想和科学发展观，加强党在各方面的执政能力建设提出了一系列重要措施。2005年1月至2006年6月，在全党成功开展了以学习"三个代表"重要思想为主要内容的保持共产党员先进性教育活动。2008年9月，中共中央发出"关于在全党开展深入学习实践科学发展观活动的意见"，部署在全党分批开展深入学习实践科学发展观活动。在活动过程中，胡锦涛提出，各级领导干部要更加紧迫地学习新知识、增长新本领。广大党员干部特别是各级领导干部，根据贯彻落实科学发展观的要求，努力学习现代金融知识、现代科技知识、国际经济知识以及各种法律法规等。在这个过程中，我们积极有效地克服了国际金融危机带来的巨大困难，保持了经济社会平稳较快发展。

世界上有很多事情往往是局外人看得更清楚。曾经多次访华的新加坡政治家李光耀，在2002年发表谈话说，中国人的求知若渴令他大为震惊，是中国人的"奋发好学推动了中国的进步"。2005年4月，见证了苏共垮台的俄共中央主席久加诺夫访华回国后接受采访时说，现在的中国共产党是一个充满活力和蓬勃发展的集体，因为他们"愿意并正在向所有人学习"。

目前，世界上还没有另外一个政党公开宣布把自己建设成一个学习型政党。中共中央提出建设马克思主义学习型政党的战略任务，又一次将中国共产党以一种新的面貌推到了世界面前。

只有中国特色社会主义才能发展中国

党的十八大胜利闭幕后不久,习近平总书记指出,中国特色社会主义是中国共产党和中国人民团结的旗帜、奋进的旗帜、胜利的旗帜,要把坚持和发展中国特色社会主义作为学习、贯彻党的十八大精神的聚焦点、着力点、落脚点。此后,习近平总书记就坚持和发展中国特色社会主义多次进行深入阐发,深刻揭示了中国特色社会主义的理论渊源、历史渊源及其时代性、实践性和科学性。这对我们从理论和实践上坚持和发展中国特色社会主义具有重要指导意义。

中国特色社会主义是一百多年来科学社会主义理论与实践发展的结晶

习近平总书记指出,"中国特色社会主义,是科学社会主义理论逻辑和中国社会发展历史逻辑的辩证统一"[1]。中国特色社会主义既坚持了科学社会主义的基本原则，又根据时代条件赋予其鲜明的中国特色，是一百多年来科学社会主义理论与实践发展的结晶，是当代中国的科学社会主义。

19世纪中叶，马克思、恩格斯创立科学社会主义理论，使社会主义实现了从空想到科学的伟大飞跃。科学社会主义揭示了资本主义产生、发展、灭亡的历史必然性，对未来社会主义社会的发展方向、发展过程和一般特征作了科学预测和设想。马克思、恩格斯生活的时代，社会主义缺乏实践的条件，使他们来不及也不可能对社会主义的具体形式和具体细节作出更具体的设计。同时，他们明确地反对教条式地规定未来社会主义的具体形式和具体细节，强调科学社会主义原则的运用要以具体的历史条件为转移。这就为科学社会主义理论和实践的发展开辟了广阔前景。

20世纪初，列宁成功地将马克思主义的基本原理与俄国具体实际相结合，领导十月革命取得伟大胜利，建立了世界上第一个社会主义国家，实现了科学社会主义从理论到实践的转变。同马克思、恩格斯一样，列宁也反对把现有的理论"看做某种一成不变的神圣不可侵犯的东西"，认为"社会党人如果不愿落后于实际生活，就应当在各方面把这门科学推向前进"[2]。在没有先例可循的情况下，列宁对如何实践社会主义作了开创性的探索，丰富、发展了科学社会主义理论。

---

[1]《十九大以来重要文献选编》上册，中央文献出版社2019年版，第796页。
[2]《列宁选集》第一卷，人民出版社1972年版，第203页。

新中国成立后，中国共产党领导中国人民开始社会主义革命和建设的伟大实践。在只有苏联模式可学的情况下，曾经走了照搬苏联经验的路子。但是，我们党很快就觉察到苏联模式的种种弊端，果断决定独立探索适合中国国情的社会主义建设道路。这一探索尽管曾出现过脱离实际的严重失误，却还是取得了巨大的成绩，形成了关于社会主义建设的许多独创性的理论成果和实践成果。

在改革开放和社会主义现代化建设新时期，我们党坚持解放思想、实事求是，深刻总结历史经验教训，正确判断时代主题和基本国情，经过30多年的努力，形成了中国特色社会主义道路、中国特色社会主义理论体系、中国特色社会主义制度"三位一体"的伟大成果，取得了中国特色社会主义建设的巨大成就。

中国特色社会主义之所以是社会主义而不是别的什么主义，就在于它始终坚持了科学社会主义的基本原则。邓小平在改革开放之初就明确指出，"现在我们搞四个现代化，是搞社会主义的四个现代化，不是搞别的现代化"；公有制为主体、按劳分配、共同富裕等，"我们就是要坚决执行和实现这些社会主义的原则"。[1]科学社会主义创始人对社会主义的设想和他们提出的科学社会主义基本原则的最终实现，需要一个过程。我们党始终将其作为核心价值追求，始终将其作为进行改革开放和实践创新、理论创新、制度创新的"魂"。这样一种追求，这样的"魂"，鲜明

---

[1]《建设有中国特色的社会主义》增订本，人民出版社1987年版，第98—99页。

地体现在改革开放新时期我们党所制定的路线、方针、政策中。

中国特色社会主义成为当代中国的科学社会主义，关键在于它的"中国特色"。我们党既坚持科学社会主义的基本原则，坚决反对和抵制偏离社会主义方向的错误思潮；又吸取不顾历史条件生搬硬套"本本"的历史教训，破除对科学社会主义基本原则的教条式理解，而真正将其与当代中国的具体实际结合起来，从而形成了鲜明的"中国特色"。当代中国最大的实际是仍处于并将长期社会主义初级阶段，社会主义的根本任务是发展社会生产力。这样，我们进行的改革开放，包括发展社会主义市场经济，借鉴吸收西方资本主义国家有益的东西等，都是围绕在社会主义条件下发展社会生产力这一根本任务的。而发展社会生产力，正是科学社会主义的要义。因此，这种"中国特色"既是对科学社会主义的坚持，又是对科学社会主义的丰富和发展。

中国特色社会主义是近代以来中国社会发展的必然选择

习近平总书记指出，"一个国家实行什么样的主义，关键要看这个主义能否解决这个国家面临的历史性课题"[①]。历史和现实都告诉我们，只有社会主义才能救中国，只有中国特色社会主义才能发展中国，这是历史的结论、人民的选择。

1840年鸦片战争以后，中国逐步沦为半殖民地半封建社会，

[①]《习近平著作选读》第一卷，人民出版社2023年版，第75页。

陷入国弱民穷的深重灾难。许多志士仁人为救国救民、振兴中华进行了各种各样的探索和尝试，但都由于不可避免的历史局限性而归于失败。洋务派搞"师夷长技以制夷"，但清朝军队在有了洋枪洋炮以后照样一败涂地。资产阶级改良派想用"补缀"的办法挽救清王朝大厦于将倾，最终也以失败告终。孙中山领导的辛亥革命推翻了两千多年的封建帝制，极大地推动了社会进步，但未能改变国家和人民的悲惨命运。

辛亥革命以后，中国的有识之士开始了更广泛、更深入的探索，一时间，无政府主义、国家主义、民粹主义、新村主义、工团主义，还包括当时中国人了解并不多的社会主义等各种主义、思潮蜂拥而起。以陈独秀、李大钊等为代表的先进分子，在对各种主义反复进行比较后，认识到社会主义才是最先进的主义，只有社会主义才能救中国，从而最终选择了走俄国十月革命的道路。他们的选择，代表了人民的选择。

选择了社会主义的中国先进分子，同时开始了如何搞社会主义的思考。建党之初，李大钊就指出：社会主义"因各地、各时之情形不同，务求其适合者行之"，将会是"共性与特性结合的一种新制度"，但是当它成为一种"实际运动"时，会因为具体环境的变化而发生变化，中国将来的社会主义会有自己的特性。①这是中国人自己对中国未来社会主义的重要预测和设计。可以说，中国人一开始就选择了中国特色社会主义之路。

---

① 《李大钊文集》第四卷，人民出版社1999年版，第5页。

然而，正确的选择不是一次就能完成的，也不是一劳永逸的。历史条件和社会环境的变化，实践中难免出现的失误和曲折，需要我们不断地、反复地作出选择。

中国共产党领导人民经过28年艰苦卓绝的新民主主义革命，建立了新民主主义的新中国。新中国成立后，是长期停留在新民主主义社会阶段，还是迅速过渡到社会主义？我们选择了后者，在较短时间内完成社会主义改造，在全国建立起社会主义制度。作出这个选择，是因为当时社会主义发展是大势所趋，同时适应了缺乏生产资料的广大城市平民和缺乏生产条件的广大农民改变贫困处境的迫切需要。社会主义改造虽然出现了过快过激的问题，但它终究是我国社会发展的必然要求，是历史和人民的选择。到20世纪50年代中期，苏联社会主义模式的严重弊端显露出来后，是继续由苏联模式牵着鼻子走，还是独立探索适合中国国情的社会主义建设道路？我们选择了后者。这是一次非常重要的选择，它开创了全面建设社会主义的历史时期；更重要的是，我们党和人民摆脱了国际教条主义的束缚，开始自己完全独立自主地处理中国社会主义建设的问题。

从20世纪50年代后期开始，我们党对社会主义建设道路的探索出现了失误和曲折。特别是在"文化大革命"时期，对社会主义的认识严重偏离科学社会主义的基本原则，脱离了马克思主义的正确轨道，社会主义事业陷入前所未有的困境。"文化大革命"结束后，中国面临着向何处去的问题：是继续沿着老路走下去，还是走全盘西化的路，抑或是另外开辟出一条新路来？经过短暂的徘徊之后,我们党作出了正确选择。党的十一届三中全会作出将工作重心转移到经济建设上来、实行改革开放的伟大决策。党的十二大总结在拨乱反正和改革开放实践中形成的新的思想认识,提出建设有中国特色的社会主义的伟大主题,中国走上了一条崭新的中国特色社会主义之路。

走中国特色社会主义道路,是历史的选择,更是人民的选择。1978年秋冬,几乎是与党的十一届三中全会实现伟大历史转折的同时,中国农民为吃饱肚子,自发地进行家庭联产承包责任制改革。邓小平对改革开放的总体设计,第一步目标就是解决人民的温饱问题。之后,以江泽民同志为核心的党的第三代中央领导集体和以胡锦涛同志为总书记的党中央,领导党和人民继续推进中国特色社会主义,也一如既往地坚持高度尊重人民的意愿和要求,以人民的选择为选择。

中国特色社会主义是党和人民一百多年奋斗、创造、积累的根本成就,是改革开放四十多年实践的根本总结,凝结着实现中华民族伟大复兴这个近代以来中华民族的伟大梦想,也体现着近代以来人类对社会主义的美好憧憬和不懈探索。

在新形势下坚持和发展中国特色社会主义

习近平总书记指出:"三十多年来,我们能够创造出人类历史上前无古人的发展成就,走出了正确道路是根本原因。现在,最关键的是坚定不移走这条道路、与时俱进拓展这条道路,推动中国特色社会主义道路越走越宽广。"① 这为我们在新形势下坚持和发展中国特色社会主义提供了根本遵循。

中国特色社会主义是当代中国的科学社会主义，但绝不是科学社会主义的终结，还需要不断向前拓展。一方面，这是客观实际发展的需要。当前，中国特色社会主义所面临的内外环境更趋复杂，每前进一步都会遇到新的问题。我们必须直面并及时回答客观实际发展所提出的新课题。另一方面，这是科学理论自身发展的需要。中国特色社会主义我们毕竟只搞了四十多年，对其客观规律的认识和把握还处在不断深化、提高的过程中。世界上没有一成不变的发展道路和发展模式，也没有一成不变的发展理论。早在1981年，邓小平同志就在他的英文版文集自序中写道："如果有一天这些讲话失去重新阅读的价值，那就证明社会已经飞快地前进了。那有什么不好呢？"② 这是对中国特色社会主义理论需要与时俱进的生动注解。

实践已经充分证明，中国特色社会主义是社会主义的成功之路，是国强民富的成功之路，是民族复兴的成功之路。我们在中国共产党成立一百周年时全面建成小康社会，靠的是坚持和发展中国特色社会主义；我们要在新中国成立一百周年时实现第二个百年奋斗目标，也要靠坚持和发展中国特色社会主义；我们要实现中华民族伟大复兴的中国梦，同样要靠坚持和发展中国特色社会主义。

---

① 习近平：《论中国共产党历史》，中央文献出版社2021年版，第17页。
② 《邓小平思想年编（1975—1997）》，中央文献出版社2011年版，第350页。

毛泽东新民主主义理论与中国现代化

毛泽东探索中国现代化的道路，在中国现代化历史上占有重要的地位。近年来，很多人在研究中国共产党探索开创中国式现代化道路历史过程时，重视发掘和研究毛泽东社会主义建设时期现代化建设的理论与实践活动，但对他在新民主主义革命时期提出的有关思想主张少有系统的梳理，特别是对毛泽东新民主主义理论与中国现代化的关系缺乏较全面的分析。多年前，笔者曾写过一篇文章，提出毛泽东新民主主义理论是中国新民主主义革命的理论，也是中国现代化建设的理论，这一理论回答了中国现代化建设的一系列重大问题，有的是带根本性的问题。这里，就毛泽东新民主主义理论与中国现代化问题，再谈谈看法。

一

毛泽东将社会革命与现代化联系起来，提出通过新民主主义革命变革生产关系实现国家现代化的纲领,并开启在新民主主义条件下现代化建设的历史进程。

现代化是任何一个国家发展进程中不可逾越的阶段,对中国这样一个从1840年鸦片战争以后陷入被动挨打局面的国家来说,更是实现民族复兴的必由之路。中国近代早期先进分子看到了国家的落后,看到了世界现代化的潮流,提出了国家"近代化"(现代化)的问题,并进行了各种探索和尝试。洋务派看到了国家"技不如人",欲图"师夷长技以制夷",兴办军事工业及相关的民用工业,开创了中国近代工业。以康有为、梁启超为代表的资产阶级维新派进一步看到了国家"制不如人",谋求政治上的改良,效仿西方制度,同时也提出"兴实业""尚工",甚至"以工立国"的主张,这些可以说是中国现代化思想的萌芽。但是,从洋务派到维新派,由于他们都是想在不对封建社会制度和生产关系进行根本变革的条件下搞现代化,所以他们的现代化思想只能是一种谋求改变"技不如人"和"制不如人"局面的改良主义,他们不可能提出与社会革命相联系的现代化建设的纲领和目标,他们不可能回答和解决中国现代化的根本性的问题,他们的探索和尝试只能以失败而告终。

资产阶级民主革命家孙中山是中国正式提出现代化思想的第一人。他高举起反帝反封建和振兴中华的旗帜,主张大规模发展工商业,认为这是"兴国之要图""救亡之急务",并提出了以发展交通、通讯为重点的《实业计划》。但是,他的现代化思想具有严重的局限性。他试图在封建军阀专制下进行现代化建设,陷入了实业救国的空想；他主张的现代化是资本主义现代化，想通过发展资本主义工商业和国家资本主义实现国家现代化，这是脱离中国实际的。这种局限性，使他也没有能够做到通过民主革命清除中国现代化的根本障碍，没有能够提出政治、经济、文化全面现代化的目标，没有能够提出解决农业国家实现现代化的根本方案。

中国共产党自成立起，就把民族复兴的历史使命承担了起来，并开始探索中国现代化道路，民主革命时期的成果集中体现在毛泽东创立的新民主主义理论中。毛泽东鲜明地打出新民主主义的旗帜，是要回答"中国向何处去"的问题。20世纪30年代末，中国抗日战争进入最艰苦的阶段，国民党却加紧推行反共的政策，鼓吹"一个政党，一个主义"，要中国共产党把自己的旗帜收起来，归于他们专制的建国建政体系。毛泽东发表《共产党人发刊词》《中国革命和中国共产党》《新民主主义论》等著作，全面阐述了新民主主义理论。新民主主义理论，包括新民主主义革命的理论和新民主主义建设的理论。到抗日战争胜利前夕，他完整地提出了建立新民主主义国家和社会的新民主主义革命总的纲领。概括地讲就是：通过无产阶级领导的人民大众的反帝反封建的革命，推翻帝国主义、封建主义、官僚资本主义的统治，改变旧的生产关系和上层建筑，解放生产力，把中国建设成为一个独立的、自由的、民主的、统一的、富强的新中国。新民主主义革命的纲领，也是与新民主主义社会革命相联系的现代化纲领。这一纲领揭示，通过新民主主义革命，推翻帝国主义、封建主义、官僚资本主义的统治，彻底变革严重阻碍生产力发展的旧的生产关系，是中国现代化最根本的前提条件。毛泽东还曾在《论联合政府》中深刻指出："一个不是贫弱的而是富强的中国，是和一个不是殖民地半殖民地的而是独立的，不是半封建的而是自由的、民主的，不是分裂的而是统一的中国，相联结的。在一个半殖民地的、半封建的、分裂的中国里，要想发展工业，建设国防，福利人民，求得国家的富强，多少年来多少人做过这种梦，但是一概幻灭了。"① 这一纲领不仅回答和解决了中国现代化最根本的问题，而且提出了中国现代化总的也是最终的目标，这就是把中国建设成为独立、自由、民主、统一、富强的新中国。这一目标是一个政治、经济、文化全面现代化的目标，集中反映了半殖民地半封建、长期处于分裂状态的中国实现现代化的全面诉求。

为实现全面现代化的目标，毛泽东提出了建设新民主主义政治、新民主主义经济和新民主主义文化的任务。这三大建设，实质上就是新民主主义条件下的现代化建设。概括地讲，新民主主义政治建设，就是由人民民主选举建立在无产阶级领导下的反帝反封建的联合专政的民主共和国；新民主主义经济建设，就是建立以社会主义性质的国有经济为领导的，由国营经济、合作经济、个体经济和私人资本主义经济等多种经济成分组成的新经济；新民主主义文化建设，就是建立无产阶级领导的反帝反封建的民族的科学的大众的新文化。在新民主主义社会阶段，这三大建设

---

① 《毛泽东选集》第三卷，人民出版社1991年版，第1080页。

开启了中国政治现代化、经济现代化和文化现代化的历史进程。

二

毛泽东突破几千年来形成的农本思想的藩篱，明确指出中国现代化的根本途径是工业化，变农业国为工业国，使中国现代化有了切实可行的实践路径。

中国传统农业社会形成的根深蒂固的农本思想，在漫长的封建社会的历史中，对于促进经济社会稳定发展曾起过积极作用，但到了世界工业文明时代，越来越成为社会生产力发展的障碍。然而，封建统治阶级却只能顽固地坚持赖以维系支撑其统治地位的经济基础，同时赖以维系传统宗法人伦社会秩序。从洋务派到维新派，虽然提出了"尚工""以工立国"的主张，并批评过"重农贵粟"的观念，但他们的根本目的还是维护封建统治阶级的统治地位和统治秩序，因此他们的思想从根本上没有脱离农本思想的轨道，他们只想通过搞工业"求强""求富"，并不曾想到要改变传统农业社会的性质。

毛泽东突破农本思想的藩篱，提出了工业化的主张，并明确指出中国现代化的根本途径是工业化，变农业国为工业国。他指出"中国民族和人民要彻底解放，必须实现国家工业化"[1]，中国"还没有解决建立独立的完整的工业体系问题，只有待经济上获得了广大的发展，由落后的农业国变成了先进的工业国，才算

---

[1]《毛泽东文集》第六卷，人民出版社1999年版，第223页。

最后地解决了这个问题"①。"中国社会的进步将主要依靠工业的发展"。"工业必须是新民主主义社会的主要经济基础。只有工业社会才能是充分民主的社会"。②这里，他实际上同时提出了工业化的标准，这就是工业必须成为社会的主要经济基础，社会的进步主要依靠工业的发展。

工业化，变农业国为工业国，这既符合世界现代化发展的客观规律，又符合中国的基本国情。工业化，是现代化的标志，也是世界各国现代化必然要走的路。但对中国来讲，工业化是要实现经济整体上的转型。中国几千年绵延的个体农业经济和手工业经济，到了近代不仅造成了社会生产力发展水平低下的局面，而且造成了国家整体上封闭落后的局面。中国现代化的唯一途径，只能是工业化，通过工业化变农业国为工业国。毛泽东指出了这一途径，使中国现代化第一次有了切实可行的实践路径。

中国这样一个人口众多的农业大国要变成一个工业国，必须解决好农业的问题。如果农业问题解决不好，工业化也只能是空中楼阁。毛泽东认识到了农业是工业化的基础，由农业国变工业国，不仅不是不要农业，而且是要有"进步的比较现时发达得多的农业"③。他把解决农民的土地问题作为新民主主义革命的中心任务提出来，固然主要是为了铲除作为封建剥削制度根基的地主阶级土地所有制，但也是考虑中国作为一个农业大国，如何解

---

① 《毛泽东选集》第四卷，人民出版社1991年版，第1433页。
② 《毛泽东文集》第三卷，人民出版社1996年版，第183—184页。
③ 《毛泽东选集》第三卷，人民出版社1991年版，第1081页。

放和发展农业生产力,为工业化创造条件。他说:"为了发展工业,必须首先解决土地问题。"①他还提出:"消灭封建制度,发展农业生产,就给发展工业生产,变农业国为工业国的任务奠定了基础"。"在任何地区,一经消灭了封建制度,完成了土地改革任务,党和民主政府就必须立即提出恢复和发展农业生产的任务"。②为了建设"进步的比较现时发达得多的农业",他提出了"农业社会化"的问题。他指出:"为了完成国家工业化,必须发展农业,并逐步完成农业社会化。"③这实际上提出了农业现代化的思想。毛泽东把工业化与农业现代化一并考虑设计,解决了农业国变工业国的一个大难题。

三

毛泽东提出建立新民主主义的国家和社会,既划清与国民党蒋介石半法西斯半封建的资本主义的界线和与欧美资本主义的界线,又不仿效苏联直接进入社会主义,作出由新民主主义过渡到社会主义的现代化道路设计。

当中国共产党决心致力于中国的现代化时,面临着多种选择:在世界上,第二次世界大战后欧美资本主义现代化虽然遇到了困难和挑战,但仍在发展当中;以苏联为代表的社会主义现代化

---

① 《毛泽东文集》第三卷,人民出版社1996年版,第184页。
② 《毛泽东选集》第四卷,人民出版社1991年版,第1316页。
③ 《毛泽东文集》第六卷,人民出版社1999年版,第207页。

国家虽然刚刚兴起，但表现出强大的活力；另外，还有一些社会民主主义者在资本主义与社会主义之间寻找所谓的"第三条路"。在中国国内，蒋介石国民党也提出了"国家现代化"的口号，但他们"搞的是半法西斯半封建的资本主义"；一些民主人士不满国民党的专制统治，则提出了所谓"第三条道路"的主张，这条道路，实质上就是走欧美式的资产阶级专政道路。毛泽东指出，蒋介石国民党已被人民所孤立，蒋介石统治的灭亡已经不可避免，走"第三条道路"的"想法已经破产"。"欧美资产阶级走过的老路""无如国际国内的环境，都不容许中国这样做"。"决不能建立欧美式的资本主义社会，也决不能还是旧的半封建社会。"[①] 他提出的建立向社会主义过渡的新民主主义的国家和社会，既与蒋介石国民党的"半法西斯半封建"的资本主义划清了界线，又与欧美式资本主义划清了界线，明确了中国现代化的社会主义方向。

由新民主主义过渡到社会主义，是毛泽东对中国现代化道路的独特设计。毛泽东反对照搬俄国革命以城市为中心的经验，探索出了一条有中国特色的农村包围城市、武装夺取政权的正确的革命道路。在革命胜利后国家建设问题上，他又反对仿效苏联直接进入社会主义，而主张根据国情通过新民主主义过渡到社会主义。他指出，直接进入社会主义只适合苏联和一些资本主义发达国家，而不适合半殖民地半封建的中国。他强调这是由中国的国

---

① 《毛泽东选集》第二卷，人民出版社1991年版，第679页。

情实际所决定的:"中国现阶段的历史将形成中国现阶段的制度,在一个长时期中,将产生一个对于我们是完全必要和完全合理同时又区别于俄国制度的特殊形态"。①社会主义是要建立在一定的经济基础上的,要在一定的经济基础上实现生产的社会化和人民生活的普惠化。旧中国经济基础十分薄弱,中国的工业和农业在国民经济中的比重,就全国范围来说,"在抗日战争以前,大约是现代性的工业占百分之十左右,农业和手工业占百分之九十左右",直接进入社会主义,实现生产的社会化和人民生活的普惠化是不可能的。毛泽东指出:"这是帝国主义制度和封建制度压迫中国的结果,这是旧中国半殖民地和半封建社会性质在经济上的表现,这也是在中国革命的时期内和在革命胜利以后一个相当长的时期内一切问题的基本出发点。""谁要是忽视或轻视了这一点,谁就要犯'左'倾机会主义的错误。"②

那么,怎么实现新民主主义的国家和社会向社会主义过渡呢?毛泽东提出并阐释了基本的构想。从整体来说,他指出:新民主主义革命必然带来两方面的结果,一方面是扫清资本主义发展道路上的障碍物,资本主义会有一个相当程度的发展;另一方面又有社会主义因素的发展,社会主义因素"在政治、经济、文化各方面都是这样,并且是领导的因素"③。他认定,新民主主义社会内部这种社会主义因素是向社会主义过渡的根本因素。

---

① 《毛泽东选集》第三卷,人民出版社1991年版,第1062页。
② 《毛泽东选集》第四卷,人民出版社1991年版,第1430—1431页。
③ 《毛泽东文集》第五卷,人民出版社1996年版,第145页。

在政治方面，他的基本构想是："在全国范围内推翻国民党的反动统治，在全国范围内建立无产阶级领导的以工农联盟为主体的人民民主专政的共和国。这样，就可以使中华民族来一个大翻身，由半殖民地变为真正的独立国，使中国人民来一个大解放，将自己头上的封建的压迫和官僚资本（即中国的垄断资本）的压迫一起掀掉，并由此造成统一的民主的和平局面，造成由农业国变为工业国的先决条件，造成由人剥削人的社会向着社会主义社会发展的可能性。"[1]

在经济方面，他的基本构想是：在城市，逐步发展虽然数量还较少但却是社会主义性质的国营经济、公营经济，使之成为整个国民经济的领导力量，在国民经济中起决定作用。在农村，暂不建立社会主义农业，但发展具有社会主义因素的合作社经济。他认定，通过发挥具有社会主义性质的国营经济、公营经济的领导作用和具有社会主义因素的合作经济的引导作用，完全可以实现新民主主义经济向社会主义经济的过渡。

在文化方面，他提出新民主主义文化将"以无产阶级社会主义文化思想为领导"，"努力在工人阶级中宣传社会主义和共产主义，并适当地有步骤地用社会主义教育农民及其他群众"，[2]从文化思想引导和文化政策上，保证新民主主义文化向社会主义的转变。

中国新民主主义国家和社会建设，先是在广大抗日根据地、解放区，后是在新中国全国范围内推开，政治、经济、文化完全

---

[1]《毛泽东选集》第四卷，人民出版社1991年版，第1375页。

[2]《毛泽东选集》第二卷，人民出版社1991年版，第706、704页。

是按照毛泽东的基本构想和设计发展的。到 1956 年社会主义改造完成的时候，在政治方面，已经建立起了人民代表大会制度和中国共产党领导的多党合作与政治协商制度等社会主义的根本政治制度、基本政治制度。在经济方面，社会主义性质的国营经济和半社会主义性质的合作经济发展壮大，公有制经济的主体地位已经确立。到 1957 年国民经济第一个五年计划提前完成时，国营经济已占有绝对优势。

四

毛泽东清除民粹主义思想障碍，提出中国现代化建设过程中必须利用和吸收资本主义的思想，为中国现代化发展开辟了广阔的空间。

20 世纪上半期，当一些选择社会主义的落后东方国家追赶世界现代化潮流的时候，受到了民粹主义思想的干扰。民粹主义，就是要直接由封建经济发展到社会主义经济，中间不经过发展资本主义的阶段。半殖民地半封建社会、经济文化落后的中国如何搞现代化？一些人包括中共党内一些人受民粹主义思想和"左"倾思想影响，提出中国要限制甚至消灭资本主义，并不经过发展工业，直接进入社会主义。毛泽东指出："这个问题，在我们党内有些人相当长的时间里搞不清楚，存在一种民粹派的思想。这种思想，在农民出身的党员占多数的党内是会长期存在的。"[①] 他严

[①]《毛泽东文集》第三卷，人民出版社 1996 年版，第 323 页。

厉批评这种思想，反复向党内外说明，建设新民主主义的国家和社会，必须利用和发展资本主义。

为了帮助党内同志认识到资本主义的发展是中国现代化过程中的一个必然阶段，毛泽东对资本主义的历史作用作了分析和评价，并且联系中国半殖民地半封建社会性质的实际，强调中国发展资本主义的历史必然性。他说："拿资本主义的某种发展去代替外国帝国主义和本国封建主义的压迫，不但是一个进步，而且是一个不可避免的过程。"① 他设计的新民主主义国家和社会建设阶段，是一个培育和发展社会主义因素的阶段，也是一个发展资本主义的阶段，只是这种资本主义是"新民主主义的资本主义"。他要用新民主主义的资本主义去替代外国的帝国主义和本国的封建主义。他说："现在的中国是多了一个外国的帝国主义和一个本国的封建主义，而不是多了一个本国的资本主义"。②

新民主主义作为社会主义的过渡阶段，它与欧美式资本主义的根本区别决定了它利用和发展资本主义，绝不是全盘继承和吸收资本主义。毛泽东指出：新民主主义的经济"一定要走'节制资本'和'平均地权'的路，决不能是'少数人所得而私'，决不能让少数资本家少数地主'操纵国民生计'"③。新民主主义要节制、消灭的是"操纵国民生计""少数人所得而私"的私人资本主义，他进而指出，对于那些不是"操纵国民生计"而是有益

---

① 《毛泽东选集》第三卷，人民出版社1991年版，第1060页。

② 同①。

③ 《毛泽东选集》第二卷，人民出版社1991年版，第678—679页。

于国民生计的私人资本主义经济，要使它"能够自由发展"。要"使具有某种进步性的资本主义能在中国得到发展，并通过引进现代生产方法提高人民生活水平"。毛泽东所说的有益于国民生计的私人资本主义经济，显然包括外国资本主义，他指出："我们坚信，不管是中国的还是外国的私人资本，在战后的中国都应给予充分发展的机会，因为中国需要发展工业。"① 他明确地提出了中国现代化建设要引进国外资本和国外先进生产方法、技术等。

毛泽东提出利用和吸收资本主义，不局限于新民主主义社会阶段，而是包括社会主义社会阶段的。他指出："我们提倡的是新民主主义的资本主义，这种资本主义有它的生命力，还有革命性。从整个世界来说，资本主义是向下的，但一部分资本主义在反法西斯时还有用，另一部分资本主义——新民主主义的资本主义将来还有用，在中国及欧洲、南美的一些农业国家中还有用，它的性质是帮助社会主义的，它是革命的、有用的，有利于社会主义的发展的。"② 这实际上提出了社会主义社会阶段的现代化建设也要利用和吸收资本主义的思想。

新民主主义社会和社会主义社会是要建立在工业化和社会化经济的基础上，还是建立在分散的个体农业经济和手工业经济的基础上，是马克思主义与民粹主义的根本区别。毛泽东给予了明确回答。他指出："新民主主义社会的基础是工厂（社会生产，公营的与私营的）与合作社（变工队在内），不是分散的个体经济。

---

① 《毛泽东文集》第三卷，人民出版社1996年版，第183、186页。
② 同①，第384—385页。

分散的个体经济——家庭农业与家庭手工业是封建社会的基础，不是民主社会（旧民主、新民主、社会主义，一概在内）的基础，这是马克思主义区别于民粹主义的地方。"① 他指出："我们反对农业社会主义，所指的是脱离工业、只要农业来搞什么社会主义，这是破坏生产、阻碍生产发展的，是反动的。"② 他提出："由农业基础到工业基础，正是我们革命的任务。"③

毛泽东对民粹主义的批判，对于党和人民在革命胜利后国家建设问题上避免陷入急躁冒进的"左"的错误，曾经产生重要的影响和作用。他提出的利用和吸收资本主义的思想，为中国现代化发展开辟了广阔的空间。由于各种原因，他后来在探索社会主义建设道路的过程中，在吸收和借鉴资本主义的问题上陷入"左"的错误，留下了深刻的历史教训。但他这份珍贵的思想遗产，在改革开放新的历史时期和中国特色社会主义新时代为党和人民所继承和发扬。吸收和借鉴人类社会创造的一切文明成果，吸收和借鉴当今世界各国包括资本主义发达国家的一切反映社会化生产规律的先进经营方式、管理方法，已经成为中国式现代化的一个重要特点。

---

① 《毛泽东文集》第三卷，人民出版社1996年版，第207页。
② 《毛泽东文集》第五卷，人民出版社1996年版，第139页。
③ 同①，第207页。

五

毛泽东提出和实行过渡时期总路线，以工业化为主导向社会主义过渡，为社会转型创造经济基础，并开启社会主义现代化建设的实际进程。

由新民主主义过渡到社会主义不能空过渡，也不能穷过渡，需要建立在新的经济基础上，即由农业基础转变为工业基础。毛泽东在新中国成立前夕召开的党的七届二中全会上即提出，"党的工作重心由乡村移到了城市"，把恢复和发展生产作为一切工作的中心。① 他还指出："人民共和国的国民经济的恢复和发展，没有对外贸易的统制政策是不可能的。从中国境内肃清了帝国主义、封建主义、官僚资本主义和国民党的统治（这是帝国主义、封建主义和官僚资本主义三者的集中表现），还没有解决建立独立的完整的工业体系问题，只有待经济上获得了广大的发展，由落后的农业国变成了先进的工业国，才算最后地解决了这个问题。"② 他把新中国工业化的任务正式地提了出来。1953年年底，他提出"一化三改"的过渡时期的总路线，并明确社会主义工业化是主体，对农业、手工业的社会主义改造和对资本主义工商业的社会主义改造是"两翼"，确立了工业化在向社会主义过渡中的主导地位。

后来的实践证明，工业化对社会主义改造确实发挥了主导和

---

① 《毛泽东选集》第四卷，人民出版社1991年版，第1427—1429页。
② 同①，第1433页。

促进的作用。工业化大大加强了国营经济和合作经济的领导地位和领导力量,其鲜明的社会主义性质、生产组织原则和发展方向对私营工商业产生了强大的辐射和影响。私营工商企业的大多数都以各种不同的方式同国营经济、合作经济联系和合作,不同程度地逐步改变了资本主义的生产关系,不再是纯粹的私人资本主义性质。工业化是在国家统一领导下有计划地进行的,其计划性决定了整个经济的计划性。私营工商企业接受国家计划的指导,也就接受了社会主义原则的指导。工业化大大增加了对农产品的需求,也大大增加了对农村包括农机具在内的工业产品的供给,促进了农业合作化的发展。工业化还增进了城乡交流,密切了工农关系,为社会主义改造提供了良好的社会环境和氛围。

以工业化主导向社会主义过渡,新中国开启了社会主义现代化的实际进程。"三改"实际上到1954年2月才开始正式实行,而工业化则在1953年就同实施"一五"计划一起开始实行了。到1957年"一五"计划提前完成时,中国工业化建设取得了巨大的成就。在苏联援建的156个重点项目的带动下,新建了机械工业、有色冶金、电子等工业部门,钢铁等基础工业建设得到大大加强,轻纺工业发展更快。全国工业总产值704亿元,比1952年增长128.6%。主要工业产品大幅度增长,钢产量达到535万吨,比1952年增长296%;原煤产量达到1.31亿吨,比1952年增长98.5%;发电量达到193亿度,比1952年增长164%。工业化促进了国民经济的全面发展,到1957年,国民经济全面增长,人民生活水平明显提高。全国工农业总产值达到1241亿元,按可比价格计算，比1952年增长67.8%。全国居民的平均消费水平达到108元，按可比价格计算，比1952年提高24.5%。①

社会主义过渡时期工业化和国民经济发展的成就，为社会主义改造和社会主义制度的确立，提供了必要的经济基础，也为以后全面建设社会主义现代化打下了必要的基础。

---

① 《中国共产党历史》第二卷（1949—1978）上册，中共党史出版社2011年版，第417—420页。

坚持和运用好毛泽东思想活的灵魂

习近平总书记在纪念毛泽东同志诞辰 120 周年座谈会上的重要讲话（以下简称讲话）中指出，任何时候都不能动摇坚持毛泽东思想的原则，特别强调在新的形势下，要坚持和运用好毛泽东思想活的灵魂实事求是、群众路线和独立自主，并对三者的科学内涵和时代要求作了深刻阐述。学习贯彻好讲话精神，对于推进马克思主义中国化，搞好党的建设，把中国特色社会主义伟大事业继续推向前进，具有非常重要的意义。

坚持和运用好毛泽东思想活的灵魂，是不断推进马克思主义中国化的必然要求

毛泽东思想活的灵魂——实事求是、群众路线和独立自主，是毛泽东将辩证唯物主义和历史唯物主义运用于无产阶级政党的全部工作，在中国革命长期艰苦实践中形成的具有中国共产党人

特色的立场、观点和方法，是毛泽东思想的精髓。

实事求是、群众路线和独立自主三者紧密联系，是一个用中国语言中国风格表达的，集中体现马克思主义世界观和方法论的统一体，它们又各自具有独特的思想内涵和指导意义。它们的形成和确立，大致上是在同一个过程，这个过程就是中国共产党探索中国革命正确道路的过程，也是中国共产党将马克思主义中国化的过程。在第二次国内革命战争时期，尚处在幼年的中国共产党党内先后出现了三次大的"左"倾错误。三次"左"倾错误虽然表现形式不尽相同，危害程度也不一样，但其根源都是犯了脱离实际的本本主义、把共产国际指示教条化的教条主义和脱离群众的命令主义错误，给革命造成极大损失甚至严重危机。以毛泽东同志为主要代表的中国共产党人在反对党内"左"倾错误的斗争中，逐步提出了实事求是、群众路线和独立自主的思想。到了抗日战争时期，通过对建党以来历史经验的深刻总结和对党内"左"倾错误思想的系统清算，实事求是、群众路线和独立自主形成完备的理论形态，分别被确立为党的根本的思想路线、工作路线和党处理外部事务的重要原则。从此，中国共产党获得了系统的马克思主义世界观和方法论的指导，大大促进了马克思主义中国化的进程。通过进一步夯实辩证唯物主义和历史唯物主义的哲学基础，毛泽东思想得以系统地形成和确立，成为中国共产党科学的指导思想。

后来的实践表明，坚持和发展毛泽东思想，最重要的是坚持毛泽东思想活的灵魂——实事求是、群众路线和独立自主，坚持毛泽东思想的这一精髓。世界观和方法论是最根本的。只有真正坚持贯穿于毛泽东思想各个组成部分的基本立场、观点和方法，才能坚持毛泽东思想，才能在坚持的基础上发展毛泽东思想，继续推进马克思主义中国化。

实事求是、群众路线和独立自主是马克思主义中国化的主要"生长点"。在改革开放和社会主义现代化建设新时期，邓小平曾经指出，"毛泽东同志倡导的作风，群众路线和实事求是这两条是最根本的东西"①。他就是从恢复确立实事求是的思想路线开始开创中国特色社会主义的。他对中国改革开放的许多重要设计，都是遵循群众路线，尊重人民群众的首创精神，总结人民群众的实践经验而形成的。之后，以江泽民同志为核心的党的第三代中央领导集体、以胡锦涛同志为总书记的党中央和以习近平同志为核心的党中央，在继续推进中国特色社会主义事业和马克思主义中国化进代化的进程中，都始终如一地坚持实事求是、群众路线和独立自主的基本立场、观点和方法，形成"三个代表"重要思想、科学发展观和创立习近平新时代中国特色社会主义思想，丰富和发展了中国特色社会主义理论体系。

实事求是、群众路线和独立自主，不仅是毛泽东思想活的灵魂和精髓，也成为中国特色社会主义理论体系活的灵魂和精髓。习近平总书记指出，"我们要及时总结党领导人民创造的新鲜经

---

① 《邓小平文选》第二卷，人民出版社 1994 年版，第 45 页。

验，不断开辟马克思主义中国化新境界"。① 在新的形势下，我们推进马克思主义中国化时代化，最重要的，仍然是坚持和运用好毛泽东思想和中国特色社会主义理论体系这一活的灵魂和精髓。

坚持和运用好毛泽东思想活的灵魂，是把党建设好，把中国特色社会主义推向前进的必然要求

党的十八大重申了"两个一百年"的宏伟目标。十八大后，习近平总书记提出并深刻阐述了实现国家富强、民族振兴、人民幸福的中国梦。十八届三中全会为推进中国特色社会主义事业作出了全面深化改革的战略部署。我们已经站在一个新的历史起点上，比任何时候都更接近中华民族伟大复兴的目标。但是，越到这个时候，任务越艰巨，情况越复杂，困难越多。

办好中国的事情，关键在党。越是在这个时候，越要搞好党的建设。1945年2月，当抗日战争胜利曙光开始展露的时候，毛泽东关注更多的是党的状况。他告诫全党，"我们要不要胜利，要不要在全国胜利？如果要的话，就要有一个有纪律的、思想上纯洁的、组织上纯洁的党，合乎统一的标准的党。"② 现在历史又到了这样的时刻，到了一个需要全党有一个更好的思想、作风和精神状态的时刻。最根本的，还是要真正解决好思想路线、工作

---

① 习近平：《在纪念毛泽东同志诞辰120周年座谈会上的讲话》，人民出版社2013年版，第17页。

② 《毛泽东文集》第三卷，人民出版社1996年版，第261页。

路线和基本立足点的问题。全党只有始终坚持实事求是、群众路线和独立自主，才会有脚踏实地、求真务实、全心全意为人民服务的优良作风，才会有敢作为、勇担当、"踏石留印、抓铁有痕"的精神，才会有对中国特色社会主义道路"咬定青山不放松"的政治自信和前进定力。

党的建设的历史经验表明，党在思想、作风方面存在的问题，症结大都还是在世界观和方法论的问题上，在违背实事求是的思想路线、从群众中来到群众中去的群众路线或者独立自主原则的问题上。1948年4月，毛泽东在晋绥干部会议上指出："我们所犯的错误，研究其发生的原因，都是由于我们离开了当时当地的实际情况，主观地决定自己的工作方针。"① 在此之前，他在党的七大所作的《论联合政府》的报告中也指出："凡属错误的任务、政策和工作作风，都是和当时当地的群众要求不相适应，都是脱离群众的。"② 1977年8月，邓小平指出：解决党风问题，"培养好的风气，最主要的是走群众路线和实事求是这两条。"③

今天，党在思想、作风方面存在这样那样的问题，究其主要原因，仍然是在新的历史条件下，一些党员、干部没有很好地坚持实事求是、群众路线和独立自主。因此，我们要有效解决党在思想、作风方面存在的问题，还是要从实事求是、群众路线和独立自主的教育与实践入手。党的十八大以后，习近平总书记明确

---

① 《毛泽东选集》第四卷，人民出版社1991年版，第1308页。
② 《毛泽东选集》第三卷，人民出版社1991年版，第1095页。
③ 《邓小平文选》第二卷，人民出版社1994年版，第56页。

指出，加强干部作风建设，最重要的是要抓住同人民群众的血肉联系这个核心问题，解决干部脱离实际、脱离群众的问题。正是基于这一考虑，党中央部署了在全党开展以为民务实清廉为主要内容的党的群众路线教育实践活动。

坚持实事求是、群众路线和独立自主，不是一劳永逸的。习近平总书记指出："不论过去、现在和将来，我们都要坚持一切从实际出发，理论联系实际，在实践中检验真理和发展真理。"[①]"不论过去、现在和将来，我们都要坚持一切为了群众，一切依靠群众，从群众中来，到群众中去，把党的正确主张变为群众的自觉行动，把群众路线贯彻到治国理政全部活动之中。"[②]"不论过去、现在和将来，我们都要把国家和民族发展放在自己力量的基点上，坚持民族自尊心和自信心，坚定不移走自己的路。"[③]这三个"不论过去、现在和将来"，突出体现了我们党对坚持实事求是、群众路线和独立自主的鲜明态度和不变立场。

在新的形势下，把坚持和运用好毛泽东思想活的灵魂，牢记于心付之于行

习近平总书记的重要讲话站在历史和时代的高度，根据新的

---

① 习近平：《在纪念毛泽东同志诞辰120周年座谈会上的讲话》，人民出版社2013年版，第15页。
② 同①，第17页。
③ 同①，第20页。

形势和任务，对坚持和运用好毛泽东思想活的灵魂，把党建设好，把中国特色社会主义伟大事业继续推向前进，提出了一系列明确要求。

在坚持实事求是方面，讲话提出，要深入实际了解事物的本来面貌；要清醒认识和正确把握我国仍处于并将长期处于社会主义初级阶段的基本国情；要坚持为了人民利益坚持真理、修正错误；要不断推进实践基础上的理论创新。这些要求，拓展了实事求是的基本内涵，揭示出实事求是不只是实践环节的要求，而且是理论创新的要求；不只是对人们改造客观世界的要求，而且是对人们改造主观世界的要求。

在坚持群众路线方面，讲话提出，要坚持人民是决定我们前途命运的根本力量的观点；坚持全心全意为人民服务的根本宗旨；保持党同人民群众的血肉联系；真正让人民来评判我们的工作。这些要求，凸显了人民主体地位的观点和全心全意为人民服务的根本宗旨，特别是提出真正让人民评判党的工作的思想，为党的群众路线注入了新的内容。

在坚持独立自主方面，讲话提出，要坚持中国的事情必须由中国人民作主张、自己来处理；坚定不移走中国特色社会主义道路，既不走封闭僵化的老路，也不走改旗易帜的邪路；坚持独立自主的和平外交政策，坚定不移走和平发展道路。讲话在阐述这些要求时，把独立自主提到立党立国的重要原则的高度，使独立自主的思想得到了新的升华。这些要求集中体现了中国共产党独立自主的品格和底蕴，充满了走自己的道路的信心和前进定力，具有很强的感召力和凝聚力。

　　实事求是、群众路线和独立自主的要求不难理解，难的是付之于行，特别是时时处处付之于行。时时处处付之于行，需要一种持之以恒艰苦实践的精神。要时时处处做到实事求是、一切从实际出发，就要深入实际中去了解事物本来面貌，了解新情况、新问题，并且要勤于思考和分析问题；要时时处处坚持群众路线，就要一刻也不能脱离人民群众，深入人民群众中去了解他们的意见和要求，并且要与他们同甘共苦。独立自主对党员、干部来讲，主要是要对党和人民在长期探索中开辟出来的正确道路保持一种政治自信和定力。要真正从书斋和书本里走出来，从别人的影子里走出来，到实践中寻找解决问题的答案，寻找自信与定力。要做到这些，无疑就需要付出更多的心血与汗水，牺牲自己更多的生活享受。付之于行，首先必须牢记于心。这就要求我们把坚持实事求是、群众路线和独立自主内化于心，使之成为一种内在的思想修养，成为一种内在的精神状态。这样，才能使全党坚持实事求是、群众路线和独立自主，成为一种自在的状态，成为一种常态。

邓小平前70年的人生轨迹和心路历程

《邓小平传（1904—1974）》是国内出版的第一部经中共中央批准同意编写的邓小平传记，也是国内出版的第一部依据大量内部档案材料撰写的邓小平传记。内部档案材料，包括中共中央档案馆和中共中央文献研究室所保存的没有公开发表过的邓小平的讲话、谈话记录和批示、电报、书信等，中共中央有关文件和有关会议记录；有关人士的回忆录或对他们的采访记录，等等。全书中引用的档案资料究竟有多大的量，真是无法统计。我们力图根据翔实可靠的材料写出信史。

这部传记不是邓小平的全传，时间跨度从邓小平的少年时代到他在"文化大革命"中被打倒后1974年正式复出工作，只写了邓小平人生的前70年。邓小平人生、事业的高峰无疑是他在改革开放新时期领导党和人民开创中国特色社会主义。但是，如果没有他的前70年，也就没有他在新时期的20多年。特别是，他在20世纪50年代中期成为以毛泽东为核心的党的第一代中央领导集体的重要成员,是他后来成为党的第二代中央领导集体的核心和中国改革开放总设计师的前提。这部传记全面记述了邓小平前大半生的经历、活动和业绩,清晰地勾勒了他前大半生的人生轨迹和心路历程。前70年也可以说是他走向人生事业高峰的跋涉和铺垫,尽管漫长了些,古今中外也许罕见,但这就是邓小平!

写出邓小平的思想和品格特点

撰写这部传记的难度显而易见,经过多年努力数易其稿才得以完成。任务完成后,我们掂着沉甸甸的书,感到传主邓小平何尝不就是这样一本厚厚的书呢?在写作过程中,对如何写作这本书的每一页,都颇为踌躇。写这部书究竟难在哪里?难的不是写他做过的事,难的是要写出他在各个时期的思想及思想发展脉络。如果不写出邓小平的思想、品格特点,那还叫什么邓小平传?邓小平长期担任党内、军内重要领导职务,20世纪50年代中期成为党的第一代中央领导集体的重要成员。中国共产党与别的政党一个重要的不同之处,就是党内积极的思想斗争,如果没有积极的思想斗争,党就失去了活力。因此,要写出邓小平的思想、品格,就要把他放到党内思想斗争中去写。写党内思想斗争,不言而喻又是很难的。我们必须迎难而上,因为邓小平"三落三起"的人生经历,本身就带有强烈的党内思想斗争色彩。如果回避党内思想斗争,怎么可能写出邓小平呢?

在中国革命和建设时期,中国共产党党内的思想斗争,在两个阶段最为突出和集中,一是新民主主义革命时期探索中国革命道路的阶段,二是社会主义建设时期探索中国社会主义建设道路的阶段。新民主主义革命和社会主义建设以前都没干过,大家都从头探索,因此就会有各自不同的看法和主张,有时你可能是对的,他是错的;有时则可能他是对的,你是错的,而且难免有思想上的交锋甚至激烈的交锋。在邓小平的前大半生中,正是在两个探索时期他的思想最为活跃,而且他还经常处在党内思想交锋的中心位置,要不他怎么会有"三落三起"的经历呢?这部传记对社会主义建设时期党内围绕怎么样建设社会主义的问题的思想交锋,写得相当细腻。包括"反冒进"问题、反右斗争及反右斗争后重提阶级斗争问题、"大跃进"和人民公社化运动、社会主义教育运动及后来的"文化大革命"等。传记对这一时期邓小平对社会主义建设问题的思考和探索所取得的思想认识成果作了清晰的系统的梳理。他的这些思想认识成果,可以说是在党内特别是在同中央领导层人物思想的碰撞中产生的。比如,他提出社会主义基本制度还要不断调整、完善,社会主义具体制度应该不拘一格;社会主义过渡时期,哪种生产关系有利于生产力的发展,就选择哪种生产关系;社会主义要建立在生产力发展的基础上;"要让农民富起来",等等。如果回避党内思想斗争,邓小平的这些思想就写不出来。而这些正是邓小平独到的思想,是他社会主义观和社会主义改革观的集中体现,是他后来改革开放思想的源头。

我们写邓小平传,不用说是带着对邓小平的真挚热爱和深厚感情的。编写组的同志不少是邓小平决策恢复高考后考上大学而改变自身命运的,邓小平当年决策恢复高考,一定没想到会由当年的考生在30多年后为他写传!有一位当代著名史学家说过,没有爱憎、没有感情倾向,是写不出有血有肉的历史的。但是,又确实不能因感情因素妨碍我们对历史对包括邓小平在内的历史人物作出公正的评价。怎么避免感情因素影响对人物的评价呢?就是一条,尊重史实,用材料说话,真正做到下笔有据。编写组组建后好长时间并未动笔,而是埋头搜集和阅读、研究档案和史料,而在写作过程中,又始终坚持没有史料、材料依据绝不轻易对某个问题下结论。举一个例子,初稿写1961年经济调整这一段时,我们都记得邓小平当时在北京郊区农村调查公共食堂问题,曾经说过"吃食堂是社会主义,不吃食堂也是社会主义",便把这句话写上了。这句话反映了邓小平很重要的思想。但到修改定稿时,却怎么也查不到这句话的确凿出处,我们只好准备忍痛割爱。让人高兴的是,最后还是在一个县编的内部资料上找到了确凿的记载,而终于把这句话保留了下来。这句话多么具有邓小平的思想特点!

一个坚持实事求是的邓小平

尊重史实、用材料说话,是克服人们包括我们编写者固有成见的最好办法。比如,反右扩大化错误,至今仍是一个让很多人难以释怀的问题。坊间说邓小平当时在中央一线岗位工作,整风

"反右"他是具体组织、领导者之一，反右斗争扩大化错误他是主要责任者之一，我们脑子里多多少少也有这种疑惑。但是，当我们沉到那些历史档案里去之后，发现真实情况并不是这样！对于反右斗争，邓小平和当时许多中央领导人一样，认为是很必要的。但在反右斗争兴起之后，明确地讲必须防止把右派分子划得过宽、过多，不能采取简单粗暴的办法，要防止扩大化的错误的，是他。他甚至警告"这个时候最容易犯简单粗暴的毛病，如果犯了这毛病，将来运动过后，我们就要作检讨"①。历史果然应验了他的这句话！回过头来看，反右扩大化错误的责任，恐怕也不能由哪一个人或哪几个人来承担。从战争年代开始，我们党已经习惯了用群众运动的方式和办法来解决政治问题。当反右斗争以大规模群众运动的形式兴起之后，就不是哪一个人或哪几个人可以改变的了。要避免这种错误，只有从根本上改变形成习惯的思维和思维方法。这一点，我们党在以后的历史中做到了。

再举一个例子。我们都知道对毛泽东和邓小平曾有一个"正帅和副帅"的说法。境外有的出版物和国内有的人言之凿凿地认定毛泽东是"大跃进"运动的"正帅"，邓小平是"大跃进"运动的"副帅"。言外之意，"大跃进"运动的错误当然是"正副帅"的责任了。我们查阅了"正副帅"说法的由来，原来是毛泽东在1959年4月上旬召开的党的八届七中全会上讲的。八届七中全会是纠正"大跃进"运动中"左"的错误的会，毛泽东是让邓

---

① 《邓小平传（1904—1974）》下册，中央文献出版社2014年版，第1039页。

小平当纠正"大跃进"运动中"左"的错误的"副帅"!"大跃进"运动的副帅与纠正"大跃进"运动中"左"的错误的副帅,差别何其大!

有一位名人传记作家说过,他每写一个伟大人物的传记,心灵都受到一次"朝圣"式的洗礼。像邓小平这样的一代伟人,他的地位和影响已经被历史奠定和作出结论。邓小平从不把自己当作神圣,他说他是"中国人民的儿子"。我们写邓小平传,当然不会有"朝圣"的心理。但是,邓小平毕竟是一位高山仰止的伟人,在写作过程中,我们总是在自觉不自觉地探究邓小平的伟大究竟在哪里?还没有成为中国改革开放总设计师的邓小平,究竟伟大在哪里?

书写完了,掩卷深思,我们似乎有了答案:邓小平的伟大当然体现在他为国家、民族和人民所建立的丰功伟绩上;但从深层次来讲,更体现在以上所述他那些独到的思想品格上。我们要让读者了解他的优思想秀品格,还想让人们了解他的优秀思想品格是怎么形成的,让人们从中获得思想和人生的启迪。比如说,他坚持实事求是。大家都对邓小平在改革开放新时期坚持实事求是、解放思想印象很深,在人们的心目中他可以说是实事求是思想路线的化身。但他的这一思想品格绝不是到后来才有的,而是他半个多世纪革命生涯长期艰苦锤炼的结果。那么从什么时候开始形成的呢?可以说是从他从苏联学习回国后到党中央机关担任秘书和秘书长时开始形成的。在那样一个岗位上,他先是亲身感受了陈独秀右倾机会主义错误,目睹了其对革命所造成的严重后果。特别是，他亲身参加了八七会议并担任会议记录。可以想见，会上毛泽东等那些总结用鲜血换来的教训的发言，对他的震动和教育该有多大。后来，他又在党中央机关亲身感受了瞿秋白"左"倾盲动错误对中国革命造成的危害。正是带着对"左"和右的两种错误倾向的感受和教训，他后来去广西，在领导百色起义、龙州起义和红七军转战的过程中，得以敏锐地觉察到并屡屡抵制新出现的李立三"左"倾冒险错误的干扰和影响，最大程度地减轻了革命力量的损失。而且，使他后来对王明"左"倾教条主义脱离中国实际、照搬"本本"的实质看得比很多人都清楚。这才有了他在中央苏区时因站在毛泽东一边，反对"左"倾错误路线领导而导致在政治上的第一次"落"。他因坚持独立思考、实事求是，付出了代价！

一个勇于担当的邓小平

勇于担当，是伟大人物共同的精神品格，在邓小平身上表现得尤其突出。他的一生是勇挑重担的一生。他在1929年去广西主持党的全面工作，领导百色起义和龙州起义，创立红七军，才25岁。很多人都知道解放战争时期邓小平和刘伯承率部队挺进大别山的事，却可能不太知道刘伯承、邓小平和刘邓部队当时究竟担负了多重的担子。千里跃进大别山，关系人民解放战争的战略全局和党中央在陕北的安危。十万大军要渡黄河越陇海线，涉过黄泛区及沙河、颍河、淮河等大江大河，稍有闪失即前功尽弃。

多少年后，邓小平还回忆说，过黄泛区前，"听黄河的水要来，我自己都听到自己的心脏在怦怦地跳！"①进军大别山难，在大别山站住脚更难。进入大别山后，刘邓部队兵分两路，由刘伯承率领一部分转到外线作战，邓小平率领一部分留在大别山内坚持内线作战。邓小平置个人安危于不顾，指挥10个旅的部队同国民党军队33个旅共80个团的兵力作战。他致电中央军委表示"我们在大别山背重些"，有利于兄弟部队在其他地区作战，"对全局则极有利"②。这是怎样的一种让人感动的担当！

作为总前委书记指挥60万人对80万人的淮海战役，无疑是邓小平军事生涯的一页辉煌篇章。毛泽东对邓小平说："我把指挥权交给你了。"这个大战役是由邓小平和刘伯承率领的中原野战军同华东野战军并肩作战。邓小平在中原野战军纵队负责人会议上动员说："要消灭敌人，没有牺牲精神是不行的。""即使这一仗中野拼光了也值得！"③这又是一种怎样让人感动的担当！

邓小平的担当精神，还表现在敢于承担工作中错误的责任，这一点古今中外的很多伟大人物并不一定都能做到。在社会主义建设时期，由于缺乏成功的经验，党的领导人在指导思想上出现了"左"的错误，包括反右斗争扩大化、"大跃进"和人民公社化运动、"文化大革命"等。对这些错误的教训进行回顾和总结，是非常有益的。进入改革开放新时期以后，已是中国共产党第二代

---

① 《邓小平传（1904—1974）》上册，中央文献出版社2014年版，第643页。
② 同①，第679页。
③ 《邓小平传（1904—1974）》下册，中央文献出版社2014年版，第739页。

中央领导集体的核心、在党内外拥有崇高威望的邓小平，不仅不讳言党的历史上的错误，而且勇敢地为其承担责任。在他看来，毛泽东等当时党和国家的主要领导人已不在世了，由他来承担责任，是责无旁贷的。前面讲到，在反右斗争中，邓小平一方面积极参与，另一方面又很努力地防止扩大化倾向，但是最后还是出现了严重扩大化的错误，导致许多正直的有才华的知识分子、敢讲真话的优秀党员干部和同中国共产党长期合作的爱国人士，长期受到委屈、压制，遭受不幸。对此，20世纪80年代邓小平诚恳地说："他们多年受了委屈，不能为人民发挥他们的聪明才智，这不但是他们个人的损失，也是整个国家的损失。"[1] 更难能可贵的是，他不诿过于人，而是勇敢地承认自己的错误。他说："不要造成一个印象，好像别人都完全正确，唯独一个人不正确。这个话我有资格讲，因为我就犯过错误。一九五七年反右派，我们是积极分子，反右派扩大化我就有责任，我是总书记呀。"[2]

对待"大跃进"运动问题也是这样，邓小平从不推卸自己作为领导集体中一员的责任，换句话说，从不把这一责任都推到当时党中央主要领导人毛泽东身上。他说："'大跃进'，毛泽东同志头脑发热，我们不发热？""中央犯错误，不是一个人负责，是集体负责。""这些问题不是一个人的问题。"[3] 这是一种担当，也是一种胸襟！

---

[1]《邓小平传（1904—1974）》下册，中央文献出版社2014年版，第1046页。

[2] 同①，第1046页。

[3] 同①，第1075页。

一个返璞归真的邓小平

邓小平晚年说过:"我是中国人民的儿子。我深情地爱着我的祖国和人民。"①这句话道出了他内心深处深深的人民情结。这种情结,不仅表现在他一生所做的许多大事上,也表现在一些很细小的事情上。这部传记记载了不少这样的细节,有时竟使我们在写作时眼眶发热。当年,刘邓数万大军在大别山,到了深冬季节,邓小平同普通战士一样穿着单衣。为了不增加当地群众的负担,他和刘伯承发动了一场自制棉衣的运动,他自己也一针一线缝制了一件单薄的棉衣。棉衣穿旧了,棉花都露出来了。身边工作人员让军需处给他做了一件新棉衣,管军需的负责人去劝他把旧棉衣换下来,但还是挨了他的剋,让人将新棉衣送给了战士穿。在滴水成冰的天气里,警卫员找来一点儿稻草要烧火给他烤烤写文件的手,他却让人赶快把稻草还给老百姓。大别山穷,大别山人民穷,他不忍心动用老百姓的一根稻草!

我们在撰写这部传记时,主观上有一种意识,就是既要揭示邓小平作为一代伟人崇高的精神世界,又要反映他同普通人一样的情感。我们花了一定的笔墨去追寻他的个人情感历程,包括他早年赴法勤工俭学前后与家人的关系,他先后三次婚恋,他家里添丁添口,特别是他在"文革"中两次被打倒后的家庭生活等。这恐怕也是这部传记与同类人物政治传记不同的一个地方。政治

---

① 《邓小平思想年编:1975—1997》,中央文献出版社 2011 年版,第 349 页。

人物落难的时候，往往是他回归普通人情感状态的时候。这部传记用一个整章描写了邓小平在江西一个县办拖拉机厂做工的谪居生活。我们在这里给读者打开了一扇新的窗户，让人们看到了一个返璞归真的邓小平，一个回归社会底层的邓小平，一个作为丈夫的邓小平，一个作为父亲的邓小平。为了不让身体不好的妻子劳累，他默默地把家里重一点的家务活都承担了起来。为了省钱，他不再抽好一点的烟、喝好一点的茶，甚至吃馊了的饭菜。他像普通父亲一样，过年过节盼着子女回家，把家人的团聚作为精神上的慰藉。

邓小平的这种平静，是对党和人民事业的忠诚支撑着他，共产党人的理想信念支撑着他。他心里装的绝对不只是一家人的柴米油盐，而是国家和人民的命运。他要重新担当改变国家民族命运的使命，有一个前提，就是要重新出来工作。后来，他复出工作后，毛泽东问他这几年是怎么过来的？他说了两个字："等待。"其实，他并不是在消极等待，而是在坚持不懈地为自己重新出来工作，哪怕是出来"做点调查研究之类的工作"创造条件，做着应有的准备。而这些，则正是他同普通人不一样的地方。在这部传记里，我们试图努力做到既把他作为一个伟人来写，又把他作为一个普通人来写。

小康社会设计与中华民族伟大复兴

2020年，我国全面建成小康社会，实现了中华民族伟大复兴"三步走"的第二步战略目标。不是什么东西都能在历史上留下来。有一些东西，不要多长时间，人们就会淡忘。但是，小康、小康社会，不会在人们的词汇中消失；从20世纪70年代末到2020年，中国共产党领导中国人民建设小康社会的历史，必将会被历史永远记载下来；作为中国改革开放总设计师的邓小平对小康社会建设的设计，必将深深地铭刻在中华民族伟大复兴的历史上。

小康社会设计及其引申出来的"三步走"发展战略，使中华民族的伟大复兴第一次有了明确而切实的发展战略、目标和时间表，小康社会建设使中华民族复兴大业上了一个新台阶

中华民族的伟大复兴，就是要改变自鸦片战争以后形成的落后挨打状态，追赶世界先进潮流，把中国建设成为一个现代化强国，使中华民族再次进入世界先进民族之林。这是一百多年来中国人的最大愿望，许许多多先进人物为之进行了多种多样的尝试和奋斗，但是在中国共产党登上历史舞台之前，没有人对民族复兴大业真正提出过正确的全面的途径，更没有人提出过切实的发展战略和发展目标。

真正提出中国现代化发展战略和目标，并真正开启中国现代化进程的是中国共产党。毛泽东创立新民主主义理论，成功地指导中国新民主主义革命取得胜利，并且正确回答、解决了中国这样一个经济、文化落后的农业国家在民主革命胜利后进行现代化建设的一系列重要问题。新中国的成立，为国家大规模地进行现代化建设提供了根本的条件。1954年9月，毛泽东、周恩来在第一届全国人民代表大会上提出了"四个现代化"的目标，即用三个五年计划十五年左右的时间打基础，然后用七个五年计划也就是到20世纪末，把我国建设成为一个伟大的社会主义现代化强国。

"四个现代化"目标的提出，对于中国现代化建设和中华民族复兴具有深远的影响和意义。后来由于各种原因，这一目标的实施遭到严重挫折，1975年，应党和人民的要求，周恩来在党的四届人大重申"四个现代化"的目标，并提出"两步走"的设想。即第一步，在1980年以前建立一个独立的比较完整的工业体系和国民经济体系；第二步，在20世纪末实现"四个现代化"。周恩来提出的设想，明确现代化建设要分步骤进行，反映出党和人民对现代化建设客观规律的认识提高了，但是仍然没有改变20年前提出的时间表。

邓小平是毛泽东"四个现代化"目标决策的参与者和实施者，也是周恩来"两步走"决策的参与者和实施者，深知其得与失。长时期以来，中国经济建设从整体上走的是一条高速度、高积累、低效益、低消费的路子。到20世纪70年代末，虽然仍保持较高的增长速度，经济体系也建构起来了，但是基础薄弱，比例失调，特别是人民生活水平没有得到相应的提高，甚至温饱问题都没有解决。邓小平清醒地意识到，到20世纪末中国要实现国际标准的现代化是不可能的。但是，中国共产党已经向世界宣布了这一目标，党和人民也满怀希望实现这一目标。于是，邓小平从现实实际出发，在1979年提出"中国式的现代化"、现代化的"中国标准"的概念，这就是人均国民生产总值800美元至1000美元的小康目标。小康目标，没有改变毛泽东、周恩来提出的时间表，也没有改变周恩来后来提出的"两步走"的设想。我国在20世纪末基本实现了小康，实现了中国标准的现代化阶段性目标，也就是说，兑现了毛泽东、周恩来的诺言，圆了中国人民一个世纪的梦！

小康目标的提出，开辟了从中国实际出发制定中国现代化发展的长期战略和目标的广阔思路。到1987年党的十三大召开前，邓小平对中国到21世纪中叶的发展战略和目标，形成了成熟的思考，这就是人们常说的"三步走"的发展战略目标，或者说发展战略。即第一步，实现国民生产总值比1980年翻一番，解决人民的温饱问题（这个目标当时已经提前实现）；第二步，到20世纪末使国民生产总值再增长一倍，人民生活达到小康水平；第三步，到21世纪中叶，人均国民生产总值达到中等发达国家水平，基本实现现代化。

"三步走"的发展战略，把一百多年来中国人民振兴中华历史夙愿与实现国家现代化的现实诉求紧紧结合起来，把中华民族复兴的伟大目标具体化为中国现代化发展的战略目标，使中华民族真正拥有了一个可感可触的共同理想和共同目标。这一战略设想，还提出了中国从20世纪80年代到21世纪中叶跨世纪的80年间中国现代化发展的战略措施、步骤等。"三步走"战略设想中，关键是第二步"小康"目标，这是中国现代化发展承前启后的一个战略阶段。进入21世纪之后，党的十六大在实事求是地分析小康水平现状的基础上，提出了全面建设小康社会的目标，这就是：在21世纪头20年，全面建设惠及十几亿人口的更高水平的小康社会。这一目标是对邓小平"三步走"发展战略设想的丰富和发展。全面建设小康社会目标的提出，在中国现代化发展的历史进程中树起了一座新的里程碑，将21世纪头20年作为"三步走"发展战略中第二步与第三步之间的一个战略发展阶段，具有重大的现实意义和长远的战略意义。全面建设小康社会的成功实践，使中国实现了经济社会又一次跨越式发展，为中国在21世纪中叶基本实现现代化并最终实现中华民族的伟大复兴，打下了坚实的基础。

小康社会理论设计是社会全面进步的设计，凸显了中华民族全面复兴的必然要求和根本目标，有力地推动了社会的全面进步

民族复兴是经济、社会的全面复兴。社会全面进步是民族复兴的必然要求，也是民族复兴的最终目标。民族复兴的过程，不单纯是一个物质财富的积累过程，而且是一个社会全面进步的过程。在近代中国历史上，从洋务派到维新派认识不到这一点，他们想在不触动社会根本制度的情况下，通过发展兵工及洋务产业达到富国强军的目的。孙中山在推翻清王朝封建专制之后，曾经对社会进步失去了目标，希望通过发展资本主义工商业实现振兴中华。中国共产党领导的新民主主义革命是彻底的社会革命。毛泽东曾经概括说：中国革命是要"使中华民族来一个大翻身，由半殖民地变为真正的独立国，使中国人民来一个大解放，将自己头上的封建压迫和官僚资本（即中国的垄断资本）的压迫一起掀掉，并由此造成统一的民主的和平局面，造成由农业国变为工业国的先决条件，造成由人剥削人的社会向着社会主义社会发展的可能性"[1]。毛泽东这里讲的"使中华民族来一个大翻身"和"使中国人民来一个大解放"，无疑即是我们现在所讲的民族复兴。毛泽东这一段话，不仅揭示了革命与民族复兴的关系，而且揭示了社会进步与民族复兴的关系，即民族复兴的最终目标是社

---

[1]《毛泽东选集》第四卷，人民出版社1991年版，第1375页。

会的全面进步。

新中国成立后,中国共产党在领导人民进行经济建设的同时,积极推进社会全面进步,建立起了社会主义社会。但是,在长时间中对什么是社会主义和怎样建设社会主义的问题,陷入了"左"的错误思维。特别是"文化大革命"中,极左思潮泛滥,给人们思想造成严重的混乱。一个非常突出的问题是,很多人对社会进步没有了方向感和目标感,尤其是对社会主义社会怎么样真正发挥优越性感到茫然,再抽象地谈社会主义社会的发展方向和社会主义社会优越性已经不管用了。在这种情况下,邓小平在开创中国特色社会主义的过程中,将小康目标发展为小康社会目标,提出了小康社会的理论设计。这个理论设计的框架是:第一,小康社会是"人民普遍丰衣足食,安居乐业"的社会;第二,小康社会是物质文明建设和精神文明建设同时发展、全面进步的社会,即"不仅经济要上去,社会秩序、社会风气也要搞好"[1];第三,小康社会是共同富裕、和谐稳定的社会。这一理论设计,引申"小康"传统概念,将人们传统的社会理想同现实诉求结合起来,将社会主义的基本原则和社会主义社会优越性具体化,勾勒出一个让人们可近可亲的社会愿景图。

邓小平的小康社会设计是社会全面进步的设计,既提出了社会全面进步的现实目标,又揭示了社会全面进步长远的发展方向。之后,中国共产党历届中央领导集体坚持这一目标方向,丰

---

[1] 《邓小平文选》第三卷,人民出版社1993年版,第378页。

富发展了这一设计。党的十六大到十八大，都根据形势的发展和实际情况的变化，对全面建设小康社会提出了新的目标和要求。这些目标和要求，集中体现了社会全面进步的目标和要求。十六大重提中华民族伟大复兴，并明确地将社会的全面进步作为民族复兴的重要目标，提出在全面建设小康社会中，要推动社会的全面进步和人的全面发展。十七大又明确提出推进和谐社会建设，并将社会建设纳入社会主义现代化建设的整体布局。十八大进一步充实和完善了全面建成小康社会的目标体系，明确把生态文明建设列入全面建成小康社会的目标要求，并提出使各方面的制度更加定型。这些都有力地推进了社会全面进步，有力地推进了民族复兴大业。

小康社会建设的实践，提振了民族精神，培育了实干兴邦的一代新风，为进一步推进中华民族复兴大业创造了新的精神条件

要实现民族的伟大复兴，必须提振民族精神，特别是不断增强民族自尊心和自信心。中华民族是一个敢于争先、不甘落后、自强不息的民族，近代以来追赶先进潮流、振兴中华成为全民族的雄心壮志，这是实现中华民族伟大复兴最重要的精神条件。新中国的成立，一扫旧的精神积弊，中国人首先从精神上完全"站起来了"，被长期压抑的民族自尊心和自信心空前表现出来。毛泽东曾在开国前夕以诗一样的语言说："中国的命运一经操在人民自己的手里，中国就将如太阳升起在东方那样，以自己的辉煌的光焰普照大地"。①

在新中国成立后的前二十几年里，中国共产党一方面领导人民群众艰苦奋斗，奋发图强，取得了社会主义建设的巨大成就；另一方面，从20世纪50年代末期之后，盲目地提出"赶英超美"，陷入脱离实际，违背客观规律，盲目地追求高速度、高指标并以政治运动的方式搞经济建设的错误。到70年代中期"文化大革命"结束时，我国国民经济和人民生活陷入十分困难的境地，人民群众社会主义建设的积极性受到严重伤害，对国家的前途和命运陷入悲观，"四个现代化"的建设目标似乎越来越远。在这个时候，邓小平领导中国共产党纠正错误，开辟建设中国特色社会主义的新道路，并提出了中国现代化建设新的发展目标，这就是小康社会目标和"三步走"的发展战略目标。

小康社会目标和"三步走"发展战略目标，是要求成番成倍增长、跨越式发展的战略目标。这一战略目标，要求用总共一百年的时间实现西方一些发达国家用了两百多年或者一百多年才实现的目标。这一战略目标的提出，在当时使处在困境中的党和人民看到了国家发展的新的希望，振奋了精神。

小康社会目标和"三步走"战略发展目标，又是坚持从实际出发、实事求是的战略目标，是要求党和人民脚踏实地、埋头苦干的战略目标。这一战略目标立足中国国情，把解决人民温饱问

---

① 《毛泽东选集》第四卷，人民出版社1991年版，第1467页。

题作为第一步，找准了中华民族复兴的历史起点和现实基础。这一战略目标，是依据中国发展的主客观条件和实际发展情况逐步形成确定的，它所规定的经济增长指标是经过严密测算确定的。因此，这一战略目标具有严格的科学性和不可移易性，它要求党和人民必须脚踏实地、埋头苦干。1992年，已从党和国家领导岗位上退下来的邓小平曾经语重心长地对后继者说："如果从建国起，用一百年时间把我国建设成中等水平的发达国家，那就很了不起！从现在起到下世纪中叶，将是很要紧的时期，我们要埋头苦干。我们肩膀上的担子重，责任大啊！"[1]

四十多年来，邓小平小康社会设计和"三步走"发展战略的成功实践，使我国现代化建设上了一个新的台阶，使中华民族复兴大业上了一个新的台阶。小康社会建设的辉煌成就和成功实践，极大地提振了民族精神，增强了中华民族的民族自尊心和自信心，培育了实干兴邦的一代新风，为进一步推进民族复兴大业创造了新的精神条件。中华民族从来没有像今天这样目标一致、万众一心，人民群众从来没有像今天这样表现出空前的创造历史的奋发精神。

---

[1]《邓小平文选》第三卷，人民出版社1993年版，第383页。

邓小平对中国社会主义建设道路的探索

从1956年党的八大召开到1965年"文化大革命"爆发前,这十年是中国全面建设社会主义的时期,也是中国共产党在曲折中探索社会主义建设道路的时期。党虽然在指导思想上日益陷入"左"的错误,但一直是一边犯错误一边纠正,对社会主义建设道路的探索取得了很多积极的成果,积累了很多有益的经验。

以苏联和东欧国家的经验教训为鉴戒,独立自主地探索符合中国实际的社会主义建设道路,是1956年筹备和召开党的八大的过程中,以毛泽东同志为主要代表的中国共产党人获取的一个十分宝贵的思想认识,也是中国共产党人探索中国社会主义道路的开端。

1956年2月,苏共召开二十大全盘否定斯大林,一方面给国际共产主义运动造成了震动和消极影响,另一方面又揭开了斯大林的盖子,对于包括中国共产党在内的各国马克思主义政党破除对苏联和苏联经验的迷信,寻求适合本国情况的革命和建设道路，提供了思想条件。在中国共产党内，一时间形成了破除迷信、解放思想、探求问题的风气。

邓小平在参与筹备召开党的八大的过程中，参加了毛泽东组织的听取经济部门汇报的调查研究。而且，他不仅在上半年同朱德等赴莫斯科出席苏共二十大，对苏联社会主义建设和意识形态工作的弊端有切身的感受；而且又在下半年同刘少奇等再赴莫斯科协助苏共中央处理波匈事件，对波兰、匈牙利等东欧国家照搬苏联模式带来的恶果有切身的感受。这些，使他对借鉴苏联和东欧国家的教训，总结中国自己的经验，独立自主地探索中国社会主义建设道路，有了更清醒和坚定的认识。1956年11月17日，也就是在八大闭幕后不久，他在会见国际青年代表团谈到苏联、东欧国家的教训时说，革命和建设都不能照搬别国经验和模式；并且指出，探索中国社会主义建设道路，就是要将"马克思主义的普遍真理"同"中国的实际相结合"。①

从中国的实际出发，走符合中国实际和特点的社会主义建设道路，在邓小平的思想上扎下了根。在全面建设社会主义时期，他作为党的第一代中央领导集体的成员，在参与社会主义建设一系列重大决策的制定和实施的过程中，深入思考，提出了一系列重要的思想主张，集中反映了他探索中国社会主义建设道路的思想认识成果。这一时期的思考和探索，为他后来领导党和人民开创中国特色社会主义道路，作了思想和理论上的准备。

---

① 邓小平会见国际青年代表团的谈话记录，1956年11月17日。

社会主义基本制度要不断调整和完善，社会主义具体制度应不拘一格

1956年的苏共二十大特别是波匈事件，暴露出社会主义的"丑陋"，对国际共产主义运动造成严重冲击，也对人们传统的社会主义观造成严重冲击。在中国，波匈事件是不是意味着社会主义制度行不通？成为人们思想上最大的疑惑。1957年1月12日，邓小平应邀到清华大学为师生作报告，他运用历史唯物主义基本观点对此作出解答。他说："制度好不好决定于是否能够促进生产力的发展。应当说，我们现在的制度和生产力发展是适合的，是好的。"他对社会主义的"基本制度"和"具体制度"作了辩证的、实事求是的分析，指出：社会主义基本制度"还不是完善的"，还要不断地调整和完善。"基本制度"要通过恰当的"具体制度"和方法去实现。关于社会主义具体制度，他主张不拘一格。他说："只要有利于发展生产，有利于发挥工人阶级的积极性、创造性，能够监督和防止领导上的官僚主义，什么制度合适，就采取什么制度。"怎么样完善社会主义基本制度和发展社会主义具体制度呢？他指出："重要的是应当对那些正确的要坚持，对那些错误的要纠正，不完善的要补足。"[①]

这是在中国刚刚建立起社会主义制度、刚刚开始进行社会主义建设的时候，邓小平对中国如何坚持和发展社会主义制度、如

---

① 邓小平在清华大学的讲演记录，1957年1月12日。

何搞社会主义建设问题的基本思考，成为他的社会主义观和社会主义改革观的基本观点。"正确的要坚持""错误的要纠正""不完善的要补足"后来则成为体现他实事求是思想方法的名言。

社会主义要建立在生产力发展的基础上，生产关系不能超越生产力发展的阶段

生产力决定生产关系，这是辩证唯物主义与历史唯物主义的基本原理。在1958年开始兴起的"大跃进"和人民公社化运动中，邓小平是少有的坚持运用这一基本原理分析问题者之一。"大跃进"和人民公社化运动铺开后，以高指标、浮夸风、瞎指挥和"共产风"为主要标志的"左"的错误严重地泛滥开来。"左"的错误的症结之一，就是超越生产力发展的阶段，主观随意地拔高人民公社的所有制形式。被认为是人民公社样板的河北省徐水县，最早宣布实行全民所有制。1958年10月，邓小平在徐水县视察时提出，生产关系不要搞得太纯，"除了全民所有制外"，还要允许"小集体"。接着他在云南视察时明确批评"现在不能肯定徐水是成功的"，徐水县搞清一色全民所有制"那个办法行不通"，要照顾"个人、集体、全民的关系"。①11月上旬，毛泽东在郑州主持召开中央工作会议，纠正浮夸风、"共产风"和基层干部工作方法上的错误，并涉及纠正混淆全面所有制与集体所有制、社会主义与共产主义两种界限的错误思想。邓小平就

---

① 邓小平在听取中共云南省委负责人汇报时的谈话记录，1958年10月25日。

"什么是建成社会主义"问题发言指出,"实现全民所有制要有雄厚的物质基础,总要在生产力发展的基础上,不断提高生产水平。""人民公社还不是共产主义的,连社会主义还没有建成,怎么就是共产主义呢?"①他批评一些地方宣布实现全面所有制言过其实,因为他们的生产力水平还很低。

由于连续两年大面积自然灾害和1959年庐山会议后继续"大跃进"的影响,到1960年冬全国出现严重的经济困难,中共中央决定对国民经济实行全面调整。这年7月邓小平赴东北调查,实际的情况更使他感到调整要从党员干部的思想根源上解决问题,明确地提出要纠正生产关系超越生产发展阶段的错误。他在听取哈尔滨市工作汇报时指出"我们就是超越了阶段","我们在社会主义阶段只能搞这样高的"。并说"今后主要讲社会主义好了","一切都要按社会主义原则办事,不要再照顾原来说过的话"。②

在社会主义过渡时期哪种生产关系有利于生产力的发展,就选择哪种生产关系

"大跃进"和人民公社化运动最深刻的教训之一是割裂生产关系与生产力的关系,片面地从生产关系理解社会主义原则,陷入"唯生产关系论",在生产关系上折腾来折腾去。1961年进入

---

① 中共中央工作会议记录,1958年11月7日。
② 邓小平在听取哈尔滨市委负责人汇报工作时的谈话,1961年7月22日。

国民经济调整时期以后，邓小平和陈云等开始深入思考从生产关系上调整农村政策的问题。1962年3月底，邓小平在中央书记处会议上谈到如何恢复发展农业生产时说，"原则是哪种办法见效快就用哪种办法，不要拘泥于形式"，"不要担心个人多了，集体少了，无非是百分之十几，这里出点富裕农民也不怕"。①

七千人大会后，一些地方农村摸索建立农业生产责任制，搞生产到组、包产到户，引起争议。1962年7月，邓小平在中央书记处会议上指出："不管是黄猫黑猫，在过渡时期，哪一种方法有利于恢复，就用哪一种方法。"②这就是后来有人概括的"猫论"。之后，他又将"猫论"进一步展开，指出："农业本身的问题，现在看来，主要还得从生产关系上解决"，生产关系的"哪种形式在哪个地方能够比较容易比较快地恢复和发展农业生产，就采取哪种形式；群众愿意采取哪种形式，就应该采取哪种形式，不合法的使它合法起来"，"在生产关系上不能完全采取一种固定不变的形式"，"要承认多种多样的形式"。③他的这一思想主张，使当时党内探讨农业生产关系变革的思想和气氛更加活跃。

邓小平和刘少奇、周恩来、陈云等这一时期关于调整农业生产关系、促进农村生产力发展的思想主张，虽然在不久后召开的北戴河中央工作会议和八届十中全会上被否定，但是，影响是非常深远的。邓小平上述思想观点，特别是坚持以发展生产力为

---

① 中共中央书记处会议记录，1962年3月29日。
② 中共中央书记处会议记录，1962年7月2日。
③ 《邓小平文选》第一卷，人民出版社1994年版，第323、324页。

目的调整生产关系和社会主义过渡时期生产关系要多种多样的思想，成为十多年后中国改革的思想源头。

按劳分配是社会主义的原则，是社会主义与共产主义的区别，要打破平均主义，让农民富起来

人民公社实行穷过渡，在所有制上拔高为全面所有制，在分配制度上也实行接近按需分配的生活资料供给制。1958年11月人民公社化运动刚铺开不久，邓小平在贵州考察时就对此表示怀疑，他说"还得有差别，还得有按劳取酬"。到1961年年初，党的八届九中全会决定对国民经济实行调整，邓小平南下调研，实际情况使他进一步认识到调整不只是降低钢铁指标等，还要从人民公社体制上进行调整。3月他在四川成都考察人民公社时指出：搞社会主义建设"不能只简单靠政治挂帅"，"没有按劳分配的社会主义原则还是不行的"，并且分析说：没有按劳分配，就不能各尽所能，就调动不了人民群众的积极性。① 这时，打破平均主义最主要的是要限制供给制的比例直至最后取消供给制。邓小平南下调查后又于4月和彭真到北京郊区农村作调查。5月10日，他在和彭真给中央提交的《关于北京郊区农村调查的报告》中指出：供给制办法"带有平均主义性质，害处很多"，废除供给制"可以大大提高劳动分值，更好地贯彻执行按劳分配的

---

① 邓小平在中共中央书记处会议上的讲话记录，1961年3月29日。

原则，更好地调动社会的生产积极性"。①

打破平均主义，即意味着收入分配上出现差别，而这正是传统社会主义观念所不允许的。邓小平不仅认为应当有这种差别，而且提出了"让农民富起来"的政策思想。1961年1月5日，他主持召开中央书记处会议，听取刚从西藏考察回来的中央民族宗教事务委员会副主任杨静仁的汇报时指出，"政策要让农民富起来""让农户富起来""让农民家里有存粮，牛羊多点，修点房子"。并且说："农民富要放在一家一家上，不要放在一团一团上。"② 在当时的情况下，邓小平明确提出"政策要让农民富起来"，让农户一家家富起来，是非常可贵的，这实际上是他关于农村政策的一个总的指导思想。十多年后，他领导和推动农村改革，初衷还是为了让农民富起来，农村改革的政策还是从"富农"开始的。

社会主义必须发展商品生产和商品交换，社会主义条件下的商品生产和商品交换不是资本主义的

人民公社化运动兴起后，农村生产成了自给性生产模式，物资大都实行统一调拨，商品交换和资本流通在很多地区基本上被取消，不仅影响了农村经济的活力，而且极大地限制了工业

---

① 《毛泽东周恩来刘少奇朱德邓小平陈云论调查研究》，中央文献出版社2006年版，第206页。

② 《西藏工作文献选编》，中央文献出版社2005年9月版，第243、244页。

和城市经济的发展。邓小平是这个问题比较早的发现者之一。1958年10月,他在云南视察时指出,农业生产"总是要有交换的""要千方百计使交换的东西增多"。① 不久,在11月上旬召开的郑州中央工作会议上,他主持修改《十五年社会主义建设纲要四十条(一九五八至一九七二)》时,特别重新改写了原第三十六条的内容,提出"人民公社应当根据必要的社会分工发展生产,既要增加自给性产品,又必须增加用以交换的产品"。在讨论这一修改时,毛泽东提出关于社会主义时期必须扩大商品生产和商品交换的意见。12月9日,党的八届六中全会在武昌召开,邓小平在讲话中根据毛泽东的意见明确指出:"我国目前商品生产和商品交换不是多了,而是少了。我国目前的商品生产和商品交换,是在社会主义公有制基础之上,在国家经济领导下进行的,不是资本主义的。"② 在这里,邓小平不仅指出了发展商品生产和交换的现实必要性,而且初步揭示了社会主义时期商品生产和交换的性质。

制订经济建设的长远规划,要以解决人民群众吃穿用问题为中心

社会主义生产的目的,是满足人民群众日益增长的物质文化生活的需要。"大跃进"搞"以钢为纲",犯了与苏联只重视重工

---

① 邓小平在听取中共云南省委负责人汇报时的谈话记录,1958年10月25日。
②《邓小平年谱(1904—1974)》下册,中央文献出版社2009年版,第1473页。

业忽视轻工业和人民生活的同样的错误。1961年年初，毛泽东和党中央决定实行经济调整，在指导思想上的重要变化，就是把发展生产与改善人民生活的关系摆正了。邓小平的这一思想认识尤为明确。这年3月，他在广州中央工作会议上说："革命胜利后搞民主革命和社会主义改造，要保证几亿人口的吃、穿、用"。[①] 到下半年，经济调整取得初步成效，国家计委即着手研究制订第二个五年计划的后两年补充计划和1963年至1969年的七年规划。邓小平要求后两年补充计划要搞"过关"的指标，"过关"的指标并不是以前那样的高指标，而是解决人民群众吃、穿、用问题的指标。同时，他指出：制订七年规划，要真正按照农、轻、重为序来安排、以基本解决人民群众吃穿问题及日用品问题为中心来规划各方面。[②] 他还说："总的规划原则核心是解决吃穿用，部分解决住，兼顾国防，围绕这些计算钢、煤生产多少。"[③] 这里，他把吃穿用与钢的位置调了一个个儿，是要使正在制订的规划真正成为以解决人民群众吃穿用问题为中心的规划，这同以前的"以钢为纲"的"大跃进"计划相比，出发点和立足点都不一样了。

  由于经济调整的任务重，发展情况不明朗，七年规划的制订被搁置下来。到1962年，国民经济趋向好转，计划编制工作也回归常规。国家计委考虑例行地编制国民经济发展第三个五年计

---

① 邓小平在中央工作会议中南局、华北局小组会上的讲话记录，1961年3月19日。
② 中共中央书记处会议记录，1961年10月24日。
③ 中共中央书记处会议记录，1961年11月21日。

划,并根据邓小平的意见,提出按照"首先解决吃穿用的原则"来安排国民经济。因此,三五计划被称作"吃穿用计划"。尽管后来由于形势发生变化,大家对制订三五计划的指导思想的认识发生了变化,在毛泽东的主导下改变了原定的思路,但以农业为基础和重视解决人民吃穿用问题的基本思想理念并没有改变,并且对实际工作产生重要影响。

以解决人民群众吃穿用问题为中心制订经济发展的长远规划,不仅充分体现了社会主义生产的目的,而且符合中国基本国情。中国是一个人口大国,解决人民群众的吃穿用问题是一项长期的任务。在新时期,邓小平设计的社会主义现代化三步走的发展战略,第一步就是解决温饱问题,让老百姓吃饱穿暖;第二步实现小康,主要还是要让老百姓吃穿用更好一些,而且要住得更好一些,生活环境更好一些,等等。

搞经济建设要按经济规律办事,既要有雄心壮志,又要实事求是;不要搞违反群众意愿的"大呼隆"群众运动

党的八大以后,邓小平同毛泽东等中央领导人一样,希望加快经济发展速度,在比较短的时间把国家由落后的农业国建设成为一个先进的工业国。邓小平把加快经济发展速度比作"给自己出难题",因此在"大跃进"之初,他也表示出很大的热情。但他深知加快经济发展速度需要条件,不能违背客观经济规律,出难题要"不是空想的,是合乎实际的","要有雄图,心是热的","但也要实事求是地考虑问题。心要热,头要冷"。①当"大跃进"违背客观经济规律的严重后果日益暴露后,他便表示出异常的冷静并义无反顾地倾力于配合毛泽东纠"左"。

这一时期,邓小平领导经济工作和其他工作,坚持从实际出发,能快则快,不能快的就不让快。我国的石油工业基础非常薄弱,而石油工业对于国家工业化建设又特别重要。邓小平分管石油工业,在对石油工业的情况进行深入的调查研究之后,提出石油工业"应该有这个雄心壮志超越国际先进水平,世界先进水平也不是高不可攀的"②。在他的领导和决策下,石油工业战线选准突破口,集中力量打歼灭战,在很短的时间内便发现和建成了新中国的第一特大油田——大庆油田,使我国石油工业获得了很大的发展。而在同一时间,铁道部向国务院提交报告,提出现有铁路三万公里,第二个五年计划要新修建二万公里,在十年内修建十八万公里新线。这样的速度是明显脱离实际的。邓小平在审定报告时,将这一提法修改为"在第二个五年计划期间内新建线路能否由原定的一万五千公里增加到二万公里的修建计划,以及能否在十五年内修建十八万公里,须由国家计委在综合研究之后,加以审定"。

在"大跃进"运动中,高指标往往伴随着一哄而起的"大呼

---

① 邓小平在成都中央工作会议上的发言记录,1958年3月25日。
② 《邓小平同志与我国石油工业的发展》,《回忆邓小平》中册,中央文献出版社1998年版,第432页。

隆"的群众运动,既违背客观经济规律,又伤害了人民群众的积极性,教训太深刻了。1961年年底进入调整时期以后,邓小平明确指出,经济建设不能搞违反群众意愿和群众路线的"大呼隆"群众运动。他说,经济建设"要扎扎实实,因地制宜,不要搞大呼隆"。他还对群众运动与群众路线作了辩证的分析,指出"群众运动是群众路线的一种形式,不能天天、事事搞运动""过去几年讲大兵团作战,我看不是群众路线。'大呼隆'违反群众意志,群众是勉强、被迫接受的,只是形式热闹""有些群众运动往往不合乎群众路线,违反了群众路线"。①

经济建设要搞一套管理制度,农业有农业的"宪法",工业有工业的"宪法"

新中国成立初期,我国工业管理更多的是学苏联的经验,尤其在工业企业管理方面照搬了苏联的一些办法。转入全面建设社会主义时期以后,开始摸索建立自己的管理制度,邓小平是积极强调和推动制度建设的领导人之一。1957年,在党的八届三中全会上,他提出社会主义工业企业要建立新的管理制度和政治教育工作制度。在"大跃进"运动中,工业企业的生产责任制和经济核算等制度废弛,管理普遍混乱,产品质量和劳动生产率大幅降低。邓小平中肯地指出"根本的是我们这个国家没有制度和纪律

---

① 中共中央书记处会议记录,1961年12月11日。

了"①。这年上半年,中共中央下发《关于农村人民公社当前政策问题的紧急指示信》("农业十二条"),对于明确政策、加强人民公社的管理起到了明显的作用。邓小平提出,工业也要搞一个类似"农业十二条"的"宪法式"的文件。毛泽东亲自主持制定《农村人民公社条例》("农业六十条")后,邓小平又提出,农业方面搞了"六十条","工业方面也要拿出若干条"。后来,他主持制定了《国营工业企业工作条例》("工业七十条")。这个条例总结新中国成立以来的经验特别是"大跃进"运动以来企业管理工作的教训,提出了企业管理的一系列正确的指导原则和具体规定,成为当时克乱求治、整顿工业企业的一个指导性文件,也成为新中国第一个关于企业管理的章程。在此后很长一个时期内,这个条例对于加强企业管理发挥了重要作用,被称为"工业宪法"。

在主持制定"工业七十条"的同时,邓小平还主持制定了"商业四十条""手工业三十五条""高教六十条""科研十四条"等一批工业、文教、科技方面的条例。这批条例,成为新中国成立后重要的制度建设成果。

从社会主义到共产主义社会生活中个人选择的自由,不应越来越小,而应越来越丰富

社会主义社会要不断满足人的全面需要,促进人的全面发展,这是科学社会主义原理所揭示的。"大跃进"和人民公社化

---

① 中共中央书记处会议记录,1960 年 12 月 22 日。

运动，在生产关系上搞"清一色"的同时，在人民群众的生活方式、衣食住行上也搞一律化，完全忽视、抹杀人民群众生活中个人选择的自由。邓小平在"大跃进"刚兴起不久，就对此表示怀疑。1958年10月，他从东北考察回来后，在中央书记处会议上提出："现在人们有啥吃啥，穿衣也简单。统统清一色好不好？"①不久他去西南考察，在同贵州省委负责人谈话中又说："公社吃住等一律化，共产主义是越搞越简单，还是越搞越复杂？"②从西南回来后，他在武昌召开的党的八届六中全会上讲话，在指出人民公社还不能搞纯全民所有制的同时，明确地指出："集体生活中的个人选择自由，从社会主义到共产主义，不是越来越小，而是越来越大。"③对这个观点，邓小平虽然没有展开论述，更没有长篇大论，但在当时的情况下就这样指出都是不容易的。

---

① 中共中央书记处会议记录，1958年10月6日。
② 邓小平在贵州考察工作时的谈话记录，1958年11月2日至5日。
③ 邓小平中共八届六中全会上所作《〈关于人民公社若干问题的决议〉的说明》，1958年12月9日。

如何看中国特色社会主义的历史必然性

习近平总书记多次强调,历史是最好的教科书,党史、国史是必修课。学好党史、国史必修课,最重要的就是要通过学习党史、国史,深刻认识中国共产党和中国人民选择马克思主义、选择社会主义、选择中国特色社会主义道路的历史必然性。而认识选择中国特色社会主义道路的历史必然性,一定不能离开近代以来民族复兴这个大的历史背景。

中国共产党与民族复兴

从客观上讲,从鸦片战争失败开始,中国就面临着民族复兴的问题。但是,直到1894年中日甲午战争前夜,在长达半个多世纪的时间里,中国人并没有意识到这个问题。真正把中国人从梦中惊醒的是甲午战争。东方大国竟然惨败给了"东方小国",让中国人惊醒了;北洋水师全军覆没,标志着统治阶级寄予希望的洋务运动破产，让中国人惊醒了。甲午战争失败之后，中国人终于喊出了"振兴中华"的口号。但在甲午战争失败之后，中国的灾难更加深重。1900年八国联军入侵中国，西方列强瓜分中国的图谋毕露。此后，清政府完全听命于列强，变成了洋人的朝廷，中国彻底沦为半殖民地半封建社会。

在半殖民地半封建社会的条件下，要实现民族复兴，有两个很重要的前提条件，一个是实现救亡，一个是实现民主思想的启蒙。一些爱国的进步知识分子看到了这一点，于是就有了戊戌变法。戊戌变法既是中国救亡运动的起点，也是中国民主思想启蒙的起点。戊戌变法的推动者之一严复，第一个喊出了"救亡"的口号，也第一个举起了民主思想启蒙的旗帜。康有为也是一面致力于救亡，一面致力于民主思想启蒙。但是，资产阶级改良主义的立场和思想，决定了他们不可能解决中国的救亡和启蒙两大问题，他们的努力只能归于失败。救亡也好，启蒙也好，主题都是反帝反封建。孙中山把反封建与反帝结合了起来，他领导的辛亥革命开创了中国近代完全意义上的反帝反封建的民族民主革命。列宁评价孙中山是"想给亚洲带来解放并将破坏欧洲的资产阶级统治"。① 但是，孙中山的历史局限是非常明显的，他依靠封建军阀救亡，他推动的思想启蒙运动是资产阶级的民主思想启蒙。

真正担当起民族复兴历史使命的是中国共产党，真正同时担负起并完成救亡和启蒙双重任务的是中国共产党。中国共产党选

---

① 《列宁全集》第二十一卷，人民出版社1990年版，第163页。

择走十月革命的道路,这是挽救中国危亡的唯一正确的道路。同时,中国共产党选择了马克思列宁主义,真正使中国人民既摆脱了封建愚昧,又摆脱了帝国主义的思想奴役,实现了真正的思想启蒙和思想解放。没有这样一个思想前提,一切无从谈起。毛泽东有一句名言,说要"使中华民族来一个大翻身","使中国人民来一个大解放",就是指救亡和启蒙两大历史任务。"使中华民族来一个大翻身",就是要把中国从半殖民地中拯救出来,变成一个独立的国家。"使中国人民来一个大解放",首先是指思想上和精神上的大解放,把中国人的思想和精神从封建蒙昧和帝国主义的思想奴役中解放出来。中国共产党领导新民主主义革命取得伟大胜利,彻底完成了救亡和启蒙这两大历史任务,使民族复兴具有了根本性的历史前提。

社会主义与民族复兴

在中国共产党成立之前,已有不少中国人对民族复兴的道路作了多种探索和尝试。1920年中国共产党成立前夕,毛泽东在给在法国勤工俭学的蔡和森的信中,谈到主张中国走俄国革命道路时说,这是无可如何的山穷水尽诸路皆走不通了的一个变计,并不是有更好的方法弃而不采。① 毛泽东的意思是说,中国人走革命道路,走社会主义道路,是在各条道路都走不通的情况下的选择。那么,毛泽东讲的都走不通的道路是什么道路呢?主要指洋

---

① 《毛泽东书信选集》,中央文献出版社2003年版,第4页。

务运动、戊戌变法、辛亥革命等。洋务运动希图通过"师夷长技"即器物上的革新实现强国，结果有了洋枪洋炮，照样一败涂地。戊戌变法如同想用几个木柱子撑住摇摇欲坠的清王朝大厦，当然不可能。孙中山领导辛亥革命，选择暴力革命是对的，但他依靠的对象不对，他的目标不对。那么，毛泽东讲的没有弃而不采更好的办法，又是指什么办法呢？

辛亥革命失败后，中国的先进知识分子在苦闷中开始新的思考和探索。于是，无政府主义、国家主义、民粹主义、新村主义、工团主义等，各种主义、思想蜂拥而起。这些主义、思想，很快也被证明不是什么好办法。还有夹杂在这些主义、思潮当中的实业救国、教育救国、文化救国等一些主张，也很快被证明都是达不到目的的。就是在上述这样一种山穷水尽的情况下，以李大钊、陈独秀等为代表的中国的先进分子，在对各种主义、思想反复进行比较后，最终选择了走俄国"十月革命的道路"，走社会主义道路。这条道路是中国先进分子的选择，也是各阶层人民的选择。早在20世纪30年代初，被称为"全景式老期刊"的《东方杂志》在一次征文活动中，一些文化人和民主主义者，如柳亚子、谢冰莹、郑振铎等，都在征文中表达了一种社会主义的理想。柳亚子写到"我梦想的未来世界是一个社会主义的大同世界"①。

中国进行社会主义建设才七十多年，到21世纪中叶基本实现现代化，用一百年的时间达到西方一些国家用两三百年才达

---

① 《八十年前的中国梦：一九三三年《东方杂志》中国梦主题征文选》，人民出版社2014年版，第2页。

到的目标。历史已经证明，只有社会主义才能使中华民族真正走向复兴！

中国特色社会主义与民族复兴

选择了社会主义的中国先进分子，同时开始了如何搞社会主义的思考。早在建党之初，李大钊就指出："因各地、各时之情形不同，必须"其适合者行之"；社会主义将是"共性与特性结合的一种新制度"，中国将来的社会主义"必与英、德、俄……有异"。[①] 这是中国共产党人对中国未来社会主义的预测和设计，可以说中国共产党一开始就准备走具有中国特色的社会主义之路。

然而，正确的选择不是一次就能够完成的，不是一劳永逸的。面对历史条件和社会环境的变化，实践当中难免出现的各种各样的曲折，需要不断地反复作出选择。新中国成立以后，在向社会主义过渡中，只有苏联的经验可以借鉴。我们在一段时间里，照搬了苏联社会主义建设的一些做法。20世纪50年代中期以后，苏联模式的弊端日益暴露出来，中国也出现了与苏联不同的情况，毛泽东提出，要以苏联为借鉴，探索适合中国国情的社会主义建设道路。这是一次非常重要的选择，开创了全面建设社会主义的历史时期。更重要的是，党和人民摆脱了国际教条主义的束缚，开始完全独立自主地处理中国社会主义建设的问题。可以设想一下，如果当时不那样做，随大溜，像东欧一些国家一样

---

① 《李大钊文集》第四卷，人民出版社1999年版，第5页。

一直跟着苏联走，中国到了20世纪80年代末90年代初，很可能像多米诺骨牌一样跟着倒下去。

从20世纪50年代后期开始，我们党对社会主义建设道路的探索陷入了迷途。特别是在"文化大革命"时期，党对社会主义的认识严重偏离了科学社会主义的基本原则，脱离了马克思主义的正确轨道，中国社会主义事业陷入前所未有的困境。"文化大革命"结束以后，中国又面临着一个向何处去的问题，是继续沿着老路走下去，还是走全盘西化的路，抑或是另外开辟出一条新路来，又需要作出历史性的选择。党的十一届三中全会作出将党的工作重心转移到经济建设上来、实行改革开放的伟大决策。到1982年党的十二大，总结在拨乱反正和改革开放实践中形成的新的思想认识，提出建设有中国特色的社会主义的重大命题，中国从此走上了一条崭新的中国特色社会主义道路。

从中国的先进分子选择社会主义救中国，到党领导人民选择中国特色社会主义发展中国，历史深刻地说明：中国特色社会主义是党和人民一百多年奋斗、创造、积累的根本成就，是改革开放四十多年实践的根本总结，凝结着实现民族复兴这个近代以来中国人民的伟大梦想。

全面从严治党之本

习近平总书记在庆祝中国共产党成立95周年大会上指出："人民立场是中国共产党的根本政治立场，是马克思主义政党区别于其他政党的显著标志。"[①] 党的十八大以来，以习近平同志为核心的党中央从坚持和发展中国特色社会主义全局出发，提出全面从严治党的战略任务，并实施一系列有效措施管党治党，力除积弊，扶正祛邪，党风政风呈现可喜的新气象，党心民心进一步凝聚。全面从严治党的实践充分证明"民心是最大的政治"，也更加说明检验党的建设成效最终要看民心。站在人民的立场，遵循人民的方向，是全面从严治党之本。

[①] 习近平：《在庆祝中国共产党成立95周年大会上的讲话》，人民出版社2016年版，第18页。

"我们的方向,就是人民的方向"

中国共产党要让广大人民群众紧紧团结在自己的周围,成为总揽全局、协调各方的领导核心,首要的是打出体现人民意愿、为人民所拥护的旗帜,也就是自己工作总的目标和方向。1954年,第一届全国人民代表大会通过的新中国第一部宪法,规定了人民民主原则和社会主义原则,并确定向社会主义过渡。面对人民的这一历史选择,毛泽东十分明确地说,"我们的方向就是人民的方向"[1]。也就是说,中国共产党以人民的方向为自己的方向。

在过去各个历史时期,我们党正是因为始终坚持以人民的方向为自己的方向、以人民选择的目标为自己的目标,才赢得了人民群众的真心拥护与支持,使自己始终保持着强大的创造力、凝聚力和战斗力,领导人民夺取了革命、建设和改革的一个又一个胜利。

党的十八大以来,以习近平同志为核心的党中央肩负起党和人民赋予的重任。习近平同志担任总书记伊始就十分明确地宣示:"人民对美好生活的向往,就是我们的奋斗目标。"[2] "我们一定要始终与人民心心相印、与人民同甘共苦、与人民团结奋斗,夙夜在公,勤勉工作,努力向历史、向人民交出一份合格的答卷。"[3] 强调:"中国特色社会主义道路,是实现我国社会主义现代化的必

---

[1] 《毛泽东文集》第六卷,人民出版社1999年版,第358页。
[2] 《习近平著作选读》第一卷,人民出版社2023年版,第60页。
[3] 同[2],第61页。

由之路，是创造人民美好生活的必由之路。"① 我们党所高举的中国特色社会主义伟大旗帜，把国家发展、民族振兴与人民幸福紧密联系在一起，集中体现了广大工人、农民、知识分子和其他社会主义劳动者、社会主义事业建设者及其他一切爱国者的根本利益和共同愿望，成为党和人民团结的旗帜、奋进的旗帜、胜利的旗帜。

遵循人民的方向，是党的一切工作的根本，也是党的建设的根本，要求我们顺应人民的意愿和期待建设好党。当前，全国各族人民利益所系、幸福所系的中国特色社会主义事业，已经站在了一个新的历史起点上。但在前进的道路上，还将面临各种各样的困难和挑战，还要爬无数的坡、过无数的坎、经受无数的风雨。当今中国，除了中国共产党，没有任何其他政治力量能够成为中国特色社会主义事业的领导力量。人民要靠中国共产党把好"方向盘"，带领着爬坡过坎，战胜前面的困难和挑战，实现既定的奋斗目标，实现过上美好生活的愿望。人民特别热切地期望党能够解决自身建设中存在的问题，永远像革命和建设年代那样，同人民坐在一条船上，与人民同甘共苦，做人民的"贴心人"和"主心骨"。全面从严治党，就是要以人民的意愿为意愿、以人民的期待为目标，以对人民的赤子之心管好党治好党，确保把党建设成为真正让人民放心的党、让人民满意的党、让人民可以依赖的党。

---

① 习近平：《紧紧围绕坚持和发展中国特色社会主义 学习宣传贯彻党的十八大精神》，人民日报 2012 年 11 月 19 日。

全面从严治党必须坚持人民至上

习近平总书记在接受国外媒体专访时由衷地说:"我的执政理念,概括起来说就是:为人民服务,担当起该担当的责任。"① 他还在各种场合多次讲到"要树立以人民为中心的工作导向",表现出满满的为民情怀,也彰显了人民至上的价值取向。

全心全意为人民服务是我们党的根本宗旨,也是我们党的根本价值取向。中国共产党是人民利益的忠实代表,除了人民的利益,没有自己的特殊利益。中国共产党的作用就表现在为人民服务、为人民谋取利益上,为人民服务和谋取利益多,作用就大;为人民服务和谋取利益少,作用就小;不为人民服务和谋取利益,就没有作用。一句话,就是人民至上。这是中国共产党的根本价值取向和价值标准,也是每个共产党员应当始终坚持的根本价值取向和价值标准。全面从严治党,就要使广大党员干部拧紧世界观、人生观、价值观这个"总开关",把人民至上的价值取向深深扎根在头脑里、体现在行动中。

坚持人民至上的价值取向,对我们党来说,就要始终把实现好、维护好、发展好最广大人民的根本利益作为一切工作的出发点和落脚点。党的十八届五中全会提出坚持以人民为中心的发展思想,这就要求党在改革发展的过程中处理好改革发展与人民群众利益的关系,真正做到发展为了人民、发展依靠人民、发展成

---

① 《习近平著作选读》第一卷,人民出版社2023年版,第221—222页。

果由人民共享。全面从严治党，需要深化党的建设制度改革，使我们党能更好地落实和践行以人民为中心的发展思想，真正从增进人民福祉、促进人的全面发展出发，谋划和推动改革发展。"不断解决好人民最关心最直接最现实的利益问题，努力让人民过上更好生活"[1]，这是谋划和推动改革发展最直接的目的，也是全面从严治党所要达到的目的。

坚持人民至上的价值取向，对党员干部个人来讲，就是要坚持党章所规定的"党和人民的利益高于一切，个人利益服从党和人民的利益"。党章的这一规定，实质上是对党员基本价值取向的规定。整体价值高于、大于个体价值，党和人民利益高于、大于一切个人利益，这就决定了党员必须把党和人民的利益放在个人利益之上，必须做到个人利益服从党和人民的利益。价值取向不对，是许多本来是非界限分明的问题被搞乱的根本原因。一些党员干部之所以私欲膨胀、走向贪腐，大都是把个体价值看得高于整体价值，把个人利益看得高于党和人民的利益。因此，全面从严治党，一定要帮助党员干部从根本的价值观和价值取向上摆正个体价值与整体价值、个人利益与党和人民利益的关系。党员干部只有把党和人民的利益放在心中最高位置，才能远离低级趣味，远离蝇营狗苟，胸怀坦荡、无私无畏地去干事业；也只有把党和人民的利益放在心中最高位置，才能心雄胆壮，在党和人民需要的时候挺身担当、建功立业。

---

[1]《习近平关于实现中华民族伟大复兴的中国梦论述摘编》，中央文献出版社2013年版，第13页。

全面从严治党必须始终保持党同人民群众的血肉联系

遵循人民的方向，必须密切联系人民群众。我们党为人民服务、执政为民的根本途径是密切联系人民群众。没有同人民群众的血肉联系，为人民服务、执政为民就是一句空话，以人民的方向为自己的方向也是一句空话。我们党正是在同人民群众的血肉联系中实现自己的根本宗旨，同时展示自己不同于世界上其他一切政党的作风。现实中，在一些党员干部身上存在的形式主义、官僚主义、享乐主义和奢靡之风等作风问题，其共同点都是脱离人民群众。习近平总书记指出："作风问题，核心是党和人民群众的关系问题，根本是始终保持党同人民群众的血肉联系。"①

全面从严治党，就要解决如何加强党同人民群众的血肉联系这一作风建设的根本问题。除了要从党和人民的共同目标、党的根本价值取向上增强联系群众的意识，还要突出地解决好在新的历史条件下怎样始终坚持党的群众路线这一老问题。

首先，在新的历史条件下要坚持相信群众、依靠群众的群众立场和群众观点。在过去革命战争年代和建设年代，我们需要紧紧依靠人民群众、动员人民群众，真刀真枪同强大的敌人作斗争，流血挥汗同各种自然困难作斗争。今天，进入了大机器和互联网时代，现代化生产在很多领域不需要动员和组织千军万马；

---

① 习近平：《在党的群众路线教育实践活动总结大会上的讲话》，人民日报2014年10月9日。

经营主体多样化，很多领域不需要党和政府像过去那样统一组织、统一指挥。但无论形势怎么变化，都只是发动和组织群众的具体形式变了，依靠群众、动员群众的实质性要求没有变。全面从严治党，必须强化相信人民群众、依靠人民群众的群众立场和群众观点。

依靠人民群众，还有一个是依靠全体人民群众还是只依靠一部分人的问题。从革命战争年代到改革开放年代，党都是紧紧依靠占人口绝大多数的全体劳动大众的。但是，今天在个别党员干部心中只有富裕阶层、群体和富裕地区，因为这些阶层、群体和地区是可以快出数字、快出"政绩"的。而贫困阶层、群体和贫困地区在他们心中则没有足够的分量。这不仅违背马克思主义群众观，而且背离今天全面建成小康社会的目标要求和以人民为中心的发展思想。全面小康社会是惠及全体人民的小康社会，是努力消除贫困、走向共同富裕的小康社会。全面建成小康社会，必须依靠和动员全体人民。我们心里要装着全体人民，特别要装着贫困阶层、群体和贫困地区。

其次，在新的历史条件下要坚持从群众中来到群众中去的领导方法和工作方法。毛泽东曾指出："在我党的一切实际工作中，凡属正确的领导，必须是从群众中来，到群众中去。"① 在网络信息时代，资讯发达，为我们了解群众情况、听取群众意见提供了许多新的渠道和手段。但是，这些新的渠道和手段并不能代替一

---

① 《毛泽东选集》第三卷，人民出版社 1991 年版，第 899 页。

些传统的带根本性的群众工作方法,特别是不能代替亲身的访贫问苦、实地考察和调查研究等。群众的诉求和呼声,很多时候只能与他们面对面、身挨身才能了解。关于改革发展的许多重要政策措施,需要直接从群众中来到群众中去。比如,全党和全国人民都很关注的精准扶贫,要做到一村一策、一户一策甚至一人一策,不直接从群众中来到群众中去,是根本做不好这项工作的。因此,我们在任何时候、任何条件下,都要始终坚持从群众中来到群众中去这一科学领导方法和工作方法。如果放弃了这一科学领导方法和工作方法,我们就会束手无策,我们党就难以成为坚强领导核心。

联系群众是一个基本立场观点的问题,也是一个基本感情倾向的问题。列宁曾经将党与人民群众的联系称之为"活的联系",并号召布尔什维克"要生活在稠人广众之中,要知道他们的感情"。我们党将党同人民群众的联系称之为"血肉联系",更加突出了这种感情上的联系。全面从严治党,必须使党员干部对人民群众真正建立起血肉般的感情,倾尽真情实意。唯有如此,才能真正做到同人民群众心连心、同呼吸、共命运。

全面从严治党必须从人民群众中汲取无穷的智慧

遵循人民的方向,必须从人民群众中汲取智慧和力量。党的根基、血脉在人民,力量也在人民,这是我们党最大的政治优势,也是我们党发展壮大的根本原因。全面从严治党,一定要很好地把握和利用这一政治优势。毛泽东开创了党的建设伟大工程,他指出党的力量的来源就是人民群众。邓小平开创了党的建设新的伟大工程,他说"改革开放中许许多多的东西"都来源于"群众的智慧,集体的智慧"。① 党的十八大以后,习近平总书记总结治国理政的体会说:"人民群众中蕴藏着治国理政、管党治党的智慧和力量,从严治党必须依靠人民。"②

从人民群众中汲取智慧和力量,依靠人民从严治党,就要拜人民为师,虚心向人民群众学习一切有益的东西。我们要放下架子,做好长期以至一辈子向人民群众学习的打算和准备,要把一切与人民群众打交道的机会都当成向他们学习的机会,并真正把自己摆在"小学生"的位置上,向他们请教,而不能以当权者或"智者"自居。人民群众具有巨大的创造力,每时每刻都在创造着新事物、新经验。这些新事物、新经验,正是我们党治国理政和管党治党所需要的。向人民群众学习,要求我们尊重人民群众的首创精神,善于发现、总结和吸收他们创造的新事物、新经验。

从人民群众中汲取智慧和力量,依靠人民从严治党,还包括自觉接受人民群众的批评监督。当前,一些党组织在经济社会发展方面听取批评意见多,而在管党治党方面听取批评意见少,存在着接受人民批评监督不到位的问题。中国共产党是代表人民的,管党治党必须接受人民的批评监督。人民的评判和满意度是

---

① 《邓小平年谱(1975—1997)》下卷,中央文献出版社2004年版,第1350页。
② 习近平:《在党的群众路线教育实践活动总结大会上的讲话》,人民日报2014年10月9日。

检验管党治党成效的基本标准，也是管党治党的驱动力。听不到人民的批评监督，就等于闭目塞听，全面从严治党就失去了依循；没有人民的批评监督，全面从严治党就没有了客观评价，就失去了前进动力。

谱写中国特色社会主义新篇章

中国特色社会主义是不断发展、不断前进的事业,犹如一部鸿篇巨制,需要一代又一代人接续奋斗。习近平总书记在党的十九大报告中指出中国特色社会主义进入了新时代,对新时代坚持和发展中国特色社会主义作出一系列新的战略安排,号召全党付出更为艰巨、更为艰苦的努力。贯彻党的十九大精神,我们要更加自觉地增强道路自信、理论自信、制度自信、文化自信,既不走封闭僵化的老路,也不走改旗易帜的邪路,保持政治定力,坚持实干兴邦,奋力谱写坚持和发展中国特色社会主义新篇章。

关于我国发展历史方位和中华民族伟大复兴历史进程的新论断

习近平总书记指出,中国特色社会主义进入新时代,意味着近代以来久经磨难的中华民族迎来了从站起来、富起来到强起来的伟大飞跃,迎来了实现中华民族伟大复兴的光明前景。这是关于我国发展历史方位和中华民族伟大复兴历史进程的新论断,具有深远的战略意义。

中国特色社会主义进入新时代是基于客观事实的判断。改革开放四十多年来,我们党团结带领全国各族人民不懈奋斗,推动我国经济实力、科技实力、国防实力、综合国力进入世界前列,推动我国国际地位实现前所未有的提升,党的面貌、国家的面貌、人民的面貌、军队的面貌、中华民族的面貌发生了前所未有的变化。正是在这个基础上,中国特色社会主义进入了新时代。

"站起来、富起来、强起来"是对中华民族伟大复兴历史进程的生动概括。近代以来,一代又一代志士仁人前仆后继地奋斗与牺牲,都是为了中华民族站起来、富起来、强起来。但直到中国共产党登上中国政治舞台,才完整提出建立一个独立、统一、民主、富强的新中国的目标,并一步一步将其变为现实。新中国成立标志着中华民族迈出了从站起来到富起来、强起来的步伐。改革开放历史新时期,我们党开创中国特色社会主义道路,确立了把中国建设成为富强民主文明和谐的社会主义现代化国家的奋斗目标。经过党和人民的接续奋斗,今天中华民族实现了从站起来、富起来到强起来的历史性飞跃,正行进在把我国建设成为富强民主文明和谐美丽的社会主义现代化强国的新征程上,我们比历史上任何时期都更接近、更有信心和能力实现中华民族伟大复兴的目标。

习近平总书记关于我国发展历史方位和中华民族伟大复兴历

史进程的新论断，深刻揭示了中国特色社会主义对于中华民族伟大复兴的决定性意义。从站起来、富起来到强起来，中国之所以能实现这一伟大飞跃，归根到底是因为走上了中国特色社会主义道路。从站起来、富起来到强起来的伟大飞跃，使中华民族伟大复兴站在一个新的历史起点上，揭开了坚持和发展中国特色社会主义的新篇章。

对坚持和发展中国特色社会主义这篇大文章新的谋篇布局

习近平总书记立足新的历史起点，着眼于实现"两个一百年"奋斗目标和中华民族伟大复兴，对坚持和发展中国特色社会主义这篇大文章作了新的谋篇布局，提出了全局性、战略性、前瞻性的行动纲领。

突出强调坚持中国特色社会主义这个主题。中国特色社会主义是改革开放以来党的全部理论和实践的主题，这个主题是党和人民历尽千辛万苦、付出巨大代价取得的根本认识，是改革开放四十多年实践的根本总结。中国特色社会主义是根植于中国大地、反映中国人民意愿、适应中国和时代发展进步要求的科学社会主义。继续写好坚持和发展中国特色社会主义这篇大文章，要用中国特色社会主义这个主题引领全篇，就要适应新时代中国特色社会主义的发展要求，更好地把握国内外形势发展变化，更好地贯彻党的十九大确定的大政方针、发展战略、改革措施，坚持以人民为中心的发展思想，全面深化改革，扩大对外开放，推动经济社会持续健康发展。

科学判断我国社会主要矛盾的新变化和基本国情没有变。习近平总书记运用辩证唯物主义和历史唯物主义方法，对中国特色社会主义新时代我国社会主要矛盾作出新的科学判断：我国社会主要矛盾已经转化为人民日益增长的美好生活需要和不平衡不充分的发展之间的矛盾。同时指出：社会主要矛盾的变化，没有改变我们对我国社会主义所处历史阶段的判断，我国仍处于并将长期处于社会主义初级阶段的基本国情没有变，我国是世界最大发展中国家的国际地位没有变。这一判断，为制定坚持和发展中国特色社会主义的新思路、新战略、新举措提供了最基本的科学依据。这一判断，一方面要求我们牢牢把握社会主义初级阶段这个基本国情，牢牢立足社会主义初级阶段这个最大实际，牢牢坚持党的基本路线这个党和国家的生命线、人民的幸福线；另一方面要求我们在继续推动发展的基础上，着力解决好发展不平衡不充分问题，大力提升发展质量和效益，更好满足人民在经济、政治、文化、社会、生态等方面日益增长的需要，更好推动人的全面发展、社会全面进步。

明确提出决胜全面建成小康社会、开启全面建设社会主义现代化国家新征程。习近平总书记指出，从现在到2020年是全面建成小康社会决胜期，特别强调要使全面建成小康社会得到人民认可、经得起历史检验，并对决胜全面建成小康社会提出了新的要求、作了新的动员。他还提出，我们既要全面建成小康社会、实现第一个百年奋斗目标，又要乘势而上开启全面建设社会主义现代化国家新征程，向第二个百年奋斗目标进军。他综合分析国际国内形势和我国发展条件，对向第二个百年奋斗目标进军作了两个阶段的战略安排：第一个阶段，从 2020 年到 2035 年，在全面建成小康社会的基础上，再奋斗 15 年，基本实现社会主义现代化；第二个阶段，从 2035 年到本世纪中叶，在基本实现现代化的基础上，再奋斗 15 年，把我国建成富强民主文明和谐美丽的社会主义现代化强国。从全面建成小康社会到基本实现现代化，再到全面建成社会主义现代化强国，是新时代中国特色社会主义发展的战略安排。

进一步明确中国特色社会主义建设的总体布局、战略布局，围绕两大布局和贯彻新发展理念提出新的目标、要求和举措。习近平总书记强调，要明确中国特色社会主义事业总体布局是"五位一体"、战略布局是"四个全面"，并在对新时代中国特色社会主义思想内涵的阐发中将其具体化为党和国家工作的基本方略。"五位一体"总体布局、"四个全面"战略布局和新发展理念等，是中国特色社会主义发展"四梁八柱"性质的基本框架结构，集中体现了社会主义的本质要求，集中体现了中国特色社会主义发展的客观规律，集中体现了以人民为中心的发展思想，集中体现了我们党治国理政的基本方略。我们要从党和国家工作基本方略的高度，进一步理解和把握"五位一体"总体布局、"四个全面"战略布局和新发展理念的战略意义，在各方面的发展中更好地坚持这一总体布局和战略布局，在各项工作中更好地坚持贯彻这一发展理念。

以永不懈怠的精神状态和一往无前的奋斗姿态续写新篇章

随着中国特色社会主义事业的蓬勃发展，中华民族伟大复兴展现出前所未有的光明前景。行百里者半九十。习近平总书记告诫全党：中华民族伟大复兴，绝不是轻轻松松、敲锣打鼓就能实现的，全党必须准备付出更为艰巨、更为艰苦的努力，要以永不懈怠的精神状态和一往无前的奋斗姿态，继续朝着实现中华民族伟大复兴的宏伟目标奋勇前进。

党的精神状态，取决于能否坚持全面从严治党。党的十八大以来的五年，我们勇于面对重大风险考验和党内存在的突出问题，以顽强意志品质正风肃纪、反腐惩恶，消除了党和国家内部存在的严重隐患，党内政治生活气象更新，党内政治生态明显好转，党的创造力、凝聚力、战斗力显著增强，党的团结统一更加巩固，党群关系明显改善，党在革命性锻造中更加坚强，焕发出新的强大生机活力，为党和国家事业发展提供了坚强政治保证。全党要更加自觉地坚定党性原则，勇于直面问题，消除一切损害党的先进性和纯洁性的因素，清除一切侵蚀党的健康肌体的病毒，不断增强党的政治领导力、思想引领力、群众组织力、社会号召力，确保我们党永葆旺盛生命力和强大战斗力。

大事难事看担当。中国特色社会主义事业、中华民族复兴伟业，需要一代又一代人的历史担当。各级领导干部要强化担当意识，用铁的肩膀切实把推动改革发展稳定的责任担当起来，切实把全面从严管党治党的责任担当起来，真正做到守土有责、守土负责、守土尽责。改革到了攻坚阶段，要敢于碰硬，攻坚克难，将改革进行到底；扶贫脱贫到了攻坚阶段，要直面困难，敢于啃硬骨头，坚决打赢精准扶贫脱贫攻坚战。每一个共产党员都要在自己的岗位上积极为党分忧、为民尽责，在全党推动形成想作为、敢作为、能作为的新风尚。

空谈误国，实干兴邦。担当意味着实干。中国特色社会主义要实实在在干出来。不真抓实干，再宏伟的蓝图都只能停留在纸面上。2020年全面建成小康社会，是我们党向人民、向历史作出的庄严承诺，目标不可移易，标准不可降低，时间不可延误。各级领导干部要求真务实、真抓实干，坚持从实际出发谋划事业和工作，使工作理念、政策、方案符合实际情况，符合科学精神；一张好的蓝图干到底，切实干出成效来，努力创造经得起实践、人民和历史检验的工作业绩。

创新是一个民族进步的灵魂。习近平总书记将创新提到民族基本精神品格的高度加以强调。创新是中国特色社会主义的生机和活力所在，是中国力量的源泉，是中国精神的核心。敢于担当，还要善于担当；实干，还要善于干。现在，我们比历史上任何时候都更需要开拓创新。要以创新推动改革，以创新驱动发展，以创新开创新局面。继续写好坚持和发展中国特色社会主义这篇大文章，还要大力营造崇尚创新、鼓励创造的社会环境，让一切创新都得到尊重，让一切创新都得到支持，让一切创新成果都得到充分利用，使创新真正成为全民族的精神追求和精神品格。

新思想的科学价值和本质意义

党的十九大最重要的历史贡献，是将十八大以来党的理论创新成果概括为习近平新时代中国特色社会主义思想，并将这一思想确定为党的行动指南，实现了党的指导思想的又一次与时俱进。深入学习贯彻党的十九大精神，最重要的是深入研究和把握习近平新时代中国特色社会主义思想。

习近平新时代中国特色社会主义思想，主要是党的十八大以来形成的。对这一思想的研究，实际上从十八大以后就开始了。党的十八大以来，各种报刊发表了大量学习、阐释和研究习近平总书记系列重要讲话精神的文章。正是有了这个基础，党的十九大才能对这一思想进行体系性概括和阐述。十九大的概括和阐述为我们下一步深入研究这一思想提供了条件，也提出了新的课题和要求。这就是，要对这一思想进行全面的、系统的研究，不仅要对它的核心要义、丰富内涵进行深入研究，而且要对它的时代背景、实践基础、理论渊源和哲学逻辑等进行深入研究。当前不管是理论工作者研究这一思想，还是实际工作者学习理解这一思想，最重要的是要真正深入地把握它的科学价值和本质意义。

深入把握这一思想所表达的实现中华民族伟大复兴的强烈政治诉求和路线图意义

任何科学的思想理论总会表达出某种贯穿始终的政治诉求。习近平新时代中国特色社会主义思想所表达的政治诉求，就是实现中华民族的伟大复兴。党的十八大以后，习近平总书记一上任，首先打出的就是实现中华民族伟大复兴中国梦的旗帜。可以说，新时代中国特色社会主义思想是从民族伟大复兴中国梦破题的。从中国梦破题，也从中国梦展开。党的十八大以来，习近平总书记提出的一系列新论断、新思想、新战略，都是围绕中华民族伟大复兴"两个一百年"奋斗目标的核心诉求；所要回答和解决的，归根结底还是实现中华民族伟大复兴的问题。中华民族伟大复兴也成为这一思想最根本的政治内涵。这一思想由于高举民族复兴这一民族精神旗帜，从而具有更加鲜明的民族特色、中国特色。

习近平新时代中国特色社会主义思想不仅表达了中华民族伟大复兴的政治诉求，而且清晰地勾画出了实现中华民族伟大复兴的路线图。民族复兴是近代以来中华民族世世代代的梦想，一批又一批先进分子为之进行了前赴后继的艰辛探索。但在中国共产党人之前，没有人能够提出真正从根本上解决问题的方案和途径。中国共产党成立之后才真正把民族复兴大业提上日程并提出正确的方案和途径。以毛泽东同志为主要代表的中国共产党人开辟中国革命的正确道路，领导中国人民取得新民主主义革命的胜利，又进行了社会主义革命，在中国确立社会主义制度，并且提出"四个现代化"的目标和在20世纪末实现这一目标的设想。以邓小平同志为主要代表的中国共产党人开创中国特色社会主义道路，制定"三步走"的发展战略，提出在21世纪中叶基本实现社会主义现代化的目标。以江泽民同志为主要代表的中国共产党人，提出"两个一百年"实现中华民族伟大复兴的目标，确立社会主义市场经济体制改革目标，领导党和人民开创了全面改革发展的新局面。以胡锦涛同志为主要代表的中国共产党人，作出全面建设小康社会的战略安排，提出并实施促进全面协调可持续发展的具体措施，使中华民族伟大复兴的步伐更加坚定。党的十八大以来，以习近平同志为核心的党中央将"两个一百年"的目标更加具体化，推动民族复兴大业一步一个脚印向前发展。到党的十九大，习近平总书记在报告中对民族复兴大业发展的历史方位和历史进程作出新的判断和概括，指出"中华民族迎来了从站起来、富起来到强起来的伟大飞跃"。[1] 特别是，他审时度势，提出了分两步在21世纪中叶把我国建设成为富强、民主、文明、和谐、美丽的社会主义现代化强国的战略构想和目标，为中华民族伟大复兴大业的实现勾画出清晰而壮丽的蓝图。

---

[1]《习近平著作选读》第二卷，人民出版社2023年版，第9页。

深入把握这一思想实现马克思主义中国化时代化新的飞跃和开辟中国特色社会主义新境界的理论与实践意义

习近平新时代中国特色社会主义思想的理论与实践意义，概括地讲，就是实现了马克思主义基本原理与中国具体实际相结合的又一次飞跃，是马克思主义中国化时代化的最新成果，全面开辟了中国特色社会主义的新境界。

马克思主义与中国具体实际相结合的飞跃，都是在中国革命、建设、改革的现实进程中产生的；马克思主义中国化时代化的成果，都是通过运用马克思主义回答和解决中国的重大问题而形成的。习近平新时代中国特色社会主义思想，同党的历史上马克思主义中国化的成果一样，也是通过运用马克思主义系统回答和解决中国当前重大问题而形成的理论成果。

坚持和发展中国特色社会主义是一篇大文章，需要一代代中国共产党人领导人民接续书写。随着时代条件和各种情况的变化，书写这篇大文章需要不断地回答和解决一些重大现实课题。党的十八大以来，随着世情国情党情的变化，我们党面临一个新的重大课题，即在新的历史条件下坚持和发展什么样的中国特色社会主义、怎样坚持和发展中国特色社会主义。回答这一课题的任务，历史地落在了以习近平同志为核心的党中央身上。习近平总书记不负重托，从理论渊源、历史根据、本质特征、独特优势等多方面、多角度，深刻回答了坚持和发展什么样的中国特色社会主义的问题；以一系列战略性、前瞻性、创造性的观点，从新时代坚持和发展中国特色社会主义的总目标、总任务、总体布局和发展方向、发展方式、发展动力、战略步骤等多方面，深刻回答了怎样坚持和发展中国特色社会主义的问题。正是通过从理论和实践上系统回答和解决这一重大课题，创立了习近平新时代中国特色社会主义思想。

马克思主义中国化时代化新成果，必定是适应时代要求的创新的思想理论。习近平新时代中国特色社会主义思想对于科学社会主义理论有重大突破、重大创新、重大发展，标志着中国共产党人对中国特色社会主义的思想认识达到了一个全新的高度，为中国特色社会主义理论体系注入了新的科学内涵，为中国特色社会主义事业带来了蓬勃生机和活力。所以说，习近平新时代中国特色社会主义思想全面开辟了中国特色社会主义的新境界。

任何科学的思想理论都具有深刻的理论渊源。习近平总书记在党的十九大报告中指出："新时代中国特色社会主义思想，是对马克思列宁主义、毛泽东思想、邓小平理论、'三个代表'重要思想、科学发展观的继承和发展"。[1]2013年1月，在新进中央委员会的委员、候补委员学习贯彻党的十八大精神研讨班开班式上，他非常清晰地说明了这种继承发展关系。习近平总书记指出："坚持和发展中国特色社会主义是一篇大文章，邓小平同志为它确定了基本思路和基本原则，以江泽民同志为核心的党的第三代

---

[1]《习近平著作选读》第二卷，人民出版社2023年版，第17页。

中央领导集体、以胡锦涛同志为总书记的党中央在这篇大文章上都写下了精彩的篇章。现在，我们这一代共产党人的任务，就是继续把这篇大文章写下去。"① 我们研究习近平新时代中国特色社会主义思想，要重视其历史渊源的研究，要把它同马克思主义中国化的整个历史进程和马克思主义中国化的历史成果的研究紧密结合起来。研究习近平新时代中国特色社会主义思想，特别要同研究邓小平理论结合起来。因为邓小平理论在中国特色社会主义理论体系中占有特殊的重要地位，它是开创性的、奠定"基本思路和基本原则"的中国特色社会主义的理论。

深入把握这一思想的马克思主义世界观和方法论意义

习近平新时代中国特色社会主义思想作为科学的理论体系，还表现在其马克思主义世界观和方法论意义上，表现在其历史唯物主义和辩证唯物主义的基本立场和思想方法上。最突出的有以下几点。

一是人民至上的根本立场和以人民为中心、依靠人民共创伟业的思想。党的十八大以来，习近平总书记提出了以人民为中心的发展思想。在党的十九大报告中，他进一步指出，"必须始终把人民利益摆在至高无上的地位"，并将"坚持以人民为中心"确定为新时代坚持和发展中国特色社会主义的基本方略之一，强

---

① 《习近平著作选读》第一卷，人民出版社2023年版，第80页。

调"必须坚持人民主体地位""依靠人民创造历史伟业"。①这集中反映了党的为人民服务的根本宗旨，也集中反映了唯物史观的基本立场，这就是人民群众创造历史、人民群众是历史主人的人民史观的立场。

二是对中国特色社会主义客观规律的深刻认识和把握。习近平新时代中国特色社会主义思想之所以成为一个科学的思想体系，从根本上说是因为它是建立在对中国特色社会主义客观规律深刻认识和把握的基础上的。党的十八大以来，以习近平同志为核心的党中央，坚持解放思想、实事求是、与时俱进，紧密结合新的时代条件和实践要求，以全新的视野深化对共产党执政规律、社会主义建设规律、人类社会发展规律的认识，对不断变化发展的形势和情况作出准确的分析判断，对推动改革和发展作出正确的部署安排。其中最重要的是，根据社会矛盾运动的客观规律，运用马克思主义的唯物辩证法对中国社会主要矛盾和中国基本国情的"变"与"不变"作出准确的分析判断，为制定坚持和发展中国特色社会主义的新战略、新举措提供了最根本的依据。

三是实干兴邦的求真务实精神。"空谈误国、实干兴邦"，这是习近平总书记讲得最多的一句话。他还反复讲抓工作要发扬"钉钉子"精神，要做到"踏石留印、抓铁有痕"，等等。党的十八大以来，党和国家方方面面的工作都可以用"真"和"实"两个字来概括。

---

① 《习近平著作选读》第二卷，人民出版社2023年版，第17页。

总之，习近平新时代中国特色社会主义思想，是高扬人民性的思想，是鲜明贯穿实事求是思想路线的思想，是充分体现求真务实精神的思想。

依靠人民创造历史伟业

党的十八大以来,习近平总书记在论述坚持和发展中国特色社会主义的一系列重大问题时,突出强调了坚持党的群众路线的重要性,并对在新的历史条件下坚持党的群众路线提出了一系列新的思想、理念。在党的十九大报告中,习近平总书记指出,必须坚持"把党的群众路线贯彻到治国理政全部活动之中,把人民对美好生活的向往作为奋斗目标,依靠人民创造历史伟业"。在十三届全国人大一次会议上,习近平总书记又进一步指出,实现中华民族伟大复兴,必须始终坚持人民立场,坚持人民主体地位,并提出要进一步弘扬中国人民在长期奋斗中培育、继承、发展起来的伟大民族精神。① 我们学习贯彻习近平新时代中国特色社会主义思想,一定要深入理解和把握关于依靠人民创造历史伟业的思想观点。

---

① 习近平:《在十三届全国人民代表大会第一次会议上的讲话》,人民出版社2018年版,第3—6页。

中华民族伟大复兴的历史伟业是人民的事业、全民族的事业,必须依靠人民创造

是人民创造历史还是英雄创造历史?这是唯物史观和唯心史观的根本区别。坚持唯物史观,紧紧依靠人民推动民族复兴的历史伟业,是中国共产党与此前中国各种进步政治力量完全不同的立场和品格。鸦片战争以后,中国遭受西方列强的欺凌,陷入半殖民地半封建社会泥潭,山河破碎,国弱民穷。一代又一代志士仁人为了民族的复兴,竭尽心智,甚至付出鲜血和生命,但他们终究没有形成大格局,造成大气候。洋务运动、戊戌变法、辛亥革命等,或止步于"师夷长技以制夷",或止步于资产阶级改良,或止步于树起"五族共和"的旗帜,终究未能从根本上改变国家和民族陷落的命运。究其根本原因,即在于他们没有也不可能代表最广大人民的根本利益,没有也不可能认识到人民群众在民族复兴历史伟业中的主体地位,从而也就不可能唤起全民族的觉醒,不可能发动和组织千百万人民群众与自己一起奋斗。

中国共产党是按照马克思主义建立起来的党,是用唯物主义世界观和历史观武装起来的党。中国共产党把实现民族独立、人民解放和国家富强作为自己的奋斗目标,把全心全意为人民服务确定为自己的根本宗旨,并且形成了一切为了群众,一切依靠群众,从群众中来,到群众中去的根本工作路线。在革命战争时期,毛泽东指出:"革命战争是群众的战争,只有动员群众才能进

行战争，只有依靠群众才能进行战争。"① 在社会主义革命和建设时期，他用诗句描述"六亿神州尽舜尧"，并提出要依靠人民群众向一切可以发挥自己力量的地方和部门进军，向生产的深度和广度进军。20世纪70年代末，中国进入改革开放新时期。邓小平深刻指出："社会主义现代化建设的极其艰巨复杂的任务摆在我们的面前。很多旧问题需要继续解决，新问题更是层出不穷。党只有紧紧地依靠群众，密切地联系群众，随时听取群众的呼声，了解群众的情绪，代表群众的利益，才能形成强大的力量，顺利地完成自己的各项任务。"② 正是因为我们党在各个历史时期，始终坚持依靠最广大的人民群众，才取得了革命、建设和改革的伟大胜利。可以说，党的奋斗历史就是一部坚持和发展党的群众路线的历史。

党的十八大以后，习近平总书记把实现中华民族伟大复兴的历史伟业形象地概括为"中国梦"，并指出：实现中华民族伟大复兴的中国梦，就是要实现国家富强、民族振兴、人民幸福。中国梦归根到底是人民的梦，必须紧紧依靠人民来实现。③ 习近平总书记的这一重要论述，不仅鲜明地把国家、民族和人民的利益真正融为一体，体现了中国人民和中华民族的整体利益，表达了全体中华儿女的共同愿望，而且深刻揭示了人民群众是推动中华

---

① 《毛泽东选集》第一卷，人民出版社1991年版，第136页。
② 《邓小平文选》第二卷，人民出版社1994年版，第342页。
③ 《习近平关于实现中华民族伟大复兴的中国梦论述摘编》，中央文献出版社2013年版，第14页。

民族伟大复兴历史伟业的决定性力量，深刻揭示了依靠人民实现中华民族伟大复兴的根本途径。

国家富强、民族振兴、人民幸福无疑是全民族的事业，是全体人民和中华儿女的共同事业，绝不是靠哪一个人、哪一部分人能实现的，必须紧紧依靠全民族、全体人民和中华儿女来实现，必须凝聚起全民族、全体人民和中华儿女的智慧和力量。国家兴亡，匹夫有责。每一个人，不管置身于哪个社会阶层，不管从事什么职业，都是新时代的见证者、参与者和奋斗者，都要在这一历史伟业中找到自己的位置，作出自己应有的贡献。港澳台同胞、海外侨胞同祖国根连脉系，也要参与到这一历史伟业中来，贡献自己的智慧和力量。

越接近中华民族伟大复兴的目标，越需要弘扬伟大的民族精神

中国特色社会主义进入新时代，中华民族迎来了从站起来、富起来到强起来的伟大飞跃。习近平总书记在党的十九大报告中，正式提出开启向第二个百年奋斗目标迈进的新征程。从现在起，再用30多年的时间，把我国建设成为富强民主文明和谐美丽的社会主义现代化强国。这是中华民族复兴大业更加辉煌壮丽的历史篇章，不仅需要我们的国家和民族在物质上更加强大起来，而且需要我们的国家和民族在精神上更加强大起来！

今天，我们比历史上任何时期都更接近、更有信心和能力实

现中华民族伟大复兴。但是,越是接近中华民族伟大复兴的目标,形势就越复杂,任务就越艰巨,矛盾和困难也就越多。如同登山一样,越接近顶峰越艰难。那么,这个时候要靠什么?更要靠党和人民强大的精神动力,更要靠人民弘扬在长期奋斗中培育、继承和发展起来的伟大民族精神。这就是习近平总书记在十三届全国人大一次会议上的讲话中所概括的"伟大创造精神""伟大奋斗精神""伟大团结精神""伟大梦想精神"。习近平总书记还指出,只要13亿多中国人民始终发扬伟大的民族精神,我们就一定能够创造出一个又一个人间奇迹,就一定能够达到创造人民更加美好生活的宏伟目标,就一定能够形成勇往直前、无坚不摧的强大力量,就一定能够实现中华民族的伟大复兴[1]。习近平总书记对民族精神作出的新概括,既深刻反映了数千年来中华民族形成的传统精神特质,又深刻体现了新时代中华民族精神新的内涵,极大地提振了中华民族、中华儿女的精气神!今天,中华民族伟大复兴的历史伟业要攻坚克难,攀登高峰,创造新的历史奇迹,最需要的就是这种精气神!

中国人民是具有伟大创造精神的人民。一个国家、民族的前途和希望,最终决定于人民的创造力,而人民的创造力又源于人民的创造精神。中国共产党领导的新民主主义革命,激发了中国人民破坏一个旧世界、建设一个新世界的革命精神和创造精神。人民革命力量由小到大、由弱到强,最后战胜了内外敌人,推翻

---

[1] 习近平:《在十三届全国人民代表大会第一次会议上的讲话》,人民出版社2018年版,第3—6页。

了"三座大山",建立了崭新的中华人民共和国。新中国建立后,我们党又团结依靠人民完成了由新民主主义向社会主义的过渡,建立了社会主义基本制度,实现了中华民族有史以来最为广泛而深刻的社会变革。20世纪70年代末以来,党带领人民进行改革开放,极大地解放和发展了社会生产力,极大地释放了人民群众的创造力,成功开辟了中国特色社会主义道路。改革开放的总设计师邓小平把这些归根于人民群众的创造精神,他说改革开放中许许多多的东西,都是群众在实践中提出来的,群众发明的,基层创造出来的。今天,我们创造新的历史伟业,一定要尊重人民群众的主体地位,尊重和发挥人民群众的创造精神,将蕴藏在人民群众中的巨大创造力充分发掘出来。

中国人民是具有伟大奋斗精神的人民。中华民族"两个一百年"宏伟奋斗目标,绝不是轻轻松松、敲锣打鼓就可以实现的,全党全国人民必须准备付出更为艰苦的努力。"行百里者半九十",距离实现中华民族伟大复兴的目标越近,我们越不能懈怠,而越要锲而不舍、驰而不息。

中国人民是具有伟大团结精神的人民。在革命、建设、改革的各个历史时期,我们党始终努力团结一切可以团结的力量,调动一切可以调动的积极因素,为党和人民事业凝聚起强大的事业。今天,各族人民大团结是克服各种困难、战胜各种风险和挑战的决定性因素,全国各族人民要心往一处想,劲往一处使,共同推动我们伟大事业向前发展。

中国人民是具有伟大梦想精神的人民。中华民族伟大复兴的中国梦，凝结着近代以来中国人民寻梦、追梦、圆梦的社会理想，凝结着中华民族近代以来前仆后继的奋斗历史，凝结着中华民族世世代代的精神追求。今天，我们要高高举起中国梦这面精神旗帜，激励和鼓舞人民发扬伟大梦想精神，敢想敢干，百折不挠，为实现中华民族的伟大复兴而不懈奋斗。

越接近中华民族伟大复兴的目标，越要依靠全体人民实干

"空谈误国、实干兴邦"，这是党的十八大以来习近平总书记经常讲的一句话。他明确指出，全面建成小康社会要靠实干，基本实现现代化要靠实干，实现中华民族伟大复兴要靠实干。这是对全党讲的，也是对全体人民讲的。功崇惟志，业广惟勤。一个国家、一个民族要走向富强，最终要靠全体人民实干。没有亿万人民的实干，任何愿望都是一句空话，再宏伟的蓝图也会落空，再美好的梦想也不会成真。

全面建成小康社会，是实现中华民族伟大复兴的基础工程，是一项惠及十几亿人口的最大的民生工程，是一项中华民族历史上从未有过的历史性工程。全面建成小康社会的各项目标、要求实打实地摆在我们的面前，不能打一点折扣。我们唯有带领和依靠全体人民撸起袖子实干苦干，积累土以为九层，积跬步以至千里，积寸功以达盈丈，才能达到预定的目标和要求。

群众自己解放自己，是马克思主义唯物史观的一个基本观

点。人民对美好生活的向往，就是我们党的奋斗目标。我们党要永远做人民的主心骨、领路人，要为人民的美好生活铺路架桥，要为人民排忧解难。但是，幸福不会从天降，人民的美好生活最终要靠人民群众用自己的双手、用自己的勤劳和智慧去创造。实现中国梦，创造全体人民更加美好的生活，任重而道远，需要我们每个人继续付出辛勤劳动和艰苦努力。全面建成小康社会的路上不能落下一个人。我们必须实打实，做到真脱贫，脱真贫。完成脱贫攻坚任务，无疑需要加大政府组织领导、政策支持和各方帮扶力度。但是，更要着力激发贫困地区群众自力更生、发展生产、脱贫致富的积极性、主动性和创造性，要依靠贫困地区群众自强自立，苦干实干，用自己的辛勤劳动和艰苦创造，改变自己的命运，那种"靠着墙根晒太阳，等着别人送小康"的精神状态是不行的，贫困地区群众决不能养成"等靠要"的思想与懒惰无为的习惯。劳动是财富的源泉，劳动是中华民族的优秀传统美德。今天，我们依靠人民实干兴邦，就要弘扬中华民族辛勤劳动的传统美德，在全社会进一步形成崇尚劳动的良好风尚，使全体人民进一步焕发劳动热情，释放劳动潜能，创造劳动价值，依靠劳动创造更加美好的生活。

改革开放是中国共产党的一次伟大觉醒

2018年12月,习近平总书记在庆祝改革开放40周年大会上指出:"改革开放是我们党的一次伟大觉醒,正是这个伟大觉醒孕育了我们党从理论到实践的伟大创造。"[①] 这一重要论断,高度概括了改革开放对我们党指导思想的转折意义。其实质含义主要是指,改革开放的实践使我们党在指导思想上,特别是在"什么是社会主义,怎样建设社会主义"这一根本问题上的思想认识发生了深刻转变。这里讲的伟大觉醒,主要有以下几点。

破除对马克思主义教条式理解,不断推动马克思主义理论创新,用发展了的马克思主义指导实践

马克思主义创始人和其他经典作家,依据他们对当时社会的深入考察和分析,创立了马克思主义的科学体系,深刻揭示了人

[①] 习近平:《在庆祝改革开放40周年大会上的讲话》,人民日报2018年12月19日。

类社会发展的客观规律，特别是深刻揭示了人类社会走向社会主义的历史必然性和社会主义发展的一般规律，确立了科学社会主义的基本原则。但是，马克思主义是发展的科学体系，发展的观点是马克思主义的基本观点。马克思主义不是一成不变的，而是随着时代和实践的发展而发展的。马克思主义也只有不断回答和解决前人没有回答和解决的问题，不断形成新的思想成果，才能保持自己的科学性与先进性。

20世纪50年代末期以来，由于各种原因，我们党在思想上逐渐陷入僵化。一个最突出的表现，就是对马克思、恩格斯、列宁等马克思主义经典作家关于社会主义的一些论述作教条式的理解，机械地照抄照搬。特别是在"文化大革命"中，林彪、江青两个反革命集团煽动极左思潮，大搞形而上学，割裂马克思列宁主义、毛泽东思想的科学体系，将马克思主义经典作家关于一些具体问题的结论一般化、绝对化、神圣化，甚至把一些根本不是马克思主义的东西附会到马克思主义名下。在很长一段时间内，一些束缚生产力发展、并不具有社会主义本质属性的东西，或者只适合于某种特殊历史条件的东西，被当作"社会主义基本原则"加以固守；而一些有利于在社会主义条件下推动生产力发展的东西，则被当作"资本主义复辟因素"加以反对，在"什么是社会主义，什么是马克思主义"的问题上制造了极大的思想混乱。

"文化大革命"结束后，在"左"的思想影响下，党内又形成了将毛泽东晚年言论主张绝对化、教条化的"两个凡是"的思想禁锢。如果按"两个凡是"办，一切只能沿着"文化大革命"的错误道路继续走下去，国家将继续陷入混乱，实现"四个现代化"的愿望也终将落空。"两个凡是"严重束缚了人们的思想，越来越引起党内外多数人的不满。要彻底澄清思想上的混乱，不能不首先面对和解决用什么作为检验真理的标准的问题以及全面、正确评价毛泽东同志的问题。1978年，党领导和支持开展了关于真理标准问题的大讨论，重新确立了"实践是检验真理的唯一标准"的科学命题。1978年12月，党的十一届三中全会高度评价了关于真理标准问题大讨论，"两个凡是"的错误方针被废止。1981年6月，党的十一届六中全会通过《关于建国以来党的若干历史问题的决议》（以下简称《决议》），在充分肯定毛泽东同志的历史地位和历史功绩的同时，指出："对毛泽东同志的言论采取教条主义态度，以为凡是毛泽东同志说过的话都是不可移易的真理，只能照抄照搬，甚至不愿实事求是地承认毛泽东同志晚年犯了错误，并且还企图在新的实践中坚持这些错误，这种态度也是完全错误的。"《决议》成为全党共识，实现了党的指导思想上的拨乱反正。

真理标准问题大讨论和党的指导思想的拨乱反正，破除了林彪、江青两个反革命集团制造的现代思想蒙昧，打破了"两个凡是"的思想禁锢，恢复了毛泽东思想的本来面貌，全党思想回到了马克思列宁主义和毛泽东思想的正确轨道上。我们党重新认识到：实践是检验真理的唯一标准，马克思主义是在实践中不断接受检验的科学理论；马克思主义科学理论不是教条，而是行动指南；马克思主义必须随着时代、实践、认识的发展而发展，必须不断吸收人类历史上一切优秀思想文化成果来丰富自己。

20世纪50年代末至60年代初,毛泽东感到了中国共产党领导社会主义建设事业的理论准备不足。他在努力纠正"大跃进"和人民公社化运动中出现的"左"的错误过程中,对经济建设规律、商品生产、价值法则等问题进行了深入思考,对我国建设社会主义形成了一些新的正确认识。1959年,他在总结党领导社会主义建设的经验教训时指出:"任何国家的共产党,任何国家的思想界,都要创造新的理论,写出新的著作","单靠老祖宗是不行的。"① 但是,历史没有这样直线发展下去。在当时的情况下,我们党不可能彻底纠正指导思想上"左"的错误,而且由于各种原因,"左"的错误更加蔓延,"创造新的理论,写出新的著作"不可能实现。党的十一届三中全会以后,我们党既始终坚持马克思主义的指导地位,又不断推动马克思主义理论创新,在继承以毛泽东同志为主要代表的中国共产党人探索社会主义建设道路的思想成果的基础上,总结党和人民新的实践经验,创立、形成了中国特色社会主义理论,实现了毛泽东"创造新的理论,写出新的著作"的遗愿。

习近平总书记指出:"实践没有止境,理论创新也没有止境。世界每时每刻都在发生变化,中国也每时每刻都在发生变化,我们必须在理论上跟上时代,不断认识规律,不断推进理论创新、实践创新、制度创新、文化创新以及其他各方面创新。"② 在新的

---

① 《毛泽东文集》第八卷,人民出版社1999年版,第109页。
② 《习近平著作选读》第二卷,人民出版社2023年版,第22页。

时代条件下，我们要进行伟大斗争、建设伟大工程、推进伟大事业、实现伟大梦想，仍然需要保持和发扬马克思主义政党与时俱进的理论品格，勇于推进实践基础上的理论创新。党的十八大以来，以习近平同志为核心的党中央全面审视国际国内新形势，紧紧围绕坚持和发展中国特色社会主义这个主题，在领导全党和全国人民进行创造性实践的过程中，不断进行理论思考、理论概括，提出了一系列极富创见的新思想、新观点、新论断、新要求，以高度的理论自觉深刻回答了新时代坚持和发展什么样的中国特色社会主义、怎样坚持和发展中国特色社会主义这个重大时代课题，创立了习近平新时代中国特色社会主义思想，把我们党对共产党执政规律、社会主义建设规律、人类社会发展规律的认识提高到新水平，进一步丰富和发展了中国特色社会主义理论体系。

深刻认识和把握社会主义初级阶段基本国情，走出一条有中国特色的社会主义建设道路

我国社会主义所处的历史阶段等基本国情，是党制定正确的路线、方针、政策的根本依据。有了对基本国情的正确判断，才会形成对社会主要矛盾和主要任务的正确认识。在中国建设社会主义，既不是马克思主义创始人设想的在资本主义高度发展的基础上建设社会主义，也不同于其他国家建设社会主义。因此，照抄书本不行，照搬外国经验也不行，而必须根据中国的国情，走出一条有中国特色的社会主义建设道路。

20世纪50年代中期，在建立社会主义制度时，我们党对我国在"一穷二白"基础上搞社会主义建设的基本国情有过正确的判断。1956年，毛泽东在筹备召开党的八大时提出，要探索适合中国情况的社会主义建设道路。同年召开的党的八大提出，我国阶级矛盾已经基本解决，社会的主要矛盾是"人民对于经济文化迅速发展的需要同当前经济文化不能满足人民需要的状况之间的矛盾"。但是，后来由于苏共二十大后西方敌对势力乘机掀起反共反社会主义浪潮、中苏论战以及反右斗争扩大化等国内外主客观原因，"左"的思想日益滋长。我们没有把党的八大的正确判断和认识坚持下来，而是脱离实际、脱离国情提出了许多超越社会发展阶段的目标、要求和政策。特别是，轻率地发动"大跃进"和人民公社化运动，使社会生产生活遭到严重破坏，也使人民群众建设社会主义的积极性遭到严重伤害。进而，彻底改变了党的八大对社会主要矛盾的判断，重提阶级斗争，并认为社会主义社会的主要矛盾仍然是阶级斗争。1963年9月，中共中央《关于农村社会主义教育运动中的一些具体政策的规定（草案）》明确提出"以阶级斗争为纲"的方针，使阶级斗争扩大化的"左"倾思想发展到实行"以阶级斗争为纲"的错误路线。

　　党的十一届三中全会以后，邓小平在领导对党的指导思想拨乱反正的过程中，总结过去"左"的错误的思想根源和教训，对中国基本国情作了深入思考。1981年6月，党的十一届六中全会通过的由他主持起草的《关于建国以来党的若干重大历史问题的决议》，第一次提出"我们的社会主义制度还是处于初级阶段"。

1986年9月，党的十二届六中全会通过的《中央关于社会主义精神文明建设指导方针的决议》正式提出"我国还处在社会主义的初级阶段"。1987年8月，党的十三大即将召开，邓小平明确要求党的十三大报告要以社会主义初级阶段作为立论根据，一切要从社会主义初级阶段"这个实际出发，根据这个实际来制订规划"①。根据邓小平的意见，党的十三大报告系统阐述了社会主义初级阶段理论，完整地提出了党在社会主义初级阶段"一个中心、两个基本点"的基本路线。

社会主义初级阶段的国情论断，回答了我国进入社会主义社会之后的历史方位、主要矛盾和根本任务等重大问题，为中国特色社会主义的开创提供了最根本的实际依据，为党制定正确的路线、方针、政策提供了最根本的实际依据。在这个论断的基础上，"我们党对我国社会主义建设规律的认识深刻得多了，经验丰富得多了，贯彻执行我们的正确方针的自觉性和坚定性大大加强了"。②1982年，邓小平在党的十二大开幕词中提出了集中体现了党对社会主义建设规律新认识的"建设有中国特色的社会主义"的重大命题。正是在这个论断的基础上，我们党彻底纠正了"以阶级斗争为纲"的错误路线，邓小平指出："搞社会主义，中心任务是发展社会生产力。"③"多少年来我们吃了一个大亏，社会主义改造基本完成了，还是'以阶级斗争为纲'，忽视发展生产

---

① 《邓小平文选》第三卷，人民出版社1993年版，第252页。

② 同①，第2页。

③ 同①，第130页。

力。"① 党的十三大在确立社会主义初级阶段理论的同时，恢复了党的八大对社会主要矛盾的正确判断，并形成了对社会主义初级阶段基本矛盾和根本任务等问题的正确认识。十三大报告指出：我们在现阶段所面临的主要矛盾，是人民日益增长的物质文化需要同落后的社会生产之间的矛盾。现阶段社会的主要矛盾决定了这个阶段最根本的任务是发展社会生产力，满足人民日益增长的物质文化生活需要，提高人民生活水平。

党的十八大以来，以习近平同志为核心的党中央始终坚持社会主义初级阶段的论断，依据这个论断对新时代坚持和发展中国特色社会主义作出战略部署和安排。习近平总书记在党的十九大报告中要求全党"要牢牢把握社会主义初级阶段这个基本国情，牢牢立足社会主义初级阶段这个最大实际"。改革开放四十多年的实践也证明，我们只有牢牢把握社会主义初级阶段的基本国情和最大实际，才能从根本上做到从实际出发谋划发展、制定政策，也才能更好地体现发展新要求和人民群众新期待。

社会主义是不断发展前进的，社会主义制度确立之后，还要通过革命性改革不断发展和完善

科学社会主义的创始人之一恩格斯指出："'社会主义社会'不是一种一成不变的东西，而应当和任何其他社会制度一样，把

---

① 《邓小平文选》第三卷，人民出版社1993年版，第141页。

它看成经常变化和改革的社会。"① 科学社会主义创始人基于当时的历史条件,揭示了社会主义的一般规律和一般原则,但是时代和历史条件在不断发生变化,社会主义在实践当中还会出现很多他们没有预见到的情况和问题。因此,社会主义没有一个一成不变的模式,社会主义制度的建立不是一劳永逸的,需要通过革命性改革不断发展和完善。

改革是社会主义的题中应有之义,也是社会主义的传统。世界社会主义运动的实践也证明了这一点。20 世纪 40 年代东欧兴起的社会主义与科学社会主义创始人设计的社会主义不一样,而 50 年代崛起的社会主义阵营又与 40 年代东欧兴起的社会主义不一样。20 世纪 50 年代,从南斯拉夫实行工人自治制度改革开始,探索适合本国国情的社会主义建设道路一度蔚然成风,形成了世界社会主义的多样性。改革绝不是要否定和抛弃社会主义,而是要在坚持社会主义的前提下,通过改革实现社会主义制度的自我完善和发展,进而充分发挥和体现社会主义制度的优势。苏东剧变的教训表明,改革要牢牢把握社会主义方向不动摇,既不能走封闭僵化的老路,也不能走改旗易帜的邪路。

社会主义制度无疑是比资本主义更先进、优越的社会制度,但是它的先进性和优越性是在与资本主义的比较甚至竞争中体现出来的。毛泽东在我国进入社会主义社会以后指出:"我国现在的社会制度比较旧时代的社会制度要优胜得多。如果不优胜,旧制

---

① 《马克思恩格斯选集》第四卷,人民出版社 1995 年版,第 693 页。

度就不会被推翻，新制度就不可能建立。"① 后来的实践表明，社会主义与资本主义的这种比较和竞争将是长期的，社会主义制度只有通过改革不断完善和发展，才能保持自己的先进性和优越性并最终战胜资本主义。

20世纪中期，我国在确立社会主义制度的同时，即开始探索适合中国国情的社会主义建设道路，社会主义制度以崭新的面貌和生机勃勃的姿态出现在中国大地上。但是，后来由于"左"的指导思想的滋生和发展，我们在社会主义建设的理论与实践上日益僵化，将固有制度模式化，社会主义逐渐失去应有的生机与活力，导致经济社会发展遭受严重挫折。特别是"文化大革命"导致我国经济面临严重困境，人民温饱都成问题。在1978年12月党的十一届三中全会的历史转折时刻，邓小平指出："如果现在再不进行改革，我们的现代化事业和社会主义事业就会被葬送。"②当改革全面推开之后，1985年，他又提出了"改革是社会主义制度的自我完善"③的著名论断。

社会主义制度自我完善和发展的根本途径就是改革，而且是革命性的改革。改革不是对现行制度细枝末节的修补，而是要进行一场革命性变革，邓小平称之为"中国的第二次革命"。他还具体阐述说"我们所有的改革都是为了一个目的，就是扫除发展

---

① 《毛泽东文集》第七卷，人民出版社1999年版，第214页。
② 《邓小平文选》第二卷，人民出版社1994年版，第150页。
③ 《邓小平思想年编：1975—1997》，中央文献出版社2011年版，第558页。

社会生产力的障碍"①,"革命是解放生产力,改革也是解放生产力","社会主义基本制度确立以后,还要从根本上改变束缚生产力发展的经济体制,建立起充满生机和活力的社会主义经济体制,促进生产力的发展,这是改革,所以改革也是解放生产力"。②邓小平的一系列论述,归结起来就是:在坚持社会主义制度这一根本前提下,通过改革实现社会主义制度的自我完善和发展,进而推动社会生产力的进一步解放和发展,充分发挥和体现社会主义制度的优越性。

2018年12月,习近平总书记在庆祝改革开放40周年大会上指出:"改革开放是中国人民和中华民族发展史上一次伟大革命",并强调:"改什么、怎么改必须以是否符合完善和发展中国特色社会主义制度、推进国家治理体系和治理能力现代化的总目标为根本尺度。"③这一论述,进一步从中华民族伟大复兴的高度上概括了改革开放的革命意义,并强调了改革开放完善和发展社会主义制度的根本目标。

通过改革完善和发展社会主义制度,不仅指方方面面的具体制度,而且包括社会主义的基本政治制度、经济制度、文化制度及其他各方面基本制度。这种革命性的改革,最突出的是经济领域的所有制改革和经济体制改革。

建立和完善社会主义市场经济体制,是我国经济体制改革最

---

① 《邓小平文选》第三卷,人民出版社1993年版,第134页。
② 同①,第370页。
③ 《习近平著作选读》第二卷,人民出版社2023年版,第225—226页。

重要的内容，四十多年来经济体制改革过程就是建立和完善社会主义市场经济体制的过程。建立社会主义市场经济体制，是我们党对传统社会主义思想的一大突破。在马克思和恩格斯设想的社会主义社会中，商品生产将被取消。十月革命后，列宁曾指出社会主义国家与人民的关系只能是等价交换的商品关系，但没有在理论上明确回答社会主义与商品经济的关系问题。后来斯大林虽然承认社会主义存在商品生产，但他将商品生产限制在一个很小的范围，并且认为生产资料不是商品。在中国，20世纪50年代末，毛泽东在纠正"大跃进"和人民公社化运动"左"倾错误过程中，提出要利用商品生产、商品流通、价值法则为社会主义服务，但他也没有从社会主义经济的整体属性上来认识问题。因此，长期以来，在人们的传统观念中市场经济是资本主义的东西，而计划经济才是社会主义经济的基本特征。如果这个传统观念没有大的突破，我国的经济体制改革乃至其他方面的改革一步都迈不开。1992年2月，邓小平在南方谈话中指出"计划经济不等于社会主义""计划和市场都是经济手段"，[1] 解除了计划与市场关系问题对人们的思想束缚。1992年9月召开的党的十四大明确提出我国经济体制改革的目标是建立社会主义市场经济体制，中国改革开放和社会主义现代化建设进入新的发展阶段。

---

[1] 《邓小平文选》第三卷，人民出版社1993年版，第373页。

社会主义是开放的，不能关起门来搞建设，必须全面、全方位地实行对外开放

中国共产党在对外开放方面思想认识的转变，突出表现在处理社会主义与资本主义的关系上。

马克思和恩格斯在《共产党宣言》中指出："资产阶级在它的不到一百年的阶级统治中所创造出来的生产力，比过去一切世代创造的全部生产力还要多,还要大。"[1] 资本主义已存在了几百年，它的根本社会制度是要维护资产阶级统治秩序的，但资本主义国家的人民在几百年生产活动中创造积累的文明成果是人类共同的财富，是各个国家和民族都可以吸收借鉴的。社会主义主张由社会拥有和控制产品、资本、土地、资产等，并基于公众利益进行管理和分配；社会主义坚持人民创造历史的文明史观，主张依靠人民群众并调动一切积极因素，极大地发展社会生产力。因此，社会主义较之其他社会制度，具有更大的开放性和包容性。这种开放性和包容性，使社会主义在长期的历史发展中必然吸收和借鉴资本主义国家人民创造积累的文明成果。列宁在探索苏联社会主义建设道路时把"利用资本主义"放到重要位置，开拓了经济文化不发达国家建设社会主义的新视野。他提出："仅靠摧毁资本主义，还不能填饱肚子。必须取得资本主义遗留下来的全部文化，并且用它来建设社会主义。必须取得全部科学、技术、知识

---

[1]《马克思恩格斯选集》第一卷，人民出版社 2012 年版，第 405 页。

和艺术。否则，我们就不可能建设共产主义社会的生活。"①

早在新民主主义革命时期，毛泽东就曾指出，在中国搞现代化建设要发展和利用资本主义。他在党的七大上所作的《论联合政府》报告中，对如何利用资本主义有过集中的论述："有些人不了解共产党人为什么不但不怕资本主义，反而在一定的条件下提倡它的发展。我们的回答是这样简单：拿资本主义的某种发展去代替外国帝国主义和本国封建主义的压迫，不但是一个进步，而且是一个不可避免的过程。它不但有利于资产阶级，同时也有利于无产阶级，或者说更有利于无产阶级。现在的中国是多了一个外国的帝国主义和一个本国的封建主义，而不是多了一个本国的资本主义，相反地，我们的资本主义是太少了。"② 进入社会主义建设时期，毛泽东在一些讲话中指出："一切国家的好经验我们都要学，不管是社会主义国家的，还是资本主义国家的，这一点是肯定的。"③ "外国资产阶级的一切腐败制度和思想作风，我们要坚决抵制和批判。但是，这并不妨碍我们去学习资本主义国家的先进的科学技术和企业管理方法中合乎科学的方面。"④ "我们的方针是，一切民族、一切国家的长处都要学，政治、经济、科学、技术、文学、艺术的一切真正好的东西都要学。"⑤ 1962年党的八届

---

① 《列宁全集》第三十六卷，人民出版社1985年版，第48页。
② 《毛泽东选集》第三卷，人民出版社1991年版，第1060页。
③ 《毛泽东文集》第七卷，人民出版社1999年版，第242页。
④ 同③，第43页。
⑤ 同③，第41页。

十中全会上，毛泽东在讲话中一方面重提阶级斗争，另一方面还指出："要利用资本主义国家的技术。列宁也利用，斯大林也利用，利用德国的技术、美国的技术。我们现在要走这条路。"①

我国是在经济文化相对落后的基础上建设社会主义，尤其要发展对外经济技术交流和合作，努力吸收世界文明成果，逐步缩小同发达国家的差距。然而，在较长一段时间内，客观上由于西方资本主义国家对我国实行封锁、孤立，主观上则由于党的指导思想不断陷入僵化及"左"的错误的影响，在处理国家关系上，简单地以意识形态划线，特别是将社会主义与资本主义视为水火不相容的两个世界，从而使我国一度处于一种封闭半封闭状态。这样一来，我国在经济发展和科技、教育等方面与西方发达国家的差距越来越大。

国门打开之后，我们清楚地看到了自己的落后与差距，也深切地感受到了对外开放的紧迫性。邓小平对此深有感触："现在的世界是开放的世界。中国在西方国家产业革命以后变得落后了，一个重要原因就是闭关自守。建国以后，人家封锁我们，在某种程度上我们也还是闭关自守，这给我们带来了一些困难。三十几年的经验教训告诉我们，关起门来搞建设是不行的，发展不起来。"②邓小平提出："对内经济搞活，对外经济开放，这不是短期的政策，是个长期的政策，最少五十年到七十年不会变。"③对外

---

① 《毛泽东传》，中央文献出版社2011年版，第2221—2222页。
② 《邓小平文选》第三卷，人民出版社1993年版，第64页。
③ 同②，第79页。

开放，成为我国的一项基本国策。

对外开放的实践，使我们在社会主义与资本主义及其他社会制度关系问题上的思想认识进一步发生了深刻转变。1992年，邓小平在南方谈话中提出了全面、全方位对外开放的目标。这就是"吸收和借鉴人类社会创造的一切文明成果，吸收和借鉴当今世界各国包括资本主义发达国家的一切反映现代社会化生产规律的先进经营方式、管理方法"[①]。党的十八大以来，我们坚持全面、全方位的对外开放，努力吸收包括西方发达资本主义国家在内的世界各国创造的文明成果，同时更加突出"文明互鉴"。我们不仅继续认真学习和借鉴世界各国创造的一切有益文明成果，而且努力推动各种文明之间的交流和互鉴，促进人类文明共同发展。

---

① 《邓小平文选》第三卷，人民出版社1993年版，第373页。

经济特区建设实践与改革开放决策思想的发展

中国改革开放走过了四十多年，中国经济特区建设也走过了四十多年。邓小平是中国改革开放的总设计师，也是中国经济特区主要的倡导者、设计者。中国经济特区是在他的改革开放决策思想的指导下兴办、发展起来的，而中国经济特区建设的实践对他改革开放决策思想的进一步发展，又产生了重要的影响。邓小平关于改革开放的不少重要决策思想直接来源于中国经济特区建设的实践。对经济特区建设实践与邓小平改革开放决策思想发展的关系做一些分析、研究，不仅能帮助我们更好地认识经济特区创建和发展的历史意义，而且能够更好地认识邓小平理论及中国特色社会主义理论体系的实践品格。

以经济特区作为试验场"先行先试",全面探索改革开放的途径和办法

20世纪70年代末中国开始进行改革开放,没有现成的经验可搬,也不可能很快拿出一个统一的方案和办法。怎么推动改革开放起步？1978年12月13日,在为党的十一届三中全会做准备的中央工作会议上,邓小平的讲话不仅强调了改革开放的必要性紧迫性,还提出了改革开放"先行先试"的办法,即"在全国的统一方案拿出来以前,可以先从局部做起,从一个地区、一个行业做起,逐步推开。中央各部门要允许和鼓励它们进行这种试验"①。

邓小平讲得非常清楚,改革开放从一个地区或者从一个行业先行先试。从什么行业先行先试？中国社会主义现代化建设在新的起点上铺开之后,最大的问题是缺乏资金、技术和现代经营管理经验。1979年1月,邓小平提出:"现在搞建设,门路要多一点,可以利用外国的资金和技术,华侨、华裔也可以回来办工厂。吸收外资可以采取补偿贸易的方法,也可以搞合营,先选择资金周转快的行业做起。"②因此,补偿贸易、兴办中外合资企业和中外合作经营企业,成为中国改革开放初期对外开放的主要形式,并从汽车、旅游等行业先行先试起来。

在中国这样一个人口众多、地域广阔的国家搞改革开放,更

---

① 《邓小平文选》第二卷,人民出版社1994年版,第150页。
② 同①,第156页。

需要在一些地区综合性地先行先试。改革开放需要具备一定的物质及人文条件，只能选择一些在各方面有优势的地方。广东、福建沿海一些地区，或者地接港澳，或者为侨乡，在对外开放方面具有得天独厚的条件。邓小平早在1977年11月视察广州时，就提出在广东宝安（后来改名为深圳）和福建的一些地方试办出口加工基地的设想。当时他提出试办出口加工基地，主要是为了解决外贸创汇问题。根据他的意见和中央有关安排，广东省委和国家有关部门组织调查论证后，于1979年4月提出在宝安、珠海等地划出一块地方兴办出口加工贸易区的具体方案。这个出口加工贸易区正式定一个什么名字呢？此时，党的十一届三中全会已经开过，改革开放的政策已经确定，按照邓小平等中央领导人的考虑和广东省及国家有关部门的设想，办这样的加工贸易区已不是办简单的出口加工基地，而是在一个较大的区域先行先试较全面的改革开放。主管这方面工作的国务院副总理谷牧向邓小平汇报时说得很明确："广东有这样的思想，先走一步，划一个地方出来，搞改革开放，然后全面推开。"[1] 邓小平以抗日战争时期的陕甘宁边区也曾叫过特区作为例子，提出将其定名为"特区"。经济特区从诞生之日起就被赋予了先行先试全面改革开放的综合性功能。邓小平甚至把经济特区作为有中国特色的社会主义的样板。在南方谈话中，他提出："广东二十年赶上亚洲'四小龙'，不仅经济要上去，社会秩序、社会风气也要搞好，两个文明建设

---

[1] 转引自萧冬连：《试办经济特区的决策内情》，《党史博览》2008年第6期。

都要超过他们,这才是有中国特色的社会主义。"①邓小平这里讲的广东,实际含义主要是指经济特区。

一个行业先行先试,更多的还是在对外开放方面,而且大多是领域性的、单向性的,不涉及带根本性的体制改革问题。而一个地区先行先试,就不可能是单纯领域性的、单向性的对外开放,而必然涉及经济体制、行政管理体制等方方面面的改革。正因为这样,经济特区的规划和发展思路有一个调整的过程。

根据邓小平的意见,1979年7月,中央提出:"关于出口特区,可先在深圳、珠海两市试办,待取得经验后,再考虑在汕头、厦门设置的问题。"②中央最初的设想是比较谨慎的,特区的功能定位为对外开放,引进外资和先进技术及管理经验。后来,广东明显感觉到中央所批准的"出口特区"的名字,已不能涵盖特区规划和发展思路的内容,于是提出:办特区已不止于仅仅涉及出口,还包括经济社会事业的方方面面,因有必要将"出口特区"改为"经济特区"。获中央同意。1980年5月,中央批转确定试办经济特区的《广东、福建两省会议纪要》明确提出:经济特区的管理,在坚持四项基本原则和不损害国家主权的条件下,可以采取与内地不同的体制和政策;经济特区主要实行市场调节;

---

① 《邓小平文选》第三卷,人民出版社1993年版,第378页。
② 《中共中央、国务院批转广东省委、福建省委关于对外经济活动实行特殊政策和灵活措施的两个报告》(1979年7月15日),广东省档案馆编:《改革开放三十年重要档案文献·广东》上册,第16页。

等等。①1981年5月，在广东、福建两省和经济特区工作会议上，有关经济特区的规划和发展思路得到进一步提升。中央根据一年多以来特区工作的实践，并结合国外有关经济特区的经验，制定出关于经济特区发展的政策框架。中央和邓小平决定兴办经济特区，就是要在经济特区内实行一系列不同于国内其他地区的特殊政策和经济、行政管理体制，以市场调节为主，在计划、外贸、财政、金融、劳动工资、物价等方面实行新的管理措施，探索出一条打破传统僵化的计划经济体制尽快发展经济的新路。

经济特区发展的历史证明，经济特区真正起到了改革开放综合试验场的作用。几十年中经济特区以开放促改革，以改革促开放，不仅在对外开放方面"大胆地试，大胆地闯"，充当了"杀出一条血路"的"排头兵"，而且在经济、政治体制改革方面也"大胆地试，大胆地闯"，创造了很多个"第一"的记录，提供了大量可复制、可推广的成功经验。

自始至终具体负责经济特区创办和领导工作的谷牧，后来将经济特区的功能概括为五个方面：一是观察研究当代世界经济的前沿；二是我国对外开放的"排头兵"；三是通向国际市场的特殊渠道和发展外向型经济的新基地；四是改革的试验场；五是我国现行经济政策的集中展示。②2018年4月13日，习近平总书记

---

① 详见《中共中央关于〈广东、福建两省会议纪要〉的批示》（1980年5月16日）；《中央对广东工作指示汇编》（1979—1982年），中共广东省委办公厅1986年编印，第69页。

② 《谷牧回忆录》，中央文献出版社2009年版，第395—398页。

在庆祝海南建省办经济特区 30 周年大会上评价说："40 年来，深圳、珠海、汕头、厦门、海南 5 个经济特区不辱使命，在建设中国特色社会主义伟大历史进程中谱写了勇立潮头、开拓进取的壮丽篇章，在体制改革中发挥了'试验田'作用，在对外开放中发挥了重要'窗口'作用，为全国改革开放和社会主义现代化建设作出了重大贡献。"①

以经济特区作样板，推动改革开放由沿海到内地区域性发展

改革开放是从一些行业和一些地方先行先试的，推开发展也是从一些行业和一些地方开始的。从一些地方推开发展可以称之为区域性推开发展。比较起来，行业性推开发展还是带领域性的，区域性推开发展更带全面性和整体性，而不局限于某领域或某方面。因此，改革开放的区域性推开发展，较之行业性、领域性推开发展更具整体意义和普遍意义。

1984 年是我国改革开放发展历史上的一个关键年头。在农村改革的推动下，全面经济体制改革的任务势在必行。全面经济体制改革是以城市经济体制改革为重点的，城市经济体制改革的复杂性和难度比农村改革要大得多。经济特区所进行的改革实际上是城市经济体制改革，而且取得了突破性的经验，可供内地城市

---

① 习近平：《在庆祝海南建省办经济特区 30 周年大会上的讲话》，《人民日报》2018 年 4 月 14 日。

经济体制改革借鉴。

在这个背景下,邓小平于1984年年初视察深圳、珠海、厦门等几个经济特区。他视察经济特区,一是因为当时一些人没有摆脱"左"的思想的影响,对经济特区有一些不认同的评价和看法,经济特区在创办过程中也确实出现了一些困难与问题,他不放心而想到实地看一看;二是他要实地考察经济特区先行先试改革开放取得的成绩和经验,为即将进行的以城市为重点的全面经济体制改革提供范例和借鉴。邓小平视察经济特区后即同中央领导人谈话,从全局的角度、从建设中国特色社会主义的高度全面肯定经济特区的工作,澄清在经济特区问题上的一些非议,促进全党形成继续坚持并扩大开放的共识。他说:"我们建立经济特区,实行开放政策,有个指导思想要明确,就是不是收,而是放。"① 不是要收,而是要放,这是他从经济特区建设实践得出的一个基本结论。在这个基本结论的前提下,他提出把整个厦门岛扩大成经济特区,实行自由港的某些政策;他提出"除现在的特区之外,可以考虑再开放几个港口城市,如大连、青岛",还要"开发海南岛"②。实际上,他是要把经济特区试验场取得的改革开放的经验推向更大区域,他是要以几个经济特区为样板,推动改革开放在具备条件的更大区域内取得突破性发展,以促进全国以城市为重点的全面经济体制改革和整个国家的经济发展。

根据邓小平的设想,1984年3月底到4月初,中共中央召开

---

① 《邓小平文选》第三卷,人民出版社1993年版,第51页。
② 同①,第52页。

沿海部分城市座谈会，确定进一步开放由北至南的大连至北海14个沿海港口城市。1984年党的十二届三中全会后，在邓小平的积极推动下，中国对外开放由沿海城市向广大沿海地区扩大。1985年1月，国务院召开长江三角洲、珠江三角洲和闽南厦（门）漳（州）泉（州）三角地区座谈会，确定将这三个三角地区开辟为沿海经济开放区。1988年4月，七届全国人大一次会议作出决议，设立海南省并建立海南经济特区。同时，中共中央、国务院决定将沿海经济开放区扩大到长江以北的辽东半岛、胶东半岛、环渤海地区和沿海其他地区。沿海经济开放城市和沿海经济开放区，不仅在对外开放方面而且在体制改革方面借鉴吸收经济特区的经验和做法，扩大对外开放促进全面改革，对全国全面的改革发展发挥了重要的带动作用。到20世纪90年代初，长江沿岸10个主要中心城市全部对外开放之后，17个内陆省会城市以及一些内陆边境城市也相继对外开放。由经济特区点燃的星星之火，终成燎原之势。

　　1984年初春邓小平视察经济特区之后，党的十二届三中全会的筹备工作进入紧张阶段。这次全会的重要任务之一就是要作出一个关于全面经济体制改革的决定。邓小平对经济特区的成绩和经验的肯定，对这次会议和中央的决策产生了重要的影响。全会通过的《中共中央关于经济体制改革的决定》提出的一些新的思想观点，以及为加快以城市为重点的全面经济体制改革提出的许多政策措施，都吸收了经济特区的不少经验。特别是，改变把计划经济同商品经济对立起来的传统观念，提出我国社会主义经济是公有制基础上的有计划的商品经济，是同经济特区以市场调节为主的改革实践分不开的。

以经济特区为范例作出改革开放不会导致资本主义的论断，为进一步推进改革开放排除思想障碍

在改革开放过程中，自始至终有一个正确认识社会主义与资本主义关系的问题。社会主义制度较之于资本主义制度具有更大的开放性和包容性，使得社会主义在长期的历史发展中能够吸收和借鉴资本主义国家人民创造的文明成果。在改革开放之前较长一段时期内，客观上由于西方资本主义国家对中国实行封锁孤立政策，主观上则由于党的指导思想陷入僵化的"左"的错误，将社会主义与资本主义视为两个水火不相容的世界。在改革开放后一段时间内，不少人思想上仍未摆脱"左"的思想影响，疑虑改革开放会导致资本主义甚至会出现"和平演变"，不断制造"姓社姓资"的争论。这无疑是推进改革开放的最大思想障碍。

在改革开放之初，邓小平就密切关注改革开放会不会导致资本主义的问题。他意识到改革开放是一个历史过程，人们的认识也有一个过程，需要用改革开放的实践来回答这个问题。一方面，他反复讲改革开放是一个大事业，要大胆地改；改得好的就坚持，改得不对的就收回来。他这样讲，是因为这种革命性的改革，没有成功的经验和成功的范例可供搬用或借鉴，只能在探索和实践中前进。另一方面，他作为坚定的唯物主义者和社会主义

者，对社会主义制度充满自信，反复指出改革开放不会受资本主义道路影响，影响不了社会主义制度。当然，在改革开放之初他这样讲，更多的还是一种理论和政策上的把握，只有改革开放的实践才能最后说明这个问题。

经济特区发展的实践提供了答案。邓小平在1984年初春视察几个经济特区之后，更确定地回答了这个问题。6月30日，他在会见第二次中日民间人士会议日方委员会代表团时，联系中国几个经济特区和开放14个沿海城市的实际说：引进外资、国外先进技术和管理经验，"这些会不会冲击我们的社会主义呢？我看不会的"①。10月22日，他在中顾委第三次全体会议上讲话，对这个问题作了集中的阐发。他说："我们的同志就是怕引来坏的东西，最担心的是会不会变成资本主义。恐怕我们有些老同志有这个担心。""这个受不了，怕。影响不了的，影响不了的。"②1985年1月19日，他在会见香港核电投资有限公司代表团时指出："有人说中国的开放政策会导致资本主义。如果真的导致了资本主义，那么，我们的这个政策就失败了。我们的回答是，我们的开放政策不会导致资本主义。"③

邓小平之所以在1984年之后更加确定地回答改革开放不会导致资本主义，经济特区发展的实际对他形成这一判断起了直接

---

① 《邓小平文选》第三卷，人民出版社1993年版，第65页。
② 同①，第90页。
③ 《邓小平会见嘉道理祝贺广东核电站合同正式签字 开放政策不会导致资本主义 社会主义比重将始终占优势》，《人民日报》1985年1月20日。

作用。经济特区是改革开放步子迈得最快最大的,当时党内外一些人"姓社姓资"疑虑的焦点就在经济特区,而经济特区改革开放的实践和经济社会发展取得的显著成效,让邓小平对这场大试验正确与否心里更有了底。

到1992年,经济特区又走过了8年的发展之路,经济特区到底是"姓社"还是"姓资"终于可以做最后的结论了,中国的改革开放不会导致资本主义的论断终于可以确定了。1992年2月邓小平视察南方特别是经济特区,他说:对办经济特区从一开始就有不同意见,担心是不是搞资本主义?深圳的建设成就明确回答了那些有这样那样担心的人。"从深圳的情况看,公有制是主体,外商投资只占四分之一,就是外资部分,我们还可以从税收、劳务等方面得到益处嘛","我们有优势,有国营大中型企业,有乡镇企业,更重要的是政权在我们手里"。对此,他斩钉截铁地判断"特区姓'社'不姓'资'"[1]。他提出判断的主要标准是:是否有利于发展社会主义社会的生产力,是否有利于增强社会主义国家的综合国力,是否有利于提高人民的生活水平。[2]连经济特区都是"姓'社'",中国的改革开放还会变成资本主义吗?改革开放的实践使他获得一个更带普遍意义和战略意义的思想认识。他进一步指出:"右可以葬送社会主义,'左'也可以葬送社会主义,中国要警惕右,但主要是防止'左'。""把改革开放说成是引进和发展资本主义,认为和平演变的主要危险来自经

---

[1]《邓小平文选》第三卷,人民出版社1993年版,第372—373页。

[2] 同[1],第372页。

济领域，这些就是'左'。"①

总结经济特区的经验，提出深化改革、加大开放、加快发展的一系列新的决策思想

邓小平在南方谈话中不仅提出新一轮思想解放的任务，而且提出了进一步深化改革、加大开放、加快发展的一系列新的决策思想。

20世纪90年代初期，国际国内形势非常复杂。一方面，随着苏联解体、东欧国家剧变，社会主义运动在世界范围内陷入低潮，对中国社会主义事业造成一定的消极影响，有人对社会主义的前途丧失信心，也有人对改革开放产生怀疑。另一方面，世界政治多极化带来经济全球化加快，世界范围的经济结构调整继续进行，高新技术产业迅猛发展，为中国参与全球化竞争和合作提供了机遇。这样，能否抓住机遇加快发展，把改革开放和现代化建设继续推向前进，成为影响中国发展进步的重大课题。邓小平在这个关键时刻视察南方特别是经济特区，就是要深入考察和总结改革开放的实践经验，解答这一课题。他在南方谈话中提出的一系列新的思想和观点，有一些是他一段时间以来观察和思考的结果，有相当多是他在视察经济特区时形成的，有的则是他早已有所思考而在视察经济特区时进一步加深认识的。南方谈话，只能是在他视察南方特别是经济特区的

---

① 《邓小平文选》第三卷，人民出版社1993年版，第375页。

谈话，打上了经济特区鲜明的烙印。谈话所提出的关于深化改革、加大开放和加快发展的许多重要的决策思想，同经济特区的实践和经验密不可分。

比如，他在南方谈话中强调改革开放胆子要大一些，看准了的就大胆地试，大胆地闯。邓小平明确地讲这是深圳的经验，他说："深圳的重要经验就是敢闯。没有一点闯的精神，没有一点'冒'的精神，没有一股气呀、劲呀，就走不出一条好路，走不出一条新路，就干不出新的事业。"[①] 改革开放要敢试敢闯，这是他一贯的思想。早在创办经济特区时，他就向广东的同志提出要"杀出一条血路"。经济特区之所以在很短时间内改革开放有大的突破，就是因为敢试敢闯。

比如，他在南方谈话中提出：计划多一点还是市场多一点，不是社会主义与资本主义的本质区别。计划经济不等于社会主义，资本主义也有计划；市场经济不等于资本主义，社会主义也有市场。[②] 早在改革开放刚起步时，他就提出过社会主义也可以搞市场经济。由于受实践发展和人们的思想认识的局限，中国改革开放一开始便确定社会主义市场经济的目标是不可能的，需要先行先试。经济特区创办时中央的要求很明确，其中一条就是实行以市场调节为主的体制改革。经过十多年的发展，经济特区在探索市场经济改革方面已取得成功的经验，社会主义市场经济已初具规模。可以肯定地说，在经济特区市场已大大

[①]《邓小平文选》第三卷，人民出版社1993年版，第372页。

[②] 同①，第373页。

多于计划了。邓小平正是在市场经济最多的经济特区,看到了市场经济给社会主义带来的新的生机与活力,看到了社会主义市场经济的成功和发展前景,才下决心在中国搞社会主义市场经济。

邓小平南方谈话的内容博大精深,从中还可以找出很多与经济特区建设实践具有密切联系的思想观点。这篇谈话,不仅在当时对推进改革开放起到了十分重要的指导作用,而且对中国整个改革开放和社会主义现代化建设的发展具有深远的意义。

邓小平对中国特色社会主义开创性贡献

习近平总书记曾评价说,邓小平是"中国社会主义改革开放和现代化建设的总设计师,中国特色社会主义道路的开创者,邓小平理论的主要创立者"①。"坚持和发展中国特色社会主义是一篇大文章,邓小平为它确定了基本思路和基本原则"②。这些评价高度概括了邓小平对中国特色社会主义理论与实践的开创性、奠基性贡献。本文就理解习近平总书记的这一评价谈几点认识。

---

① 习近平:《在纪念邓小平同志诞辰110周年座谈会上的讲话》,人民日报2014年8月21日。

② 《习近平著作选读》第一卷,人民出版社2023年版,第80页。

重新确立党的实事求是的思想路线，开解放思想的一代新风，为开创并坚持和发展中国特色社会主义创造了思想条件

在"文化大革命"中，林彪、江青两个反革命集团煽动极左思潮，大搞形而上学，将马克思恩格斯等马克思主义经典作家关于一些具体问题的结论教条化，甚至把一些根本不是马克思主义的东西附会到马克思主义名下，在什么是社会主义、什么是马克思主义的根本性问题上制造了极大的思想混乱。"文化大革命"的结束，为党的指导思想回到马克思主义正确轨道上来提供了转机。但党内又形成了将毛泽东晚年思想绝对化的"两个凡是"的思想禁锢，给党和人民系统纠正"文化大革命"的错误，造成了严重的思想障碍。邓小平最先出来鲜明地反对"两个凡是"，明确指出，"两个凡是"不是马克思主义，不是毛泽东思想。

要打破"两个凡是"的思想禁锢，必须解决用什么作为检验真理的标准的问题。从1978年5月开始，党领导和支持思想理论界开展真理标准问题大讨论，重新提出"实践是检验真理的唯一标准"的科学论断，明确提出要恢复党的实事求是的思想路线和优良传统。1978年12月召开的党的十一届三中全会高度评价关于真理的标准问题的大讨论，废止"两个凡是"的错误方针，重新确立了党的实事求是的思想路线。

实事求是思想路线的重新确立，促进了全党的思想大解放，可以说是改变了党和人民固有的基本政治思维。1978年12月13

日，邓小平在为党的十一届三中全会作准备的中央工作会议上的讲话中指出："一个党，一个国家，一个民族，如果一切从本本出发，思想僵化，迷信盛行，那它就不能前进，它的生机就停止了，就要亡党亡国。"①从真理标准问题大讨论，到党的十一届三中全会废止"两个凡是"，再到后来的全面拨乱反正，实际上是全党解放思想的整个过程。在这个过程中，思想解放集中体现在实事求是评价新中国成立以来的历史、正确评价毛泽东同志、彻底否定"文化大革命"上。1981年6月，党的十一届六中全会作出由邓小平主持起草的《关于建国以来党的若干历史问题的决议》（以下简称《决议》），在科学总结新中国成立以来社会主义革命和建设的历史成就和历史经验的同时，指出了党在长时间里将阶级斗争扩大化和在生产关系变革及经济建设上急躁冒进的错误，特别是从根本上否定了"文化大革命"和"无产阶级专政下继续革命"的错误理论。《决议》充分肯定了毛泽东同志的历史地位和毛泽东思想的科学价值，指出毛泽东的功绩是第一位的，毛泽东思想是党长期的指导思想；同时，将毛泽东思想与毛泽东晚年错误加以区别，实事求是地分析了毛泽东晚年在阶级斗争和"文化大革命"等问题上的错误。《决议》不仅对全党摆脱长期以来"左"的思想的影响，特别是"文化大革命"极左思潮的影响，彻底打破"两个凡是"的思想禁锢具有极为重要的意义；而且，对于维护毛泽东思想的指导地位和党的历史，增进全党思想

---

① 《邓小平文选》第二卷，人民出版社1994年版，第143页。

统一和团结，具有极为重要的意义。

解放思想，当然不是为解放思想而解放思想。邓小平说得很明确，解放思想是为了正确地以马克思列宁主义、毛泽东思想为指导，解决过去遗留的问题，解决新出现的一系列问题。他所说的新出现的一系列问题，主要是指当时党的思想状况和固有的体制、制度、政策等与党的工作重点转移到经济建设上来不相适应的问题。解决这些问题的办法是什么呢？这就是他酝酿已久的改革开放。

在重新确立实事求是思想路线解放思想的过程中，党和人民对我国社会主义建设所出现的严重挫折和教训进行了反思。20世纪50年代中期，我国在确立社会主义制度的同时，即开始探索适合中国情况的社会主义建设道路。但是，在后来长时间里，由于"左"的错误思想的滋生和发展，我们在社会主义建设的理论与实践上日益僵化，使社会主义逐渐失去应有的生机和活力，社会主义建设遭受严重的挫折。邓小平将党和人民的反思，引导到对社会主义的再认识上来，引导到对改革开放的认识上来。他指出："不解放思想不行，甚至于包括什么叫社会主义这个问题也要解放思想。"[1] 在为党的十一届三中全会做准备的中央工作会议上的讲话中，他指出：过去在各方面存在的问题，责任"在于我们过去没有及时提出改革"。"如果现在再不实行改革，我们的现代化事业和社会主义事业就会被葬送。"[2] 稍后，他又提出了"改革

---

[1]《邓小平文选》第二卷，人民出版社1994年版，第312页。

[2] 同[1]，第150页。

是一种带有革命意义的改革""改革是中国的第二次革命"的论断。在相当长的时间内，客观上由于西方资本主义国家的封锁，主观上由于党内的错误认识，将社会主义与资本主义视为水火不相容的两个世界，使我国一度处于一种封闭半封闭的状态，在经济和科技、教育等方面与西方发达国家的差距越拉越大。邓小平在推动解放思想、领导拨乱反正的过程中，明确提出了对外开放的问题。他指出："实现四个现代化必须有一个正确的开放的对外政策。""应该充分利用世界的先进的成果，包括利用世界上可能提供的资金，来加速四个现代化的建设。"① 由此，中国对外开放的大门被打开。

重新确立实事求是的思想路线，解放思想，为改革开放清除了思想障碍，使中国开启了从僵化半僵化到全面改革，从封闭半封闭到对外开放的历史性转变，也为坚持和发展中国特色社会主义创造了思想条件。

创立邓小平理论，开创中国特色社会主义理论体系，为坚持和发展中国特色社会主义奠定了理论基础

"文化大革命"结束后，中国面临着一个向何处去的问题。改弦易辙的西化之路不能走，过去僵化的老路注定走不通也走不下去了。那么要走一条什么样的道路呢？"文化大革命"结束后，邓小平在思考什么是科学的马克思主义、毛泽东思想的问题

---

① 《邓小平文选》第二卷，人民出版社1994年版，第233—234页。

时，就在思考这个更为实际的问题。邓小平深知过去僵化的老路之所以走不通，主要是脱离了中国的实际。在改革开放刚刚起步的时候，他总结新民主主义革命的历史经验指出："过去搞民主革命，要适合中国情况，走毛泽东同志开辟的农村包围城市的道路。现在搞建设，也要适合中国情况，走出一条中国式的现代化道路。"①他从现代化建设的角度，提出了"中国式道路"的命题。但"中国式道路"究竟是一条什么道路呢？随着改革开放的推进和发展，实践越来越需要对这条"中国式道路"作出更带本质属性的定义。邓小平经过深入思考，终于在党的十二大上提出了"建设有中国特色的社会主义"的崭新命题。他说："走自己的道路，建设有中国特色的社会主义，这就是我们总结长期历史经验得出的基本结论。"②

一段时间内，邓小平对这一命题反复作了阐释：第一，有中国特色的社会主义是社会主义，他说中国"必须搞社会主义。如果不搞社会主义，而走资本主义道路，中国的混乱状态就不能结束，贫困落后的状态就不能改变"③。第二，社会主义必须是切合中国实际的有中国自己特色的社会主义，"主要是根据自己的实际情况和自己的条件，以自力更生为主"。④ "建设有中国特色的社会主义"的命题，无疑是既具有社会主义本质属性、又具有社会主

---

① 《邓小平文选》第二卷，人民出版社 1994 年版，第 163 页。
② 《邓小平文选》第三卷，人民出版社 1993 年版，第 3 页。
③ 同②，第 63 页。
④ 同②，第 29 页。

发展道路多样性特征的命题。它不仅从理论上明确回答了中国走什么道路的问题,成为指引新时期改革开放和社会主义现代化建设的伟大旗帜;而且成为中国共产党人推进马克思主义中国化进行理论创新的主题,成为中国特色社会主义理论体系的主题。

"建设有中国特色的社会主义"作为理论主题的确立,标志着邓小平对什么是社会主义、怎样建设社会主义这一基本问题的理论探索有了一个基本的结论;标志着他从党的十一届三中全会以来提出的关于社会主义问题的一系列思想观点内在的科学社会主义理论逻辑形成。这使他的理论探索的方向性更加明确、逻辑性更加清晰,从而为他的思想、观点和理论的体系化创造了重要条件。到1992年党的十四大,邓小平建设有中国特色的社会主义理论形成完整的体系。党的十四大对这个理论体系作了基本概括和阐述,最主要的内容有:关于社会主义本质和社会主义发展道路的理论,关于社会主义发展阶段的理论,关于社会主义根本任务的理论,关于社会主义发展动力的理论,关于社会主义建设的外部条件的理论,关于社会主义建设的政治保障的理论,关于社会主义建设的战略步骤的理论,关于社会主义的领导力量和依靠力量的理论,实现祖国统一的理论,等等。这些理论第一次比较系统地初步回答了中国这样经济文化比较落后的国家如何建设社会主义、如何巩固和发展社会主义的一系列基本问题。这些理论,指导党和人民成功地开创了中国特色社会主义,而且为党和人民坚持和发展中国特色社会主义确定了基本思路和基本原则,奠定了理论基础。

邓小平理论作为中国特色社会主义理论体系的奠基之作，鲜明地表现出马克思主义创新理论的品格和特点。进入改革开放新时期，邓小平总是强调要实现马克思主义的普遍真理同中国具体实际的"再一次结合"，提出要"以新的思想、观点去继承、发展马克思主义"。①他以巨大的政治勇气和理论勇气进行理论创新，既不丢老祖宗又讲新话，用许多新的思想观点，开拓了马克思主义新境界，把对社会主义的认识提高到新的科学水平。

比如，关于社会主义本质的论断。对社会主义本质的认识是对什么是社会主义、怎样建设社会主义问题的基本认识。如果继续固守科学社会主义创始人在一两百年前的论述，思想必然摆脱不了僵化的状态。据学者统计，党的十一届三中全会后，邓小平不下二十次谈过社会主义本质问题。20世纪80年代中期，他对社会主义基本原则主要谈两条："第一是发展生产，第二是共同富裕。"②稍后，他进一步强调共同富裕说："社会主义最大的优越性就是共同富裕，这是体现社会主义本质的一个东西。"③到1992年南方谈话，他将社会主义本质全面概括为"解放生产力，发展生产力，消灭剥削，消除两极分化，最终达到共同富裕"④。这一论断，无疑是科学社会主义经典作家没有讲过的新话。这一既具有不可移易的社会主义制度原则性又体现人类社会发展共性特点的

---

① 《邓小平文选》第三卷，人民出版社1993年版，第292页。
② 同①，第172页。
③ 同①，第364页。
④ 同①，第373页。

论断，进一步明确了我国社会主义发展的方向，为我们党制定改革开放和社会主义现代化建设正确而充满活力的方针、政策提供了理论依据。

又如，关于社会主义初级阶段理论。科学社会主义创始人所揭示的，是在资本主义高度发展的基础上建设社会主义的一般原则。在中国没有经过资本主义的高度发展，是在经济文化比较落后的条件下建设社会主义，因而必然有一个发展的阶段性问题。在一段时期内，我们按照社会主义的一般原则在中国搞社会主义建设，脱离中国基本国情实际，造成超越历史发展阶段的急于求成的"左"倾错误。邓小平在领导对党的指导思想拨乱反正的过程中，对中国国情作了深入思考，提出并阐述了中国还处于社会主义初级阶段的论断。1987年8月，党的十三大根据邓小平的论断和意见，系统阐述了社会主义初级阶段理论。社会主义初级阶段理论，成为邓小平理论的基石，也成为坚持和发展中国特色社会主义的理论基石。

再如，关于社会主义也可以搞市场经济的论断。科学社会主义创始人所设想的社会主义，商品生产将被取消。长期以来，在人们的传统观念中，市场经济是资本主义的本质特征，市场经济就是资本主义；而计划经济则是社会主义的本质特征，计划经济就是社会主义。实行改革开放以后，经济体制改革的目标取向问题被提了出来，如果不突破计划经济体制，经济领域的改革只能是细枝末节的修修补补。邓小平经过深思熟虑，提出社会主义也可以搞市场经济的论断，打破了长期以来把计划经济和市场经济视为社会基本制度范畴的思想束缚，为我国社会主义建设开辟了新的活水源头。邓小平理论关于社会主义一系列开创性的思想、观点，成为中国特色社会主义理论体系新的生长点。几代中国共产党人接续奋斗，在领导人民推进中国特色社会主义事业的实践中，不断进行理论创新，推出了马克思主义中国化的新成果。

对改革开放和社会主义现代化建设作出基本设计，开创中国特色社会主义伟大实践，为坚持和发展中国特色社会主义奠定了实践基础

邓小平一直崇尚理论要管用，"中国改革开放和社会主义现代化建设的总设计师"这一历史定位，就突出地反映了他和他的理论"实践第一"的品格。他在开创中国特色社会主义的过程中，将理论与实践紧密结合起来，对改革开放和社会主义现代化建设作出一系列基本设计。这一系列相当于对一项宏大工程的全面的操作性很强的设计，开创了中国特色社会主义的伟大实践，为坚持和发展中国特色社会主义奠定了坚实的实践基础。邓小平最重要的基本设计有以下几方面。

党在社会主义初级阶段"一个中心、两个基本点"的基本路线设计。"一个中心、两个基本点"的基本路线，实质上是中国特色社会主义道路的主干设计，改革开放和社会主义现代化建设的主干设计。其他设计，都是这一主干设计的展开。1978年党的十一届三中全会前后，邓小平已经明确提出了以经济建设为中心、

坚持改革开放和坚持四项基本原则的思想，并进行了深入的阐发。之后，他通过深入分析社会主义发展的客观规律和中国的基本国情，提出了中国还处于社会主义初级阶段的论断，从而为制定党和国家的基本政治路线提供了坚实的理论和实际依据。1987年党的十三大正式概括确立了党在社会主义初级阶段"一个中心、两个基本点"的基本路线。到1992年南方谈话，邓小平提出"基本路线要管一百年，动摇不得"。2017年习近平总书记在党的十九大报告中指出，全党"要牢牢坚持党的基本路线这个党和国家的生命线、人民的幸福线"[①]。可见，党的"一个中心、两个基本点"的基本路线设计，是中国特色社会主义的百年大计。

公有制为主体、多种所有制经济共同发展的基本经济制度设计。改革是社会主义制度的完善，经济领域的所有制改革是社会主义基本经济制度的完善。改革开放初期，经济领域的改革主要是打破计划经济管理对生产力发展的束缚。到20世纪80年代私营个体企业、中外合资企业、外资企业等出现后，所有制的改革成为经济领域改革的重点。党的十二大后，邓小平一方面积极鼓励非公有制经济发展，另一方面强调公有制经济的主体地位，形成了公有制为主体、多种所有制经济共同发展的思想。1987年，党的十三大提出，在公有制为主体的前提下发展多种所有制经济。1997年，党的十五大正式将公有制为主体、多种所有制经济共同发展确定为我国社会主义初级阶段的基本经济制度。公有制

[①] 《习近平著作选读》第二卷，人民出版社2023年版，第10页。

为主体，多种所有制经济共同发展，不仅是社会主义初级阶段发展生产力的需要，也是实现社会共同富裕的需要。邓小平在主导设计这一基本经济制度时，始终将它与实现社会共同富裕的目标联系在一起。改革开放40多年来，我国在经济领域的改革之所以能够稳步推进，社会主义经济获得巨大发展，一个很重要的原因就是，我们在所有制改革方面始终坚持了公有制为主体、多种所有制经济共同发展。

建立社会主义市场经济体制的设计。这一设计，不只是对经济领域的改革产生了深刻影响，而且对改革开放和社会主义现代化建设全局产生了广泛而深刻的影响。邓小平对社会主义市场经济体制的设计是非常谨慎、循序渐进的。早在党的十一届三中全会后不久，他就提出了"社会主义也可以搞市场经济"的设想，但限于当时历史条件没有急于下结论。20世纪80年代初，在开始酝酿全面经济改革时，邓小平意识到不从根本上突破僵化的计划经济体制，全面经济改革是迈不开步的。因此，他提出要研究计划与市场的关系问题，他说："计划与市场的关系问题如何解决？解决得好，对经济的发展就很有利，解决不好，就会糟。"① 经过十多年的探索和实践，人们对计划与市场关系的认识逐步转变：1992年邓小平在南方谈话中得出结论："计划多一点还是市场多一点，不是社会主义与资本主义的本质区别。计划经济不等于社会主义，资本主义也有计划；市场经济不等于资本主义，社会

---

① 《邓小平文选》第三卷，人民出版社1993年版，第17页。

主义也有市场。"① 几个月后，党的十四大把建立社会主义市场经济体制作为我国经济体制改革的目标确定下来。

小康社会目标设计和"三步走"的现代化发展战略目标及步骤设计。小康社会目标，是邓小平对改革开放和社会主义现代化建设基本设计的神来之笔。实现国家现代化是近代以来中国人民共同的愿望，一代又一代人为之进行了不懈的奋斗。但真正提出中国现代化建设战略目标、步骤并开启实际进程的是中国共产党。新中国成立后，1954年9月，毛泽东、周恩来在第一届全国人大一次会议上提出在20世纪末实现四个现代化的目标，对我国社会主义现代化建设产生了深远影响。但社会主义建设中的失误和挫折，使这一目标的实现成了问题。到20世纪70年代末，邓小平清醒地看到，到世纪末实现国际标准的现代化是不可能的，因而提出中国式的现代化标准，即小康标准。20世纪80年代初期，他又提出了小康社会目标。20世纪末，我国实现了整体小康的目标。在酝酿、设计小康目标和小康社会目标的过程中，邓小平提出了中国社会主义现代化建设"三步走"的战略目标及步骤。这就是：第一步，到80年代末，解决人民的温饱问题；第二步，到20世纪末，使人民生活达到小康水平；第三步，到21世纪中叶，基本实现四个现代化。"三步走"的发展战略目标及步骤设计，使中国社会主义现代化建设和中华民族的伟大复兴，第一次有了一个清晰、切实的路线图和时间表。

---

① 《邓小平文选》第三卷，人民出版社1993年版，第373页。

邓小平设计的社会主义现代化发展战略目标及步骤，是动态的不断发展完善的。进入21世纪后，党在领导人民推进小康社会建设的实践中，对小康社会建设又作了分阶段的设计，提出我国进入全面建设小康社会的历史阶段。党的十八大以后，以习近平同志为核心的党中央先后提出全面建成小康社会和决胜全面建设小康社会的一系列新目标、新要求。党的十九大根据新的形势，在邓小平"三步走"的现代化发展战略目标及步骤设计的基础上，提出"新两步走"的战略安排，开启了全面建设社会主义现代化国家的新征程。

科技作为社会主义现代化发展战略重点的设计。邓小平把科学技术设计为社会主义现代化发展战略重点，是基于我国科学技术比较落后的基本国情和世界科技发展进步的大趋势。20世纪五六十年代以后，世界上发生第三次科技革命，科技成为生产力发展的决定性因素。1978年，邓小平在全国科学大会开幕式上的讲话中指出："四个现代化，关键是科学技术的现代化。"① 到80年代，西方发达国家进一步抓住产业革命机会，抢占科技发展制高点，引发世界范围内的高科技竞争。邓小平感到仅仅重申"科学技术是生产力"这一马克思主义基本观点已经不够了。1988年，他提出"科学技术是第一生产力"的论断，并提出中国必须在世界高科技领域占有一席之地。按照邓小平的战略设计，1995年，中共中央、国务院作出《关于加速科学技术进步的决定》，正式

---

① 《邓小平文选》第二卷，人民出版社1994年版，第86页。

提出并实施科教兴国战略。

对外开放的基本目标、途径及步骤设计。邓小平不仅打开了中国对外开放的大门,而且为中国对外开放的基本目标、途径及步骤作出了基本设计。

邓小平设计的对外开放是长期持久的。1984年,开始进行全面经济体制改革的时候,他就提出:"对内经济搞活,对外经济开放,这不是短期的政策,是个长期的政策,最少五十年到七十年不会变。"[1]其实际意思是永远不会变。

邓小平设计的对外开放是全面、全方位的。经过10多年的探索实践,到1992年南方谈话,邓小平形成了他对对外开放基本目标的设计。这就是"吸收和借鉴人类社会创造的一切文明成果,吸收和借鉴当今世界各国包括资本主义发达国家的一切反映现代社会化生产规律的先进经营方式、管理方法"[2]。邓小平设计的对外开放是由点到面逐步扩大循序渐进的。党的十一届三中全会后不久,邓小平即倡导推动建立深圳等四个经济特区,成为对外开放的"试验田"和"窗口"。到1988年,他形成由沿海地区带动内地的对外开放的设想。按照这一设想,天津、上海、大连、烟台等14个沿海城市实行对外开放。与此同时,他还提出"在内地还要造几个'香港'"[3]。按照这一设想,20世纪90年代初,长江沿岸10个主要中心城市全部对外开放。此后,其他17

---

[1]《邓小平文选》第三卷,人民出版社1993年版,第79页。

[2] 同[1],第373页。

[3] 同[1],第267页。

个内陆省会城市以及一些内陆边境城市也相继对外开放。这样，就形成了从沿海到沿江、从沿海到内地、从东部到中西部的对外开放大格局。

九层之台，起于累土。四十多年来，中国特色社会主义已经成为全党和全国十几亿人民广泛而深刻的社会实践，累积起了越来越深厚的实践基础。在这个基础上，中国特色社会主义进入新时代，展现出新的蓬勃生机和旺盛活力。

从小康社会目标提出到
全面建成小康社会

在庆祝中国共产党成立100周年大会上,习近平总书记代表党和人民庄严宣告:"经过全党全国各族人民持续奋斗,我们实现了第一个百年奋斗目标,在中华大地上全面建成了小康社会,历史性地解决了绝对贫困问题,正在意气风发向着全面建成社会主义现代化强国的第二个百年奋斗目标迈进。"[①] 全面建成小康社会,在我国社会主义现代化建设和民族伟大复兴的历史进程中,具有里程碑意义。中华民族孜孜以求的千年夙愿成为现实,实现了国家经济总量跃居世界第二的历史性突破,实现了人民生活全面小康的历史性跨越,中华民族迎来了从站起来、富起来到强起来的伟大飞跃,中华民族伟大复兴向前迈出了新的一大步。

从小康社会目标的提出到全面建成小康社会,中国共产党领

---

① 习近平:《在庆祝中国共产党成立100周年大会上的讲话》,人民出版社2021年版,第2页。

导人民走出了一条中国式现代化建设道路，走过了一段中国式现代化建设的辉煌历程。

"中国式的现代化"目标——小康

1840年鸦片战争以后，中国逐步沦为半殖民地半封建社会，国家蒙辱、人民蒙难、文明蒙尘，中华民族遭受了前所未有的劫难。融入世界现代化潮流，把国家建设成为一个现代化强国，实现中华民族的伟大复兴，成为100多年来中国人民世世代代的美好愿望，许许多多先进分子为之进行了各种各样的尝试和奋斗。但是，在中国共产党之前，没有人对中国现代化建设提出过切实可行的发展途径和目标。真正明确而全面提出中国现代化发展的途径、战略步骤及目标，并开启中国现代化实际进程的是中国共产党。新中国的成立和社会主义制度的确立，为国家进行大规模的现代化建设提供了根本条件。1954年9月，毛泽东、周恩来在第一届全国人大一次会议上提出四个现代化的目标，并在1964年年底到1965年年初召开的第三届全国人大一次会议上提出到20世纪末分步骤地把我国建设成为伟大的社会主义现代化强国。"四个现代化"目标的提出，对中国现代化建设和中华民族伟大复兴产生了深远的影响。

但是，由于各种原因，"四个现代化"建设的历史进程并不顺利，并且遭受了严重挫折。到20世纪70年代末期，邓小平清醒地看到，到世纪末实现国际标准的现代化目标已经是很困难了。他从中国的基本国情和实际出发，提出"中国式的现代化"的思路，并提出"中国式的现代化"的阶段性目标——小康。这就是人均国民生产总值1000美元的目标。这个目标，初时很大程度上是一个更多反映人民生活水平提高的目标。1985年3月，邓小平实地考察可率先实现小康目标的江苏、浙江、上海等地后，总结这些地方的经验，又提出了新的发展目标——小康社会。他还对小康社会提出基本要求：第一，小康社会是人民普遍丰衣足食、安居乐业的社会；第二，小康社会是物质文明和精神文明建设同时发展的社会，"不仅经济要上去，社会秩序、社会风气也要搞好"[①]；第三，小康社会是走向共同富裕、公平和谐的社会。

小康社会目标，将人们传统的社会理想同现实诉求结合起来，将社会主义的基本原则和社会主义制度的优越性具体化，勾勒出了一个让人们可亲可近的社会愿景图。这一目标，是一个从实际出发、脚踏实地的发展目标，立足中国国情，找准了中国现代化发展的历史起点和现实基础。小康社会目标的提出，打开了党和人民从中国实际出发，确定中国社会主义现代化发展长远战略和目标的广阔思路。正是在酝酿提出小康社会目标的过程中，党的十三大根据邓小平的设计，提出了中国现代化"三步走"发展战略设想，使中国现代化建设第一次有了一个明确、清晰而切实的发展战略、目标和时间表。

---

① 《邓小平文选》第三卷，人民出版社1993年版，第378页。

全面建设小康社会的新发展阶段

20世纪末，我国基本上实现小康，实现了"三步走"战略设想的第二步战略目标。但是，我们党没有急于部署将第三步即到21世纪中叶基本实现社会主义现代化的目标作为直接的发展目标，而作出了一个新的战略安排。2002年11月党的十六大宣布，"当人类社会跨入二十一世纪的时候，我国进入全面建设小康社会、加快推进社会主义现代化的新的发展阶段"[1]，并明确提出"要在本世纪头二十年，集中力量，全面建设惠及十几亿人口的更高水平的小康社会"[2]的奋斗目标。

全面建设小康社会的奋斗目标和发展阶段，是根据我国现代化建设的客观进程和经济社会发展阶段性变化的实际情况确定的。到20世纪末，经过20多年的改革和发展，中国经济社会发生了深刻的历史性变化。国民经济持续快速增长，国家经济实力显著增强，人民生活总体上跨入小康水平，千百年来困扰人民的温饱问题得到根本解决，世世代代小康生活梦想终成现实。但是，我国社会发展阶段整体还处在社会主义初级阶段，经济社会发生的变化还是整个社会主义初级阶段的阶段性变化。特别是，人民生活总体上达到的小康水平，还是低水平的小康和不全面、发展很不平衡的小康。在这样一个基础上，要在21世纪中叶基本实现现代化的第三步目标，还需要经过分阶段、长时间的努

---
[1]《中国共产党第十六次全国代表大会文件汇编》，人民出版社2002年版，第1页。
[2] 同①，第18页。

力。全面建设小康社会，是我国社会主义现代化建设进程中一个承上启下的、不可逾越的发展阶段，必须经过这个阶段，在更高的起点上逐步实现第三步战略目标。

党的十六大从经济、政治、文化等各方面提出了全面建设小康社会的基本目标，而且明确提出了这样一些纲领性要求。即全面建设小康社会的首要任务是发展经济；全面建设小康社会要继续高扬改革开放的旗帜；全面建设小康社会要在经济发展基础上实现社会的全面进步；全面建设小康社会的出发点和最终落脚点，是提高全国人民的生活水平和质量。根据这些要求，2003年10月，党的十六届三中全会作出《关于完善社会主义市场经济体制若干问题的决定》，提出大力发展国有资本、集体资本和非公有资本等参股的混合所有制企业，这对于推动社会主义市场经济的发展产生了重要作用。2006年10月，党的十六届六中全会作出《关于构建社会主义和谐社会若干重大问题的决定》，提出按照民主法治、公平正义、诚信友爱、充满活力、安定有序、人与自然和谐相处的总要求，构建社会主义和谐社会。这一社会发展目标的提出，使中国特色社会主义总体布局增加了"社会建设"这个重要方面，对推动经济社会协调发展产生了深远的影响。十六大之后，党中央还提出了建设社会主义新农村的发展战略，并进一步深入实施西部大开发战略，推动了城乡经济社会统筹发展和区域协调发展。

从不断变化的实际情况出发，对经济社会发展的目标、计划等不断地进行充实和完善，是我们党领导社会主义建设的一个重要经验。2007年10月党的十七大，依据我国经济发展中出现的新情况、社会转型出现的新特征以及国际环境发生的新变化，对全面建设小康社会提出了新的更高的目标及要求，从而构成了全面建设小康社会的基本目标体系。这个目标体系针对经济社会发展中的实际问题，突出了这样几方面：一是针对我国经济发展中存在的速度和效益不平衡的问题，提出要努力实现经济又快又好发展；二是顺应人民政治参与的新期待，强调要扩大社会主义民主，更好地保障人民权益和社会公平正义；三是为了增强国家文化软实力，强调要加强文化建设，明显提高全民族文明素质；四是为了改变经济与社会发展不协调的状况，强调要加强推进以民主为重点的社会建设；五是为保护生态环境，提出建设生态文明。十七大之后，在应对国际金融危机和汶川大地震等严重困难挑战的情况下，党中央按照全面建设小康社会的新的目标要求，采取一系列措施，实施扩大内需战略，坚持走中国特色新型工业化道路，推进节能减排和生态环境保护，实施区域发展整体战略，积极稳妥推进新型城镇化，加快了经济发展方式的转变。同时，不断深化重点领域的改革，包括加大央企兼并重组力度，做强做优国有企业，并积极鼓励和引导非公经济发展；加大对农业的财政投入，对种田农民实行各种补贴；等等。在社会建设方面，采取相关措施，努力解决学有所教、劳有所得、病有所医、老有所养、住有所居等人民群众最直接、最现实的问题。

在党的十六大、十七大精神的指引下，全面建设小康社会不断迈出坚实的步伐，我国经济社会发展特别是综合国力、国际竞争力都迈上了新的台阶。

决胜全面建成小康社会

进入 21 世纪第二个十年，我国全面建成小康社会到了决定性阶段。2012 年 11 月，党的十八大向人民、向历史作出庄严的承诺，确保到 2020 年我国全面建成小康社会。党的十八大根据我国经济社会发展实际，进一步充实和完善了全面建成小康社会的目标体系。特别是在目标导向上，强调要把解决发展中存在的不平衡、不协调、不可持续问题作为全面建成小康社会的主要着力点；强调以改革的办法解决发展中的问题，使社会主义市场经济体制更加完善，各方面的制度更加定型；明确把生态文明建设作为全面建成小康社会的目标要求，而且首次提出加快建立生态文明制度。

党的十八大以后，习近平总书记对近代以来中国人民实现民族伟大复兴的中国梦作了深刻而生动的阐述，重申"两个一百年"的奋斗目标，指出：实现全面建成小康社会的目标"是实现中华民族伟大复兴中国梦的关键一步"。以习近平同志为核心的党中央总揽全局，立足实际，确立并积极推进经济建设、政治建设、文化建设、社会建设、生态文明建设"五位一体"的总体布局，确立并积极推进全面建成小康社会、全面深化改革、全面依法治国、全面从严治党的"四个全面"战略布局。在不断采取各种新的战略举措推动经济社会发展的同时，以全局观念和系统思维积极推动全面深化改革、全面依法治国和全面从严治党协调发展。党的十八届三中全会对全面深化改革进行整体部署，推动兴起新一轮改革大潮。党的十八届四中全会作出党的历史上第一个关于加强法治建设的专门决定，明确全面依法治国是党领导人民治理国家的基本方略。之后实施一系列全面依法治国的措施，为经济社会发展提供有利的法治环境和社会环境。以习近平同志为核心的党中央对党自身的建设也提出了更高的目标和要求，坚定不移地推进全面从严治党、依规治党，直击积弊、扶正祛邪，党风政风呈现新气象。所有这些，都为全面建成小康社会提供了重要的条件和保证。到2015年，我国圆满完成了"十二五"规划制定的各项任务和目标，经济社会发展取得新的重大成就，经济实力、科技实力、国防实力、国家影响力又上了一个大台阶，人民生活水平也上了一个新的台阶，从各方面为全面建成小康社会奠定了坚实的基础。

从2016年到2020年的五年，全面建成小康社会进入决胜阶段。习近平总书记指出："这个时跨本世纪头20年的奋斗历程到了需要一鼓作气向终点线冲刺的历史时刻。完成这一战略任务，是我们的历史责任，也是我们的最大光荣。"①2015年10月党中央召开十八届五中全会，及时对决胜全面建成小康社会作出全面的战略部署，发出向全面建成小康社会目标冲刺的新的动员令，并领导制定了国民经济和社会发展第十三个五年规划。"十三五"

---

① 《习近平新时代中国特色社会主义思想学习论丛》第二辑，中央文献出版社2020年版，第69页。

规划针对发展中存在的短板问题，对全面建成小康社会提出了新的目标和要求，包括：经济保持高速增长，创新驱动成效显著，发展协调性明显增强，人民生活水平和质量普遍提高，国民素质和文明程度显著升高，生态环境质量总体改善，各方面制度更加成熟更加定型，等等。这其中突出地贯穿着全面建成小康社会的一个核心目标要求，这就是全面。即要求覆盖的领域要全面，全面小康应是经济建设、政治建设、文化建设、社会建设、生态文明建设"五位一体"全面发展的小康；要求覆盖的人口要全面，全面小康应是惠及全体人民、造福全体人民的小康；要求覆盖的区域要全面，全面小康应是城乡区域共同发展的小康，是"农村的全面小康和欠发达地区的全面小康"。"十三五"规划还坚持以人民为中心的发展思想，鲜明地提出了创新、协调、绿色、开放、共享的发展理念。新发展理念，指明了"十三五"时期乃至更长时期我国经济社会的发展思路、发展方向和发展着力点，成为推动经济社会持续健康发展、全面建成小康社会新的引领。

全面建成小康社会，最大的"拦路虎"是困扰了中国人几千年的贫困问题。到2012年党的十八大召开时，我国贫困人口发生率还高达10.2%，还存在9000多万农村贫困人口。建成惠及全体人民的小康社会，就要使这9000多万贫困人口全部脱贫。党的十八大召开不久，习近平总书记就深刻指出："全面建成小康社会，最艰巨最繁重的任务在农村、特别是在贫困地区。没有农村的小康，特别是没有贫困地区的小康，就没有全面建成小康社会"①。

党的十八大以后,党中央加大扶贫投入,创新扶贫方式,扶贫工作呈现新局面。2013年11月,习近平总书记在湖南考察时,首次提出"精准扶贫"的理念,强调要"实事求是、因地制宜、分类指导、精准扶贫",标志着我国扶贫方式的重大转变。

"十三五"时期是全面建成小康社会的决定性阶段。党的十八届五中全会通过的《关于制定国民经济和社会发展第十三个五年规划的建议》,提出把农村贫困人口脱贫作为全面建成小康社会的基本标志,确保到2020年我国现行标准下农村贫困人口实现脱贫,贫困县全部摘帽,解决区域性整体贫困问题。随后,2015年11月中共中央、国务院作出《关于打赢脱贫攻坚战的决定》,围绕到2020年要实现的脱贫工作目标,对扶贫开发提出"六个精准"的要求和"五个一批"的措施。之后,通过加强产业扶贫,增强了贫困地区内生发展活力和动力;通过生态扶贫、易地扶贫搬迁、退耕还林还草等,贫困地区生态环境明显改善,收到了生态保护和扶贫脱贫的双重效果;通过基础设施和公共服务建设,贫困地区生产生活条件明显改善,改变了贫困地区整体面貌。

2017年10月党的十九大提出,既要全面建成小康社会、实现第一个百年奋斗目标,又要乘势而上开启全面建设社会主义现代化国家新征程,向第二个百年奋斗目标进军。历史发展到

---

① 《习近平著作选读》第一卷,人民出版社2023年版,第73页。

了"两个一百年"奋斗目标的交汇点上,脱贫攻坚战也到了啃硬骨头、攻坚拔寨的时候。2018年6月,中共中央、国务院制定《关于打赢脱贫攻坚战三年行动的指导意见》。2019年3月,习近平总书记在全国两会上号召全国"尽锐出战、迎难而上,真抓实干、精准施策"[①]。10月,党的十九届四中全会提出"坚决打赢脱贫攻坚战,巩固脱贫攻坚成果,建立解决相对贫困的长效机制"[②]。到2020年,这场举全党全国之力的脱贫攻坚战取得决定性胜利。全国832个县全部脱贫,12.8万个贫困村全部出列,近1亿贫困人口实现脱贫,消除了绝对贫困和区域性整体贫困。

脱贫攻坚战的胜利,标志着全面建成小康社会历史任务的完成,标志着第一个百年奋斗目标的实现。

伟大的历史总是蕴含着伟大的历史精神。从小康社会目标的提出到全面建成小康社会的辉煌历程,凸显了中国共产党为中国人民谋幸福、为中华民族谋复兴的初心使命、历史担当,以及脚踏实地、艰苦奋斗的伟大品格;凸显了中国人民实现中华民族伟大复兴的雄心壮志和创造历史伟业的奋发精神。这一辉煌历程,为党领导人民向第二个百年奋斗目标迈进铺垫了广阔而坚实的道路,也为党和人民留下了弥足珍贵的精神财富。

[①] 《习近平关于"三农"工作论述摘编》,中央文献出版社2019年版,第181页。
[②] 《中国共产党第十九届中央委员会第四次全体会议文件汇编》,人民出版社2019年版,第12页。

中国道路是党在百年奋斗中探索形成的

党的十九届六中全会审议通过的《中共中央关于党的百年奋斗重大成就和历史经验的决议》，系统总结百年来党领导人民进行伟大斗争在十个方面积累的宝贵历史经验，其中之一是"坚持中国道路"，并指出：党在百年奋斗中始终坚持从我国国情出发，探索并形成符合中国实际的正确道路中国特色社会主义道路。中国特色社会主义道路是创造人民美好生活、实现中华民族伟大复兴的康庄大道。回顾党百年执着追求与奋斗的历史，回顾近代以来中华民族由衰到盛一百八十多年的历史，梳理党和人民探索形成中国道路的历史轨迹，对于更好地学习理解《中共中央关于党的百年奋斗重大成就和历史经验的决议》的精神，是很有必要的。

党和人民探索并形成中国道路经历了一百年，经历了从新民主主义革命和社会主义救中国，到中国特色社会主义发展中国的漫长的历史过程。

中国道路，是中国共产党和中国人民的历史选择

在1920年中国共产党成立前夕，毛泽东与在法国勤工俭学的蔡和森等新民学会会员通信，谈到走俄国革命道路救中国时说："俄国式的革命，是无可如何的山穷水尽诸路皆走不通了的一个变计，并不是有更好的方法弃而不采，单要采这个恐怖的方法。"①

毛泽东所说的"皆走不通了的"诸路，指的是些什么路呢？指辛亥革命前的洋务运动、戊戌变法等资产阶级改良运动，也包括辛亥革命。洋务派搞"师夷长技以制夷"，学习西方搞工业、搞军事，训练新军，但在中日甲午战争中照样一败涂地。资产阶级改良派看到了洋务运动的失败，看到了光从器物上改良解决不了中国的问题，主张学习、搬用西方的一些政治制度，发动了不触动封建专制根本的维新变法，结果当然也只能是以失败而告终。他们的主张和做法，孙中山将之比作想用几个小柱子斜撑住一座腐朽的房屋使之免于坍塌，毛泽东则将之比作给一件百孔千疮的破衣打上几个小补丁。孙中山领导辛亥革命建立资产阶级共和国也是一条走不通的路，虽然推翻了中国几千年的君主专制制度，推动了社会进步，却没有改变中国半殖民地半封建社会的性质和中国人民的悲惨命运。

毛泽东所讲的"不是有更好的方法弃而不采"，又是指一些

---

① 《毛泽东书信选集》，中央文献出版社2003年版，第4页。

什么方法呢？辛亥革命以后，中国的先进分子在苦闷中开始新的思考和探索，无政府主义、国家主义、民粹主义、新村主义、工团主义等各种主义和思潮蜂拥而起。夹杂在各种主义、思潮中的还有教育救国、实业救国、工业救国等主张。这些主义、思潮和主张，很快都被实践证明也不是什么好方法。

正是在这样一种"山穷水尽"的情况下，中国共产党的先驱们学习俄国十月革命的经验，选择了革命救国、社会主义救中国。他们选择了社会主义方向，同时开始了中国如何搞社会主义的思考。在建党之初，李大钊就指出：社会主义，"因各地、各时之情形不同，务求其适合着行之"，社会主义制度将发生"共性和特性相结合"，中国将来的社会主义"必与英、德、俄……有异"[①]。可以说，中国共产党从选择社会主义方向开始，就在准备探索一条具有中国特色的社会主义建设道路。

中国道路，在新民主主义革命时期酝酿

中国共产党在革命斗争实践中确立了中国革命两步走的目标，第一步是进行反帝反封建的新民主主义革命；第二步是进行社会主义革命，由新民主主义过渡到社会主义。以毛泽东的《新民主主义论》等著作为代表，中国共产党完整地提出了新民主主义理论，不仅回答、解决了新民主主义革命的一系列基本问题，而且回答了革命胜利后国家建设的许多重要问题。

---

① 《李大钊文集》第四卷，人民出版社1999年版，第5页。

毛泽东反对照搬俄国革命以城市为中心的经验，探索出了一条具有中国特色的农村包围城市、武装夺取政权的革命道路。在革命胜利后国家建设问题上，他又明确反对仿效苏联直接进入社会主义的做法，而主张根据中国国情走自己的路，通过新民主主义过渡到社会主义。他认为，直接进入社会主义只适合于苏联和一些资本主义发达国家，而不适合于半殖民地半封建的中国。他还指出，中国国情另一个大的特点是，现代性的工业只占国民经济10%左右，而90%左右是分散的个体的农业经济和手工业经济，这是"在中国革命的时期内和革命胜利以后一个相当长的时期内考虑一切问题的基本出发点"①。从中国基本国情实际出发，毛泽东从政治、经济、文化等各方面为中国从新民主主义过渡到社会主义，酝酿、提出了一套构想和设计。这就决定了中国社会主义，从酝酿、设计开始便有了自己的特点。后来的实际，就是按照毛泽东的构想和设计发展的。1956年社会主义改造完成时，已经建立起了人民代表大会制度等基本社会主义政治制度，公有制经济在国民经济中的主体地位已经确立。也就是说，中国社会已由新民主主义社会逐渐进入社会主义社会。中国的社会主义由新民主主义脱胎而出，整体上是不同于苏联模式的。而且，党内在社会主义经济体制问题上，总结新民主主义建设的经验，形成了一些突破苏联模式具有中国特点的设想，包括在社会主义公有制和集体经营占绝对优势的前提下，允许其他所有制形式和经营

---

① 毛泽东：《在中国共产党第七届中央委员会第二次全体会议上的报告》，人民出版社2004年版，第10页。

形式并存；在计划生产为主体和国家统一市场的情况下，根据市场的需要，允许自由生产和自由市场作为补充，等等。这些设想，虽然后来由于各种原因没有得到很好的实现，但无疑为党探索社会主义建设道路积累了思想成果，为后来党的十一届三中全会后推动改革开放起步，提供了思路和启发。

中国道路，在社会主义革命和建设时期奠基

新中国成立后，没有长时间停留在新民主主义阶段。党根据世界社会主义发展的大趋势，根据迅速改善广大劳动人民经济地位及国家工业化发展的需要，用三年时间领导人民顺利地进行了社会主义改造，在中国大地上建立起社会主义政治、经济、文化制度。

社会主义基本制度建立以后，如何搞建设，如何巩固和发展社会主义，成为党和人民面临的一个全新的课题。马克思、恩格斯创立科学社会主义理论，并提出社会主义的基本原则，使社会主义由空想变为科学。但马克思恩格斯生活的时代，社会主义缺乏广泛实践的条件，他们不可能对社会主义的具体实现形式作出具体设计。作为马克思主义唯物论的创立者，他们不愿意甚至明确反对教条式地规定未来社会主义的具体做法，而强调科学社会主义原则的运用要以具体的历史条件为转移。列宁领导十月革命取得胜利，建立了世界上第一个社会主义国家，使科学社会主义由理论变为实践。列宁对社会主义实践作了开创性的探索，并形

成了许多科学的理论认识，但他同马克思恩格斯一样，反对把理论看作某种一成不变的神圣不可侵犯的教条，因此也没有对其他国家如何搞社会主义给出具体方案。列宁逝世后，苏联社会主义体制逐渐陷入僵化。在没有别的经验可学的情况下，新中国在向社会主义过渡前后还是照搬了苏联的很多做法。但毛泽东等中央领导人很快发现苏联模式的种种弊端，果断决策并带领全党以苏联经验为鉴戒，探索适合中国情况的社会主义建设道路，形成了以党的八大路线为代表的关于社会主义建设的许多独创性的思想理论，包括社会主义社会的主要矛盾是人民对于建立先进的工业国的要求同落后的农业国的现实之间的矛盾，是人民对于经济文化迅速发展的需要同当前经济文化不能满足人民需要的状况之间的矛盾，严格区分和正确处理人民内部矛盾和敌我矛盾，走出一条中国式工业化道路，尊重价值规律、扩大商品生产，"百花齐放、百家争鸣"发展科学文化的方针等，并领导党和人民开创了全面建设社会主义的新局面。但是由于各种原因，党后来出现"左"的错误，特别是后来出现了"文化大革命"的全局性错误，中国社会主义建设遭受严重损失。

从新中国成立到改革开放前夕，党领导人民完成社会主义革命，实现了中华民族有史以来最为广泛而深刻的社会变革，实现了古老的东方大国迈进社会主义的伟大飞跃。党在探索社会主义建设道路过程中，虽然经历了严重的曲折，但党领导人民在社会主义革命和建设中取得的独创性理论成果和巨大成就，为在新的历史时期开创中国特色社会主义道路提供了宝贵经验、理论准备和物质基础。

中国道路，在改革开放和社会主义现代化建设时期开创、确立

"文化大革命"结束后，党和国家面临着一个何去何从的问题。社会主义救中国，是党和人民历史性的选择，但过去陷入僵化的老路注定走不下去了。那么要走一条什么样的社会主义道路呢？党总结"左"的错误教训，深刻认识到搞社会主义必须立足中国的实际。邓小平指出："过去搞民主革命，要适合中国情况，走毛泽东同志开辟的农村包围城市的道路。现在搞建设，也要适合中国情况，走出一条中国式的现代化道路。"① 他首先从现代化建设的角度，提出了"中国式"道路的命题。随着改革开放的推进和发展，实践越来越需要对这条"中国式"道路作出更带本质属性的定义。邓小平经过深思熟虑，终于在党的十二大提出了"建设有中国特色的社会主义"的重大命题。他对这一命题反复作了阐释：第一，中国特色社会主义必须是社会主义，而不是资本主义；第二，中国特色社会主义必须是切合中国实际的社会主义。这一命题的提出，明确回答了中国走什么道路的问题，也成为中国共产党人推进马克思主义中国化理论创新的主题。以邓小平同志为主要代表的中国共产党人吸收党领导社会主义建设的历史经验和探索社会主义建设道路所形成的思想理论成果，总

---

① 《邓小平文选》第二卷，人民出版社1994年版，第163页。

结改革开放和社会主义现代化建设新的实践经验，创立了邓小平理论，科学回答了建设中国特色社会主义的一系列基本问题，在中华大地上成功开创了中国特色社会主义。

中国特色社会主义既符合社会主义基本原则和发展规律，又符合中国实际和人民群众的意愿，一经诞生便表现出巨大的生机与活力。但是，20世纪80年代末之后，随着苏联解体和东欧国家剧变，社会主义运动在世界范围内陷入低潮，中国共产党和中国人民面临着多方面的严峻挑战。能否坚持和发展中国特色社会主义成为影响中国发展进步的根本问题，也是对中国共产党人的大考验。党的十三届四中全会以后，以江泽民同志为主要代表的中国共产党人，团结带领人民在世界社会主义出现严重曲折的情况下捍卫中国特色社会主义，开创全面改革开放新局面，成功把中国特色社会主义推向21世纪。跨入新世纪，我国进入全面建设小康社会、加快推进社会主义现代化发展的新阶段，面临着许多新课题。党的十六大以后，以胡锦涛同志为主要代表的中国共产党人，团结带领人民在全面建设小康社会进程中推进全面创新，抓住重要战略机遇期，一心一意谋发展，成功地解决了发展中出现的新课题，成功地在新形势下坚持和发展了中国特色社会主义。

中国道路，在新时代更好地坚持和发展

党的十八大以来，以习近平同志为主要代表的中国共产党人开创了中国特色社会主义新时代，党和人民的奋斗目标和各方面

的历史条件都发生了深刻变化，党从理论和实践上对坚持和发展中国特色社会主义进一步深化，中国特色社会主义道路、理论、制度、文化自信进一步增强。习近平总书记从理论逻辑、历史逻辑、时代要求和中华民族复兴大业的高度，进一步揭示了中国特色社会主义道路的伟大意义。习近平总书记指出，中国特色社会主义是科学社会主义理论逻辑和中国社会发展历史逻辑的辩证统一，是植根于中国大地、反映中国人民意愿、适应中国和时代发展进步要求的科学社会主义，是全面建成小康社会、加快推进社会主义现代化、实现中华民族伟大复兴的必由之路。①

习近平总书记对坚持和发展中国特色社会主义，提出了一系列新理念新思想新战略，党领导人民自信自强、守正创新，创造了新时代中国特色社会主义的伟大成就。党坚持加强全面领导，全面从严治党，在革命性锻造中更加坚强。党加强对经济建设的战略谋划和统一领导，提出"以人民为中心"的发展思想和新发展理念，使我国经济发展的平衡性、协调性和可持续性明显增强。党领导人民不断推动全面深化改革向广度和深度进军，许多领域实现历史性变革、系统性重塑、整体性重构，对外开放形成更大范围、更宽领域、更深层次的格局。党领导人民发展社会主义民主，全面推进社会主义民主政治制度化、规范化、程序化，生动活泼、安定团结的政治局面得到巩固和发展。党坚持依法治国，不断健全社会主义法治体系，法治中国建设迈出坚实步伐。

---

① 《习近平新时代中国特色社会主义思想的世界观和方法论专题摘编》，中央文献出版社2023年版，第74页。

党坚持以社会主义核心价值引领文化建设，建设社会主义文化强国，国家文化软实力明显增强。党中央强调，人民对美好生活的向往就是党的奋斗目标，努力保障和改善民生，人民生活水平全方位提高，社会治理水平大幅度提升。以习近平同志为核心的党中央以前所未有的力度抓生态文明建设，美丽中国建设迈出重大步伐。党提出并实施新时代的强军目标和改革强军战略，人民军队实现整体性革命性重塑。党着力推进国家安全体系和能力建设，国家安全得到全面加强，经受住了各方面的风险挑战考验。党坚持"一国两制"，积极推进依法治港治澳，坚决反对"台独"分裂行径和外部势力干涉，始终牢牢把握两岸关系主导权和主动权。党把握外交工作大局，全面推进中国特色大国外交，使我国外交在世界大变局中开创新局面。

经过全党全国人民的奋发努力，第一个百年奋斗目标胜利实现，并开启了全面建设社会主义现代化国家的新征程，中国特色社会主义制度更加成熟更加定型，国家治理体系和治理能力现代化水平不断提高，党和国家的事业取得历史性成就、发生历史性变革，中国特色社会主义彰显出更加强大的生命力。新时代，中国道路越走越宽阔！

中国精神的时代精华

党的十八大以来，习近平总书记对以爱国主义为核心的民族精神和以改革创新为核心的时代精神，作了大量深刻的论述；在建党 100 周年的时候，又对伟大建党精神作了全面的概括、阐释，拓展和升华了中国精神的丰富内涵及实践要求。习近平新时代中国特色社会主义思想对中国精神作了时代概括、时代提炼、时代表达，成为中国精神的时代精华，为实现中华民族伟大复兴提供了更为主动的精神力量。

高度凝练了伟大民族精神的基因和禀赋

伟大民族精神，是中华民族五千多年来积淀流传、薪火相传的宝贵精神财富，博大精深、源远流长、根深叶茂，是中国人民生生不息、长盛不衰的强大基因，是中华民族历经磨难而信念愈坚、饱尝艰辛而斗志更强的强大精神动力。习近平新时代中国特色社会主义思想以伟大民族精神为丰厚滋养和支撑力量，重申实现中华民族伟大复兴"两个一百年"的奋斗目标，指引中国人民谱写了世所罕见的经济快速发展和社会长期稳定两大奇迹新篇章，实现了中华民族伟大复兴历史进程的大跨越。

习近平新时代中国特色社会主义思想对伟大民族精神作出了富有中华传统底蕴和时代特色的新概括。在漫长的历史发展进程中，中国人民在建设伟大祖国和美好家园、抵御外国侵略和克服艰难险阻的奋斗中，以勤劳勇敢的劳动、坚韧不拔的毅力、自强不息的探索，不断充实和丰富伟大民族精神的内涵。伟大民族精神于坎坷跌宕中生发壮大，于艰苦卓绝中绵延拓展，不断积攒着屹立于世界民族之林的磅礴力量。习近平总书记以大历史观总结中华民族五千多年的文明进程，将中国人民在长期奋斗中培育、继承、发展起来的伟大民族精神概括为伟大创造精神、伟大奋斗精神、伟大团结精神、伟大梦想精神，并对其内涵作了深入阐释。在对伟大民族精神作出富有中华传统底蕴和时代特色的概括、阐释的基础上，他深刻地揭示了这种伟大民族精神对于实现中华民族伟大复兴的意义，指出：只要中国人民始终发扬这种伟大民族精神，我们就一定能够创造出一个又一个人间奇迹，一定能够达到创造人民更加美好生活的宏伟目标，一定能够形成勇往直前、无坚不摧的强大力量，一定能够实现中华民族伟大复兴。[1]

习近平新时代中国特色社会主义思想高擎爱国主义伟大旗

---

[1] 习近平：《在十三届全国人民代表大会第一次会议上的讲话》，人民出版社2018年版，第3—6页。

帜，凝聚起中华儿女团结奋斗的磅礴力量。伟大民族精神的核心是爱国主义，伟大民族精神的全部内涵都围绕爱国主义延伸和展开，爱国主义最能感召和凝聚中华儿女团结奋斗。爱国主义是中华民族最深厚的思想传统和文化基因，自古以来就流淌在中华民族血脉之中，是中国人民和中华民族同心同德、自强不息的精神纽带。中国特色社会主义进入新时代，习近平总书记指出实现中华民族伟大复兴是近代以来中华民族最伟大的梦想，更鲜明地揭示了当代中国爱国主义的主题，进一步激发了爱国主义的民族情感。他把爱国主义比喻为"引领中国人民和中华民族迸发排山倒海的历史伟力、战胜前进道路上一切艰难险阻的壮丽旗帜"①。并指出，"只有坚持爱国和爱党爱社会主义相统一，爱国主义才是鲜活的、真实的，这是当代中国爱国主义精神最重要的体现"②，强调要把爱国主义教育贯穿国民教育和精神文明建设全过程，让爱国主义成为每一个中国人的坚定信念和精神依靠。他还指出，必须坚持大团结大联合，坚持一致性和多样性统一，努力寻求最大公约数、画出最大同心圆，形成海内外全体中华儿女心往一处想、劲往一处使的生动局面。爱国主义是习近平新时代中国特色社会主义思想的伟大旗帜和深厚底蕴，这无疑是这一思想具有巨大号召力、感染力和凝聚力的重要因素。

习近平新时代中国特色社会主义思想注重弘扬中华文明智慧和民族传统美德，着力推动中华优秀传统文化创造性转化、创新

---

① 《习近平著作选读》第二卷，人民出版社2023年版，第337页。
② 同①，第198页。

性发展。源远流长的中华文明所展示的民族智慧和传统美德，是伟大民族精神的结晶。习近平总书记非常重视弘扬中华文明智慧和民族传统美德，深入挖掘中华民族千百年来形成的天下为公、民为邦本、为政以德、革故鼎新、任人唯贤、天人合一、自强不息、厚德载物、讲信修睦、亲仁善邻等传统理念，古为今用、推陈出新，着力提炼、展示其当代价值和文化底蕴。他对古丝绸之路承载的和平合作、开放包容、互学互鉴、互利共赢精神进行新的阐发，赋予其以全新的时代内涵，向国际社会提出共建"一带一路"倡议，倡导以丝路精神为引领建设人类和平之路、繁荣之路、开放之路、绿色之路、创新之路、文明之路。他身体力行，对中华优秀传统文化进行创造性转化和创新性发展，使中华文明智慧和民族传统美德焕发出新的生机和活力。习近平新时代中国特色社会主义思想，在这方面所提出的一系列富有中国风格和中国气派的新观点新论断，为当代中国发展提供了具有深厚历史根基而又契合时代要求的精神文化滋养，为人类文明发展进步提供了充满中国智慧的中国方案、中国主张。

生动彰显了伟大时代精神的真谛和精髓

时代精神是时代发展的精神结晶和鲜明象征，随着时代发展而不断丰富发展。改革开放以来，在党领导人民进行改革开放和社会主义现代化建设实践中，形成了以改革创新为核心的与时俱进、锐意进取、求真务实、奋勇争先等伟大时代精神。党的十八大以来，习近平总书记大力倡导和推动弘扬伟大时代精神，同时总结党和人民新的精神创造，对伟大时代精神不断作出新的阐发。习近平新时代中国特色社会主义思想生动彰显了伟大时代精神的真谛和精髓。这一思想围绕新时代坚持和发展什么样的中国特色社会主义、怎样坚持和发展中国特色社会主义，建设什么样的社会主义现代化强国、怎样建设社会主义现代化强国，建设什么样的长期执政的马克思主义政党、怎样建设长期执政的马克思主义政党等重大时代课题，提出了一系列原创性、时代性的治国理政新理念新思想新战略，在回答中国之问、世界之问、人民之问、时代之问的过程中充分展现了时代的精神风貌，绽放出璀璨的时代光芒。

习近平新时代中国特色社会主义思想突出体现了改革创新的精神，唱响了昂扬的时代主旋律。改革创新是伟大时代精神的核心。中华民族具有守正不守旧、尊古不复古的进取精神，具有不惧新挑战、勇于接受新事物的无畏品格。习近平总书记指出，改革创新始终是鞭策我们在改革开放中与时俱进的精神力量。只有不断改革创新，才能不断获得发展进步的生机活力，才能永远立于不败之地。他要求广大党员干部"增强改革创新精神"，"拿出更多改革创新举措"，"以改革创新的精神状态、求真务实的作风，不断开拓发展新境界"。①他大力倡导改革创新的社会风气，指出"生活从不眷顾因循守旧、满足现状者，从不等待不思进取、坐享

---

① 习近平：《论把握新发展阶段、贯彻新发展理念、构建新发展格局》，中央文献出版社2021年版，第133页。

其成者，而是将更多机遇留给善于和勇于创新的人们"①。

新时代，改革精神突出地体现在社会实践中，贯穿于党和人民的全部实践。习近平总书记强调，改革开放是当代中国发展进步的活力之源，是我们党和人民大踏步赶上时代的重要法宝。他指出，要坚决破除一切顽瘴痼疾，推进创造性、引领性改革，推动改革行稳致远。以习近平同志为核心的党中央明确全面深化改革总目标，不断完善和发展中国特色社会主义制度，推进国家治理体系和治理能力现代化，对经济体制、政治体制、文化体制、社会体制、生态文明体制、国防和军队体制以及党的建设制度改革作出部署，着力增强改革的系统性、整体性、协同性，推动改革全面发力、多点突破、蹄疾步稳、纵深发展。由此，我国的改革开放不断开创新局面，全社会形成了改革创新活力竞相迸发、充分涌动的生动局面。

习近平新时代中国特色社会主义思想坚持自信自强、守正创新，淬炼和升华了以改革创新为核心的时代精神。习近平总书记指出："为了实现中华民族伟大复兴，中国共产党团结带领中国人民，自信自强、守正创新，统揽伟大斗争、伟大工程、伟大事业、伟大梦想，创造了新时代中国特色社会主义的伟大成就。"② 自信自强、守正创新，是新时代党和人民精神风貌的真实写照，是对以改革创新为核心的时代精神的淬炼和新的升华，是以改革创新为核心的时代精神的精髓，是习近平新时代中国特色社会主

---

① 《习近平论党史和文献工作》，中央文献出版社2019年版，第55页。
② 《习近平著作选读》第二卷，人民出版社2023年版，第479页。

义思想鲜明的精神品格。

习近平新时代中国特色社会主义思想充满着坚定的中国特色社会主义道路自信、理论自信、制度自信、文化自信，彰显了兴党强国的高度自信和强大定力。这一思想坚持把马克思主义基本原理同中国具体实际相结合、同中华优秀传统文化相结合，充分吸收党成立以来的历史经验，深入总结党在新时代的原创性思想和变革性实践，形成系统科学的体系，实现了马克思主义中国化时代化新的飞跃。这一思想在新的历史条件下，提出以人民为中心的发展思想、创新协调绿色开放共享的新发展理念和共建"一带一路"等新理念新思想新战略，推动党和国家事业取得历史性成就、发生历史性变革。近年来，面对以美国为首的极少数西方国家全面遏华、新冠疫情全球蔓延、世界经济陷入萎缩的局面，以习近平同志为核心的党中央以高度的自信自强和创新思维，正确判断中国发展的机遇与挑战，作出把握新发展阶段、贯彻新发展理念、构建新发展格局、推动高质量发展的重大战略部署，赢得了应对挑战的先机和促进发展的主动权。在党的二十大上，习近平总书记深刻阐明了中国式现代化的中国特色、本质要求和重大原则，以及推进中国式现代化需要正确处理的一系列重大关系，初步构建中国式现代化的理论体系，使中国式现代化更加清晰、更加科学、更加可感可行。中国式现代化道路创造了人类文明新形态，展现了不同于西方现代化模式的新图景，给世界上那些既希望加快发展又希望保持自身独立性的国家和民族提供了全新选择。

深刻体现了伟大建党精神的特质和品格

伟大建党精神是中国共产党人精神谱系的源头,是一代又一代中国共产党人锤炼党性、砥砺品行的精神坐标,是中国精神、中国价值、中国力量的充分彰显,丰富和升华了伟大民族精神和伟大时代精神,成为伟大民族精神和时代精神的强大引领。习近平总书记对伟大建党精神和以伟大建党精神为源头的中国共产党人的精神谱系作了深刻阐述,习近平新时代中国特色社会主义思想深刻体现了伟大建党精神的特质和品格。

习近平新时代中国特色社会主义思想深刻揭示了立党兴党强党的精神动因。习近平总书记将伟大建党精神概括为:坚持真理、坚守理想,践行初心、担当使命,不怕牺牲、英勇斗争,对党忠诚、不负人民。"坚持真理、坚守理想",揭示了我们党思想理论先进、理想信念坚定的独特优势。"践行初心、担当使命",揭示了我们党百年奋斗的根本动力和一以贯之的历史担当。"不怕牺牲、英勇斗争",揭示了我们党无比坚强的革命意志和不可战胜的强大力量。"对党忠诚、不负人民",揭示了我们党立党为公、执政为民的高尚品格和全心全意为人民服务的根本宗旨。伟大建党精神蕴含着百年大党生机勃勃、事业长盛不衰的精神动因,也成为习近平新时代中国特色社会主义思想内在的精神基因。

习近平新时代中国特色社会主义思想,生动彰显了党在百年奋斗中形成的伟大精神和中国共产党人的伟大人格。伟大建党精神和中国共产党人的精神谱系,是党在百年奋斗中形成的伟大精神和中国共产党人伟大人格的统一,一方面充分体现了作为无产阶级先锋队的党性特质,另一方面又充分体现了中国共产党人的人格特质。习近平总书记强调"党性是党员干部立身、立业、立言、立德的基石",要求共产党员把加强党性修养作为终身必修课;同时,指出"共产党人拥有人格力量,才能赢得民心",要求共产党人"明大德、守公德、严私德,清清白白做人、干干净净做事"①,持君子之道,拥家国情怀。具有中国共产党人人格特点的伟大建党精神和中国共产党人精神谱系历久弥新、永不过时,过去是、现在是、将来仍然是我们党的宝贵精神财富。习近平新时代中国特色社会主义思想,对伟大建党精神和中国共产党人精神谱系的阐释,坚持党在百年奋斗中形成的伟大精神和中国共产党人伟大人格的结合与统一,更显现出其作为中国精神时代精华的价值。

习近平新时代中国特色社会主义思想凸显了党在百年奋斗中形成的伟大精神的人民情怀。伟大建党精神和中国共产党人精神谱系,共同的底蕴是人民情怀。党的根基在人民、血脉在人民、力量在人民,人民是党执政兴国的最大底气。习近平总书记指出,江山就是人民、人民就是江山,打江山、守江山,守的是人民的心。守住人民的心,就必须坚持人民至上,就必须坚持以人民为中心的发展思想,牢牢植根人民、紧紧依靠人民、不断造福人民。坚持以人民为中心的发展思想,体现了党的理想信念、性

---

① 习近平:《论党的自我革命》,中央文献出版社2023年版,第330页。

质宗旨、初心使命，犹如一根红线贯穿新时代的全部理论探索和实践创新。习近平新时代中国特色社会主义思想以满足人民日益增长的美好生活需要为出发点和落脚点，始终从人民利益出发谋划发展，站在人民立场深化改革开放，着眼人民幸福安康改善民生，是来自人民、为了人民、造福人民的科学理论。

中国精神是引领中国人民在实现民族复兴道路上攻坚克难、从胜利走向胜利的强大精神动力，是凝心聚力的兴国之魂、强国之魂。我们要更好地学习贯彻习近平新时代中国特色社会主义思想，在新的时代条件下更好构筑中国精神、中国价值、中国力量，以更加积极主动、奋发有为的精神状态勇毅前行，走好全面建设社会主义现代化国家新的赶考之路。

伟大建党精神的孕育形成

"坚持真理、坚守理想,践行初心、担当使命,不怕牺牲、英勇斗争,对党忠诚、不负人民"的伟大建党精神,是中国共产党独有的政治和精神品格,是民族精神和时代精神的高度凝练,是中国共产党的先驱者和一代又一代优秀中国共产党人人格的真实写照。中国共产党的先驱者在孕育、创建中国共产党的过程中,孕育形成了伟大的建党精神。

中国共产党的先驱者高举起民主和科学的旗帜,使党一成立便站在了人类社会进步精神的制高点上

伟大建党精神作为中国共产党这样一个先进政党的精神之源,是与人类社会具有普遍价值的进步精神紧紧联系在一起的。近代世界,民主和科学是西方资产阶级反对封建主义的重要武器,并成为人类社会进步精神的重要标志。在早期的新文化运动

中，中国共产党的先驱者在中国大地上第一次打出民主和科学的旗帜，向着封建专制和蒙昧思想文化发起前所未有的猛烈攻击。陈独秀提出："我们现在认定只有这两位先生，可以救治中国政治上、道德上、学术上、思想上一切的黑暗"。[1] 这两面旗帜打开了新思想潮流的闸门，在中国掀起了一股思想解放的潮流，从而为马克思主义在中国的传播创造了有利条件。

正是在反对封建专治和蒙昧的斗争中，中国共产党的先驱者实现了马克思恩格斯在共产党宣言中所指出的"同传统的所有制关系实行最彻底的决裂""同传统的观念实行最彻底的决裂"[2]，接受现代民主和科学精神的洗礼，站在了人类社会进步精神的制高点上。

中国共产党的先驱者对民主和科学的追寻，没有按照西方人的版本走下去。俄国十月革命和中国五四运动后，他们越来越多地接受了马克思主义，赋予了民主和科学新的内涵，由激进的民主主义者转变为社会主义者。陈独秀明确提出，他之前所认定的"民主主义"，乃是资产阶级"拿他来打倒封建制度底武器""不能代表劳动阶级底意志""社会主义要起来代替共和政治"。[3] 他们将"民主"从资产阶级民主思想发展成为人民民主思想，将"科学"从一般的科学法则发展成为建立在辩证唯物主义哲学基础上的科学精神。

---

[1]《陈独秀选集》，天津人民出版社1990年版，第73页。
[2]《共产党宣言》，人民出版社2018年版，第49页。
[3]《陈独秀文集》第二卷，人民出版社2013年版，第94—95、57页。

马克思主义的民主和科学观，集中反映了唯物主义世界观的基本立场、观点和方法，成为党重要的精神基因。民主和科学是思想解放的旗帜，这个基因，决定了党解放思想、除旧布新的精神特质。这个基因，孕育了党的实事求是、群众路线等具有中国共产党人特点的思想路线和工作作风，为伟大建党精神的形成和发展开辟了广阔的实践途径。

中国共产党的先驱者高举起民族伟大复兴的精神旗帜，极大地凝聚起民族精神，并使从精神上建党获得强大的动力和源泉

鸦片战争后，面对四分五裂、一盘散沙的局面，中国的一些先进分子为实现民族复兴作了各种尝试和努力，但由于没有找到一条正确道路，不能凝聚起人民大众的力量和民族精神，而尽皆归于失败。中国共产党的先驱者建党的过程，实质上是一个探索实现民族伟大复兴正确道路的过程。俄国十月革命的胜利，把社会主义变成活生生的现实。中国共产党的先驱者敏锐地看到这是"布尔什维主义的胜利""世界人类全体的新曙光"，[①]确定走俄国人的道路，用社会主义救中国。按照这条道路建立起来的中国共产党，高高举起了民族伟大复兴的旗帜，并肩负起了领导人民实现民族伟大复兴的责任和使命。

民族伟大复兴是一面精神旗帜，它使中华民族以爱国主义为

---

① 《李大钊文集》第二卷，人民出版社1999年版，第242页。

核心的民族精神得以极大的凝聚，从而为从精神上塑造党、建设党提供了强大的动力和不竭的源泉。

领导人民实现民族伟大复兴的神圣使命，要求党以任何其他政治党派和政治集团所没有的精神面貌出现在人民面前。中国共产党的先驱者按照马克思主义的原则建党，按照无产阶级先锋队的性质要求建党，自觉地提出了精神建党的目标。党的早期组织制定的《中国共产党宣言》提出，党要成为"最有阶级觉悟和革命精神的无产阶级"[1]的代表，党的二大在确立党的"无产阶级先锋队"性质的同时，提出党要领导工人"用社会主义和共产主义精神去奋斗"[2]。按照这一精神建党的目标，中国共产党的先驱者在建党斗争和建党初期的斗争实践中，从中华民族优良传统和人民创造历史的奋发精神中，汲取动力和源泉，孕育并初步形成了中国共产党独有的精神体系——伟大建党精神。

中国共产党的先驱者在建党过程中创立了党的"斗争哲学"，使党在斗争中不断创造新局面，也使精神建党不断达到新境界

中国共产党在斗争中诞生，也在斗争中壮大，党的百年历史

---

[1]《中国共产党第一次代表大会档案资料（增订本）》，人民出版社1984年版，第3页。

[2]《中国共产党重要文献汇编》（第二卷）（一九二二年），人民出版社2022年版，第249页。

是一部不懈奋斗、在斗争中不断开创新局面的历史。中国共产党的先驱者在创建党的过程中，创立了党的"斗争哲学"。毛泽东说他在初读《共产党宣言》时，首先取了"阶级斗争"四个字。在他亲自拟定的入党誓词里，就有"阶级斗争""牺牲个人"几个字。坚持斗争、敢于斗争、善于斗争，成为中国共产党的鲜明品格和区别于其他政党的独特气质。"斗争哲学"深深体现在中国共产党人的精神世界里；坚持"斗争哲学"，使精神建党不断达到新的境界。

中国共产党的先驱者是"斗争哲学"最早的践行者，是精神建党在斗争中达到新境界的生动体现者。

一是为坚守理想奋斗牺牲。用俄国十月革命的办法在中国推翻帝国主义和封建势力的统治，实现民族复兴，必定是一条血与火的道路。中国共产党的先驱者在选择这条道路时，就做好了奋斗牺牲的思想准备。陈独秀总结五四运动的经验，一是"直接行动"，二是"牺牲精神"。牺牲精神也就是他说的"出了研究室就要入监狱，出了监狱就要入研究室"[1]。他还说若因为拥护民主和科学，"一切政府的压迫，社会的攻击笑骂，就是断头流血，都不推辞"[2]。李大钊认定的牺牲精神，是"勇往奋进以赴之""瘅精瘁力以成之""断头流血以从之"[3]。他自己"勇往奋进""瘅精瘁力""断头流血"都做到了。还有许多人同他一样，在艰苦

---

[1]《陈独秀文集》第一卷，人民出版社2013年版，第487页。
[2]《陈独秀选集》，天津人民出版社1990年版，第73页。
[3]《李大钊文集》第一卷，人民出版社1999年版，第174页。

卓绝的斗争中"断头流血",用理想、奋斗和牺牲,诠释了党的"斗争哲学"。

二是为坚持真理坚韧斗争。中国共产党的先驱者创建党的过程,是一个追寻真理的过程。他们选择以社会主义改造中国,被反动势力视为洪水猛兽,也曾在新文化阵营内部引起质疑和反对。在几次大论战中,以李大钊为代表的马克思主义者同社会主义的宿敌资产阶级改良主义及无政府主义等各种假社会主义,作了坚韧不拔的斗争,捍卫了马克思主义在中国的地位和社会主义的科学性。正是这些斗争实践,孕育了中国共产党追求真理、坚持真理的政治品格,为伟大建党精神打上了鲜明的政治底色。

中国共产党的先驱者走出了理论与实际相结合、知识分子与工农群众相结合的道路,为精神建党开辟了实践方向和人民方向

马克思主义具有鲜明的实践品格,不仅要求科学解释客观世界,而且要求积极地、实际地改造客观世界。中国共产党的先驱者在接受马克思主义的过程中,秉承了马克思主义的实践品格,走出了理论与实际相结合的道路。五四运动"直接行动"的结果,使他们认识到马克思主义如果停留在研究层面,是不能落地生根的,必须走向社会实际。李大钊提出,"社会主义会因时、因所、因事的性质情形生一种适应环境的变化",社会主义者必须把社会

主义应用于"环绕着他的实境"①。实境就是中国的社会实际。在当时留洋风气盛行的情况下,毛泽东却没有踏出国门,他说他"脱不开'中国'这个地盘"②,对中国的社会实际了解不够,要去做更多的实地调查和研究。同他一样,许多初步接受了马克思主义的青年知识分子,不管是出国的还是没出国的,从此走出书斋,投身社会实际斗争,最后完成了向马克思主义者的彻底转变。

中国共产党的先驱者投身社会实际斗争,实质上是走上了知识分子与工农群众相结合的道路。第一次世界大战、俄国十月革命和中国的五四运动,让他们看到了"庶民"的力量和劳工之神圣,认识到"要想把现代的新文明,从根底输入到社会层面,非把知识阶级与劳工阶级打成一气不可"③。"到民间去",一时成为口号。在建党前,他们举办平民教育讲演团到城乡进行讲座,举办平民夜校教平民学文化,还专门到工人群众中进行社会调查,并明确提出了"组织农工运动"的任务。党一建立,他们就把组织工人运动作为党的主要工作,迅速领导掀起了第一次工人运动高潮。

中国共产党的先驱者,走出理论与实际相结合、知识分子与工农群众相结合的道路,奠定了党实践第一、人民至上的基本立场和观点,也奠定了精神建党的实践方向和人民方向,为伟大建党精神的形成和发展开辟了道路。

---

① 《李大钊文集》第三卷,人民出版社1999年版,第3页。
② 《毛泽东传(1893—1949)》,中央文献出版社2004年版,第47页。
③ 《李大钊全集》第二卷,人民出版社2006年版,第304页。

深化新中国史研究
激励人们坚定历史自信

习近平总书记一贯重视历史学习和历史研究工作，特别是强调全党要通过学习、总结和研究党的历史、新中国史、改革开放史、社会主义发展史、中华民族发展史，坚定历史自信。他还明确指出，坚定历史自信，就是要增强中国特色社会主义道路自信、理论自信、制度自信、文化自信。在致国史学会成立30周年贺信中，他提出：国史研究工作要不断提高研究水平，创新宣传形式，加强教育引导，激励人们坚定历史自信、增强历史主动，更好凝聚团结奋斗的精神力量，为全面建设社会主义现代化国家、全面推进中华民族伟大复兴作出新贡献。这既体现了新中国史研究工作的政治性要求，又体现了新中国史研究工作的科学性要求；既体现了新中国史研究的认识功能、社会功能，又体现了新中国史研究的学术功能。当前，新中国史研究、宣传和教育工作者学习贯彻贺信精神，要做好各方面的工作，特别要进一步深化新中国史研究，不断推出新成果，在以史育人、激励人们坚定历史自信方面努力发挥更大的作用。

深入研究和揭示中国特色社会主义发展的历史逻辑与历史必然性

历史认识论是马克思主义认识论的重要组成部分。马克思主义历史认识论的基本观点是，劳动者阶级通过对历史的认知，提高自我意识，增强历史自觉和主动性，以充分发挥创造历史的主体作用。列宁曾经指出："马克思最重视的是群众的历史主动性。"[1] 他们所讲的历史自觉和历史主动性，即今天所强调的历史自信和历史主动。历史自信和历史主动，无疑应该建立在对历史的深刻认识和把握上；而对历史的深刻认识和把握，则集中体现在对历史运动发展的历史逻辑与历史必然性的认识和把握上。

伟大的社会革命，都是历史发展的必然结果，都具有其内在的历史发展逻辑。中国特色社会主义是中国近代以来180多年历史发展得出的结论，是世界社会主义500多年历史发展得出的结论，是中华民族5000多年文明发展得出的结论。由这个结论，而成为一场伟大的社会革命，而成为实现中华民族伟大复兴的中国道路，中国共产党和中国人民经历了百余年的探索和实践。这条中国道路，是中国共产党和中国人民的历史选择；这条中国道路，在新民主主义革命时期酝酿；这条中国道路，在社会主义革

---

[1]《列宁全集》第十四卷，人民出版社2017年版，第379页。

命和建设时期奠基;这条中国道路,在改革开放和社会主义现代化建设时期开创、确立;这条中国道路,在新时代十年开启了新的征程。中国特色社会主义形成发展的历史过程,展示出清晰的历史发展逻辑及其历史必然性。

中国共产党和中国人民探索、实践中国特色社会主义的历史,永远是我们坚持和发展中国特色社会主义,擘画未来、走向未来的底气和底蕴。新中国史研究,要深入研究中国特色社会主义形成发展史,深入研究和揭示中国特色社会主义发展的历史逻辑及其历史必然性,帮助广大干部群众更好地认识和把握中国特色社会主义的历史由来、发展逻辑,更好地认识和把握中国特色社会主义形成发展的历史必然性,坚定历史自信,进而增强历史主动,为坚持和发展中国特色社会主义,全面建设社会主义现代化国家、实现中华民族伟大复兴而奋发努力。

深入总结和研究新中国社会主义建设所取得的重大成就与历史经验

历史是最好的教科书。一个民族从自己的历史进步及其经验中获得的东西,才是最真实可靠的。重视总结历史经验,是中国共产党的政治优势和优良传统。中国共产党在各个历史时期所提出的正确思想主张和作出的正确决策,都离不开总结和汲取历史经验。历史经验既包括成功的经验,也包括遭受失败和挫折的教训。延安时期,毛泽东在提出马克思主义中国化的任务时,就指出不仅要懂得中国实际,而且要懂得中国历史,不但要懂得外国革命史,还要懂得中国革命史。懂得中国的历史、中国革命史,主要是要懂得历史留下的经验和启示。延安整风运动,可以说是一场学习党史和革命史、总结党的历史经验的思想运动。毛泽东号召全党"要加强策略教育与学习党在二十年革命斗争中的丰富经验"①,推动成立由党的高级干部组成的高级学习班,专门研究马克思主义理论和总结党的历史经验。毛泽东在延安时期写作的《中国革命战争的战略问题》《中国革命和中国共产党》《新民主主义论》等名篇,科学阐述了中国新民主主义革命和建设的一系列根本问题,对中国共产党探索新民主主义革命道路和领导新民主主义革命的经验教训,作了全面系统的总结和分析,是马克思主义的重要理论著作,也是科学总结党的历史经验的重要著作。1949年6月,毛泽东撰写、发表的《论人民民主专政》,深刻阐明了即将建立的新中国的性质、政体、国体及内外政策等。文章大部分篇幅,实际上是总结和阐述中国近代以来100多年、中国共产党成立28年来的历史经验,其重要思想观点和主张都是总结历史经验得出的结论。例如,毛泽东说,"一边倒,是孙中山的四十年经验和共产党的二十八年经验教给我们的"②。30多年后,邓小平领导党和人民开创了中国特色社会主义道路,他在党的

---

① 《毛泽东年谱(1893—1949)(修订本)》中卷,中央文献出版社2013年版,第310页。
② 《建党以来重要文献选编(1921—1949)》第二十六册,中央文献出版社2011年版,第505页。

十二大上说:"把马克思主义的普遍真理同我国的具体实际结合起来,走自己的道路,建设有中国特色的社会主义,这就是我们总结长期历史经验得出的基本结论。"①

总结历史成就和历史经验,是党史研究和新中国史研究鲜明的政治性要求与党性要求。1981年6月党的十一届六中全会通过的《关于建国以来党的若干历史问题的决议》,和2021年11月党的十九届六中全会通过的《中共中央关于党的百年奋斗重大成就和历史经验的决议》,可以说是党史、新中国史研究的典范。这两个历史决议的共同特点就是,重点、科学地总结了新中国成立后党和国家事业所取得的重大成就和历史经验。科学总结历史成就和历史经验,也是党史、新中国史作为历史科学的科学性要求。党史研究、新中国史研究同其他史学研究一样,要在全面、客观阐述历史事实的基础上,突出反映历史的本质与主流。党史和新中国史的本质与主流,就是中国共产党领导中国人民进行新民主主义革命、社会主义革命和开展大规模社会主义建设、进行改革开放和社会主义现代化建设并取得伟大胜利,集中反映在各个不同时期党和国家的事业所取得的重大成就和历史经验上。党史研究和新中国史研究总结、概括这些重大成就和历史经验,突出了历史的本质与主流,体现了历史科学的科学性要求。

民族自己的历史进步和经验,是一个民族继续进步的阶梯;只有站在历史的阶梯上,才更有信心和力量向更高的目标攀登和

---

① 《邓小平文选》第三卷,人民出版社1993年版,第3页。

前进。今天，新中国史研究要把政治性要求与科学性要求很好地结合起来，在全面深化新中国史研究的基础上，更加系统、深入地总结新中国成立70多年来各个时期、各个领域社会主义事业所取得的重大成就和历史经验，帮助广大干部群众更好地认识和把握党史、新中国史的本质与主流，坚定历史自信，进一步夯实"四个自信"的基础。

深入总结和研究前人创造积累的思想、理论、制度与文化遗产

中国共产党尊重历史、重视历史，还表现在对前人留下的思想精神遗产的珍视和继承上。毛泽东是坚定的民族优秀传统文化继承论者，他说："从孔夫子到孙中山，我们应当给以总结，承继这一份珍贵的遗产。这对于指导当前的伟大的运动，是有重要的帮助的。"[1] 他对中国历史上杰出思想家、革命家的著作思想几乎都有深刻的评价。他评价孙中山的革命的三民主义与统一战线政策，"实为处在半殖民地国家的大革命家对于中华民族最伟大的贡献"，并指出：为三民主义的彻底实现而奋斗，巩固与扩大统一战线，艰苦奋斗、不屈不挠、再接再厉的革命精神，是孙中山"留给我们的最中心最本质最伟大的遗产，一切国民党员，一切共产党员，一切爱国同胞，都应接受这个遗产而发扬光大之"[2]。

---

[1]《毛泽东选集》第二卷，人民出版社1991年版，第534页。
[2]《毛泽东文集》第二卷，人民出版社1993年版，第111—113页。

中国共产党成立百余年来，新中国成立70多年来，一代一代人接续奋斗，创造了属于他们那个时代的业绩，也给后世留下了宝贵的思想精神遗产。特别是毛泽东等老一辈无产阶级革命家，他们积一生实践所创造的思想、理论、制度和文化成果，是一个时代中国道路和中国精神的结晶和标识，是我们今天坚持和发展中国特色社会主义，全面建设社会主义现代化国家宝贵的精神财富。社会主义制度一经确立，毛泽东便领导全党以苏联经验教训为鉴戒，探索符合中国情况的社会主义建设道路，取得初步经验，形成了一系列正确的思想主张和理论观点。他领导党和人民在开创新中国基业的过程中，创立了人民代表大会根本政治制度，中国共产党领导的多党合作和政治协商制度、民族区域自治制度等基本政治制度，以及以宪法为核心的社会主义基本法律制度。毛泽东留下的思想、理论、制度和文化成果，为新的历史时期开创中国特色社会主义打下了坚实的基础。同毛泽东一样，邓小平在领导党和人民开创中国特色社会主义的过程中，也创造积累了一系列思想、理论、制度和文化成果。他重新确立实事求是的思想路线，开创中国特色社会主义理论和实践，对改革开放和社会主义现代化建设作出一系列基本战略设计和制度性设计，为党和人民坚持和发展中国特色社会主义"确定了基本思路和基本原则"[①]。

总结和研究前人创造积累的思想、理论、制度与文化成果，

[①]《习近平谈治国理政》第一卷，外文出版社2018年版，第23页。

是新中国史研究的重要任务。马克思主义历史观是人民史观，明确肯定代表人民的领袖人物和其他杰出人物在推动历史发展中的重要作用。新中国史研究要坚持以人民为主体，全面深入地反映人民群众创造历史的光辉业绩和奋发精神，同时还要反映党和国家领袖人物及其他杰出人物在历史创造中的引领和推动作用。新中国史研究，应更加重视人物研究，特别要深入地开展以毛泽东、周恩来、刘少奇、朱德、邓小平、陈云等同志为代表的老一辈革命家的著作思想研究，深入总结他们留下的思想、理论、制度和文化遗产，深入阐释其科学价值，为今天党和国家坚持与发展中国特色社会主义提供借鉴及启发，帮助人们从这些思想精神遗产中汲取智慧和力量，增强民族自信心、自豪感和自强精神。

加强和深化近代以来中华民族发展进步史的史学传承

历史贵在传承，历史学也贵在传承。近代以来180多年的历史，是中华民族飞跃性发展进步的历史，中国共产党领导中国人民经历百余年奋斗，即将实现中华民族伟大复兴的目标。新中国70多年的历史，贯穿了党和人民百余年奋斗历史的一大半时间，是近代以来中华民族发展进步史上最辉煌的篇章。新中国史可以说是一部党在社会主义时期的活动史，一部中国改革开放史，一部社会主义在中国的发展史。这"四史"是内在统一的，党史是灵魂，而新中国史是"四史"的复合载体。因此，新中国史研究，在中华民族发展进步史的史学传承方面担负着特殊重要的责任与任务。

新中国成立前的近代中国历史包括旧民主主义革命和新民主主义革命的历史研究，历经数代人的努力，已经取得丰硕成果，对于中华民族发展进步的历史传承和史学传承产生了重要作用。新中国史研究起步较晚，尚未完全形成一门独立历史学科的特点和优势，从而在国家发展史和民族文明进步史的书写上还存在一些局限性。我们要在工作实践中，进一步探索国家发展史、民族文明进步史的书写领域、形式及手法等，不断形成和发展新中国史的学科特点与优势，使之在近代以来中华民族发展进步史的史学传承中发挥应有的更大的作用。

加强和深化近代以来中华民族发展进步史的史学传承，必然要求新中国史研究要从整体上进一步深化。习近平总书记在庆祝中国共产党成立100周年大会上的重要讲话以及党的十九届六中全会作出的《中共中央关于党的百年奋斗重大成就和历史经验的决议》，为近代以来中华民族发展进步史作了新的概括和阐述。一是明确概括党和人民百年奋斗史的主题是中华民族伟大复兴。这是百年中国历史发展的主题，更是新中国历史发展的主题。新中国史研究要紧扣这个主题，从中华民族伟大复兴的大历史视野和大历史角度，对新中国成立、建设70多年的历史进行新的梳理和总结。二是对近代以来中华民族发展进步的历史脉络作了清晰的阐述，特别是用站起来、富起来、强起来生动概括了党领导人民推进中华民族伟大复兴的三次伟大飞跃。这是百年中国历史发展的历史主线。新中国史研究要在多方面、多线条展开叙述和描写新中国发展历史的基础上，突出这一历史主线，深刻揭示中华民族在中国共产党的领导下一步一步走向伟大复兴的历史进程和历史脉络。这是加强和深化中华民族发展进步史的史学传承的需要，也是激励人们增强历史自信、增强历史主动的需要。

编"党书"的学问*

记者：全国宣传思想文化工作会议正式提出并系统阐述习近平文化思想，请从党的文献编辑研究工作角度，谈一谈您的体会。

杨胜群：深入学习贯彻习近平文化思想是全党的重大政治任务，党的文献编辑研究事业是党的事业重要组成部分，在研究党的理论、总结党的经验、弘扬党的传统、传承党的作风等方面发挥着不可替代的重要作用。对党的文献编辑研究工作者来说，学习贯彻习近平文化思想，不仅是政治学习、政治要求，也是业务学习、岗位要求。

党的文献编辑研究工作是一项政治性、思想性都非常强的工作。深入学习贯彻习近平文化思想，既是忠实践行"两个维护"的政治要求，也是扎实推进工作的重要保证。习近平总书记就党

---

* 本文系《思想政治工作研究》记者访谈录。

史和文献工作有过一系列重要论述，特别是他从党的历史和文献角度深刻阐述了一系列带根本性、战略性、全局性的重大理论和实践问题。这是习近平文化思想的重要组成部分。

记者：党的文献编辑研究工作始于延安时期，毛泽东同志曾亲自组织指导编辑《六大以来》和《六大以前》等党的文献集，并将之称为"党书"。您长期从事党的文献编辑研究工作，对于编"党书"最重要的体会是什么？

杨胜群：今天，我们编辑研究党的文献，仍可以说是编"党书"，有明确的党性要求，或者说是政治性要求，要特别重视和保证编研作品的政治效果。我们编辑出版党和国家领导人及老一辈革命家的著作集有两个目的：一是为全党政治、理论学习提供基本文本，二是为研究、宣传党的历史提供基本资料。有的读者问，你们编辑毛泽东等老一辈革命家的选集、文选和其他专题文集，为什么不收那些存在错误的东西？党的历史是一部不断探索前进的历史，探索中不可避免地发生过错误，这也反映在党的历史文献中。今天，我们编辑老一辈革命家的选集、文选、文集等，是要充分发掘和整理他们在长期的革命和建设实践中形成的宝贵思想遗产，是编辑反映他们正确思想的代表作，以帮助人们更好地认识和把握党的历史发展的主流和本质。对于他们在一些复杂的历史条件下产生的错误，我们采用编纂党的综合历史文献集加以反映，特别是在编写他们的年谱、传记中加以反映。

我们2002年编辑出版的《毛泽东文艺论集》，其中收了一篇

《毛泽东谈〈红楼梦〉》,集纳了毛泽东同志1959年到1973年关于《红楼梦》的几次谈话。书出版以后,有读者来信问我们为什么不收1954年毛泽东同志写给中央政治局的关于《红楼梦》研究的一封信。这封信是从批评俞平伯的红学观引申到同以胡适为代表的资产阶级唯心论的斗争。有一位学者在报纸上公开发表文章,说该书没有收入这封信,总觉得是一个遗憾。为什么没有收这封信呢?这不是我们工作的疏忽,而是出于政治上的考虑。新中国成立后各方面除旧布新,在思想领域清理资产阶级唯心主义思想是必要的。但在这封信中俞平伯关于《红楼梦》的学术观点被等同于胡适派资产阶级唯心论受到批判,使围绕《红楼梦》的学术批判演变为政治批判,混淆了学术问题与政治问题的界限,带来了消极的后果。如果我们把这封信收进书中,与《在延安文艺座谈会上的讲话》等著作放在一起,再一次公开发表,那就是在肯定信中的观点,就会混淆历史上的政治是非。

记者: 党的文献编研工作在为人们做好解疑释惑方面是否能发挥重要作用?

杨胜群: 文献编辑研究工作在这方面特别要承担起澄清社会上一些错误流传的任务。比如,我们都知道对毛泽东和邓小平曾经流传一个"正帅""副帅"的说法,即毛泽东是1958年"大跃进"运动的"正帅",邓小平是"大跃进"运动的"副帅"。境外一家出版社还出了一本书,叫《大跃进"副帅"——邓小平》,国内也有人写文章说邓小平是"大跃进"运动的"副帅"。言外之意,"大跃进"运动的错误就是毛泽东和邓小平这两个"正、副帅"的责任。我们在撰写《邓小平传(1904—1975)》的过程当中,搞清楚了这个"正帅""副帅",是1959年4月上旬召开的党的八届七中全会上叫出来的。八届七中全会是什么会?是纠"左"的会,纠正"大跃进"运动错误的会,不是发动"大跃进"运动的会。毛主席在这个会上是让邓小平来当纠正"大跃进"运动错误的"副帅",他自己当"正帅"。毛泽东还对邓小平说,"你挂帅了,一朝权在手,便把令来行,你敢不敢呀?"这就是所谓毛泽东和邓小平"正帅""副帅"的由来。"大跃进"运动的"正帅""副帅"和纠正"大跃进"运动的"正帅""副帅",含义完全不一样啊!

记者: 您的讲述透出对党的文献编辑研究工作的一种情感因素。

杨胜群: 我们长期从事老一辈革命家著作编辑和生平思想研究工作,在对老一辈革命家有了更多的了解之后,对他们产生了一种由衷的崇敬之情。我经常说,由我们这一代人来编写邓小平同志改革开放时期的年谱、传记,是很合适的。为什么?因为我们当中不少人包括我自己,是恢复高考之后上大学,在改革开放当中成长起来的,我们对改革开放有一种独特的感受。恢复高考和改革开放都是邓小平同志决策的,我们对邓小平同志有着一份特殊的感情。每逢纪念恢复高考或者十一届三中全会召开的时候,我们都想编点东西。2007年是恢复高考30周年,我和几个同志,从收集资料开始,用几个月编辑完成《邓小平决策恢复高考讲话谈话批示集》,出版之后反响很好,恢复高考改变了太多人的人生。

记者:情感因素是否会影响历史研究的客观公正性?

杨胜群:强调历史研究工作客观公正是对的,但实际上研究历史,不可避免会带有主观倾向和情感因素,关键在于有没有正确的价值观和历史观。古今中外优秀的历史著作(包括历史人物传记)都有鲜明的主观倾向。中国汉代史家司马迁在《史记》中褒贬、臧否,态度鲜明,"西方史学之父"古希腊史学家希罗多德在著作中也是爱憎分明,他们的著作都成为传世之作。我们描述一段历史,总要先有一个基本判断,这个判断里面就有我们主观的爱憎和情感,有我们的价值观和历史观。如果我们对党领导人民百年奋斗的历史,对为党和人民的事业作出过卓越贡献的领袖人物冷漠无情的话,能编好他们的著作吗?能写好他们的年谱、传记吗?

记者:党的文献编辑和研究工作的科学性具体体现在哪些方面?

杨胜群:党和国家领导人的著作编辑和生平思想研究同其他哲学社会科学一样,具有科学性要求。具体来说,一是要确保资料的可靠性和系统性。有人问我,你们撰写的年谱、传记同社会上以及境外的一些同类作品有什么区别?我说最大的区别在于，我们是以大量的档案资料为依据，用大量的档案资料说话的，尤其是运用了档案部门保存的大量内部档案。如《毛泽东传》《邓小平传》，所运用的内部文件、会议记录等档案资料都达数千件。

再就是要有政治性和科学性相统一的学术视角和学术视野。党和国家领导人的著作编辑和生平思想研究有明确的政治性要求，但它最终是科学研究、是学术研究，政治性要求最终要通过科学的研究成果来实现。因此工作的全过程要贯穿学术思维。我们有组织地撰写领袖人物的年谱、传记，起步是很晚的，西方人写中共领袖人物的传记类作品比我们早，也比我们多。他们的很多作品有一个共同的偏见，就是总是从权力斗争和个人恩怨的角度考察人物关系，有的则过分强调人物性格。而我们则重在写出人物的思想，写出人物的思想发展脉络。写《毛泽东传》就要写出毛泽东同志的思想发展脉络，写出毛泽东思想的形成发展过程；写《邓小平传》就要写出邓小平同志的思想发展脉络，写出邓小平理论的形成发展过程。

在党内开展积极的思想斗争，不断克服必然产生的各种错误思想倾向，这是中国共产党的一个鲜明特点和传统。我们撰写领袖人物的传记、年谱等，特别注重在党内积极的思想斗争中考察和揭示人物的思想发展脉络，凸显人物独特的思想和思想品格，以对历史作出更具思想性的总结，并给后人提供思想启示，这是我们的作品重要的学术视角和学术价值。

记者：不回避党内矛盾、党内斗争，是否也意味着不回避领袖人物曾经有过的错误？

杨胜群：是的，我们坚持实事求是地分析、评价党的领袖人物，很重要的一点就是不回避错误和缺点。比如，《毛泽东传》对于毛泽东同志在反右扩大化、"大跃进"运动，特别是"文化大革命"问题上思想理论和实际工作中的错误，不仅没有回避，而且写得比较透彻，出版后反响很好，为什么？因为既充分尊重客观史实，又有辩证理性的分析，特别是对他犯错误的主客观原因作了深刻的分析。这样，并不损害毛泽东同志作为人民领袖和伟大的马克思主义者的崇高地位，并不影响毛泽东思想作为党的指导思想的科学价值。写《邓小平传（1904—1974）》也是这样，我们对邓小平同志在"大跃进"和人民公社化运动中有过的错误也没有回避，因为邓小平同志自己后来也说"这些事我是有责任的"，我们也没有必要回避。

记者：这项工作的科学性要求，肯定还要体现在作风和学风上吧？

杨胜群：严谨精细、一丝不苟的工作作风，是文献编辑研究工作的政治性要求和科学性要求所决定的。在著作编辑方面，一篇文稿的整理编辑，各个环节的工作都要严谨、细致。《邓小平文选》第三卷收录了邓小平同志很重要的一篇谈话《科学技术是第一生产力》。这篇谈话实际上是邓小平同志1988年两段谈话的集成，一段是9月5日同捷克斯洛伐克总统胡萨克的谈话，另一段是9月12日听取有关部门工作汇报时的谈话。两段谈话时间相隔8天。9月12日的谈话中,邓小平同志明确讲到,我见胡萨克时谈到,科学技术恐怕是第一生产力。但是,外事部门提供的邓小平同志9月5日同胡萨克的谈话记录中没有这句话。编辑组的同志觉得才8天时间,邓小平同志不会记错,肯定是谈了,我们就刨根究底地查,最后查清楚了。什么情况呢?邓小平同志不是在正式会谈中而是在宴请胡萨克的谈话中讲到的这句话。当时担任翻译工作的同志非常负责,把这句话记录下来了,而且登在了《接待简报》上,所以,正式会谈记录上没有。参加编辑的同志拿到了这份简报,如获至宝,把邓小平同志这句话同其他有关谈话内容一起整理成篇,这样就有了邓小平同志《科学技术是第一生产力》这篇光辉著作和这个创造性的马克思主义观点。可以设想一下,如果我们的同志不刨根究底,不想办法查,这篇著作就出不来,这个重要观点就出不来!

记者: 从党的文献编辑研究工作可以看到对古典文献学传统的继承。

杨胜群: 重考辨,这是中国古典文献学的重要传统,也是党的文献编辑研究的基本功。党的文献涉及大量人物、事件及其他各种史料,都要认真进行考订和辨识。比如,《毛泽东书信选集》,收入毛泽东同志各个时期的书信三百七十多封,其中有相当一部分是他早年写给家乡亲友的,涉及许多底层群众和旧时地名。我们在编辑这本书时,对每一封信,对每一个人名、地名都作了考订、核实。有一位老同志写了一篇文章《一信之考旬月踟蹰:〈毛泽东书信选集〉编辑记事之一》,作了描述。再比如,毛泽东同志的《寻乌调查》,是他一生中最重要的调查报告之一,有专家说《寻乌调查》是那个时代最典型、最翔实的社会学文本,这是要流传于后世的。全文8万多字,提到了数十家商铺、数十个老地名、200多种物产,数十个有名有姓的各色人物。我们在将《寻乌调查》编入《毛泽东农村调查文集》时,对这些都作了详细的考订,做到了不出一处错讹。

　　严谨学风体现在撰写老一辈革命家年谱、传记上的要求,一是使用材料要可信,半点马虎都要不得;二是分析评论要准确,一点都不能随意。我们撰写《邓小平传》,写到1961年大兴调查研究之风,按照毛泽东同志的要求,邓小平同志和彭真同志等到北京顺义农村调查公共食堂要不要办下去的问题。我们原来都听说过,邓小平同志在顺义说过一句话"办食堂是社会主义,不办食堂也是社会主义"。但真到要落笔写的时候,却不知这句话出自哪个地方。在我们保存的邓小平文稿档案里面都找不到这句话。因此,我们把这句话写上去又划掉,划掉了觉得又非常可惜,不甘心。多好的一句话,非常符合邓小平同志的性格,体现了辩证法。功夫不负有心人,我们在顺义县委组织编写的《顺义县农业合作化史料》中找到了邓小平同志讲这句话的记载,这才把这句话写到传记里了。这种事例还有很多。有位老同志讲,文献编辑研究工作真是"没有底",但是我们又要做到"有底"。什么叫"有底"呢?就是我们使用的每一条材料,对人物、事件评价的每一个断语，一定要做到心里有底、言之有据。

记者：时代在发展，对文献编辑研究工作也提出了新的要求，您有什么体会？

杨胜群：还要与时俱进，培养创新思维，提升创新能力。1984年，原文献研究室主任胡乔木同志提出过一个很重要的意见。他说：最近几年，我修改了一些文选的注释，感到起草这些注释的同志都有一种通病，就是议论多、断语多，好像法官做判决一样。我认为，写注释主要是对一些人和事的基本情况、历史背景作些必要的介绍，以帮助读者理解正文，切忌发议论、下断语。从那以后，我们对注释工作作了很大的改进，在编《邓小平文选》第三卷、《毛泽东选集》第二版时，对涉及的一些人物包括张国焘等重要人物作注，主要介绍他们的基本情况、生平经历，基本不作评价，更不下断语。在20世纪90年代以后编写领袖人物传记作品也有明显创新，我们把人物的政治传记写得更丰富、更丰满、更耐读了，不仅写出人物的生平思想，而且努力写出人物的精神世界，写出人物情感活动，展示他们作为常人的一面，让人物更加鲜活生动、有血有肉。

记者：您从事文献编辑研究工作，面向历史，而学术视野总朝向未来。

杨胜群：我们党在百年的发展中积累了丰富的历史经验和珍贵的思想遗产。这些历史经验和思想遗产都蕴含在大量历史文献中，继续深入发掘、整理和研究历史文献，仍然是我们的重要任务。我们党还在不断前进，党的事业还在不断发展，新的文献还在不断产生。党的文献编辑研究永远是一块沃土，需要和值得一代代人去耕耘。